从职能到流程
组织运营体系变革指南

张燕飞 —— 著

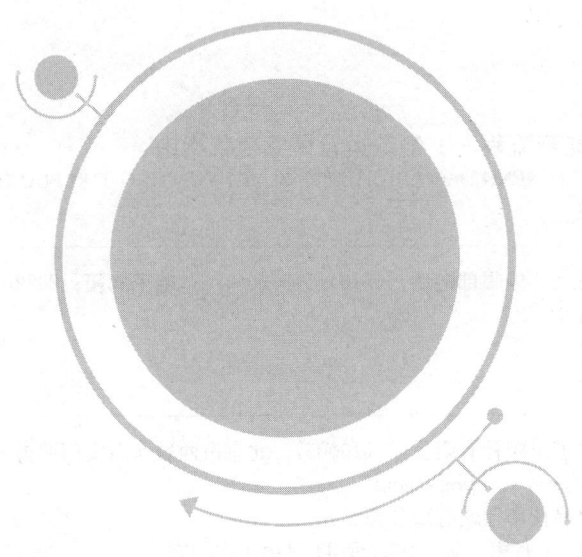

中国铁道出版社有限公司
CHINA RAILWAY PUBLISHING HOUSE CO., LTD.

北 京

图书在版编目(CIP)数据

从职能到流程：组织运营体系变革指南 / 张燕飞著．
—北京：中国铁道出版社有限公司，2024. 11. —ISBN 978-7-113-31373-9

Ⅰ. F272

中国国家版本馆 CIP 数据核字第 2024RA8101 号

书　名：从职能到流程——组织运营体系变革指南
　　　　CONG ZHINENG DAO LIUCHENG：ZUZHI YUNYING TIXI BIANGE ZHINAN
作　者：张燕飞

责任编辑：张　丹　　编辑部电话：(010) 51873064　　电子邮箱：232262382@qq.com
封面设计：郭瑾萱
责任校对：安海燕
责任印制：赵星辰

出版发行：中国铁道出版社有限公司 (100054，北京市西城区右安门西街 8 号)
网　址：https://www.tdpress.com
印　刷：河北宝昌佳彩印刷有限公司
版　次：2024 年 11 月第 1 版　　2024 年 11 月第 1 次印刷
开　本：710 mm×1 000 mm 1/16　印张：15.25　字数：226 千
书　号：ISBN 978-7-113-31373-9
定　价：68.00 元

版权所有　侵权必究

凡购买铁道版图书，如有印制质量问题，请与本社读者服务部联系调换。电话：(010)51873174
打击盗版举报电话：(010)63549461

序　言

正如业务流程管理专家迈克尔·罗斯曼所言,业务流程犹如组织的血管,充满生命活力,它们决定了组织创造价值的方式、速度及客户服务的成本。流程不仅映射出组织的生产力、有效性和效率,还反映了其可靠性、复杂性,并最终映射其文化。因此,构思不周或管理不善的业务流程可能会损害公司利益,阻碍生产力和效率的提升。若一个低效的流程被原样自动化,它实际上会放大不佳的绩效,阻碍业务目标的实现。

世界的变化速度已远超我们的想象,组织必须能够迅速且有效地作出反应,成功的公司正通过新的方法、理念和产品超越竞争对手。业务流程管理的倡导者认为,经济、高效、低风险且快速的流程优化能力,是流程管理的基本价值主张,使组织能够不断重塑业务运营,并在持续改进的过程中注入创新活力。

流程管理在关注企业"稳定运营、提效降本"的传统能力之余,还需具备"支持不稳定业务"的新能力。这一切的变化,得益于数字化新兴技术带来的机遇与挑战,并非时尚潮流所驱动,而是数字化技术驱动的必然结果。

随着流程管理的方法在国内标杆公司的成功应用,越来越多的企业开始关注并实施这种方法,同时也吸引了越来越多的个人和社区的关注。在数字化时代的浪潮下,流程管理技术得到了流程挖掘、机器人流程自动化(RPA)等技术的加持,进入新的发展阶段。无论是大型企业、中型企业还是一些小企业,都开始积极迎接流程管理的挑战。这些组织或刚开始关注并实施流程管理,或已经步入流程管理实施的成熟期。然而,一些企业在实施了流程管理一段时间后,会对流程管理更深层的价值感到迷茫,随之有可能进入瓶颈期。还有一些组织则希望通过新技术为企业运营带来新的机遇,即正在探索进入创新期。因此,随着流程管理在组织中的深入实施,组织的状态和需求也会不断发生变化。

大多数企业都是从关注单个流程改进优化项目开始的,因为优化带来的价值和收益最为直接。然而,随着单个流程优化项目的深入实施,出现了一个奇怪的现象:企业无法在企业层面展示流程管理的成果和价值。在此背景下,本书针对那些准备或刚开始启动流程管理的企业,尝试系统性地阐述如何在企业层面引入一种新的管理体系,而不局限于单个项目的得失。这不仅是企业管理层所期望的,也是流程管理方法的初衷和终极目标。

流程管理体系的导入是企业内部运营模式的一场深刻变革,它不能仅仅依靠简单的方法来实现。因此,本书旨在为导入流程管理体系的企业提供转型指导,帮助读者掌握一套系统的方法和行动指南,以支持实现转型和持续成功。本书主要内容包括:

(1)流程管理转型失败的原因及历史教训;
(2)战略一致性在流程管理成功实施中的关键作用;
(3)系统性导入流程管理的要素:战略、组织、治理、角色、方法、技术等;
(4)采用变革的方法导入流程管理体系;
(5)如何持续维护流程管理体系的成功转型。

本书分为三篇,包括认识流程管理、导入流程管理和维护流程管理。第一篇通过初衷、价值、迷失和转型的线索,深入剖析了流程管理发展的历史和现状,同时也介绍了流程管理作为一种运营管理模式,如何与战略保持一致性;第二篇详细阐述了流程管理体系的导入过程,包括体系设计、体系变革导入和体系实施推广等关键步骤;第三篇则提供了流程体系运营维护的方法,包括持续改进和评估等内容。

本书提出的一些方法,希望能够引起企业管理人员等的更多关注,若其中的一些方法能够结合企业实际情况,助力实现业务价值,那将是我最大的欣慰。

希望读者在阅读和学习过程中能够有所启发,不断成长。

张燕飞
2024年8月

目　录

第一篇　认识流程管理：生存和发展

第一章　迷失在改进项目中 / 2

第一节　初衷：企业运营 / 2
第二节　价值：流程优化 / 5
第三节　迷失：单个项目改进 / 8
第四节　转型：企业级流程管理 / 11

第二章　传统到变革：流程管理发展 / 18

第一节　冲突来源：流程管理传统 / 18
第二节　与时俱进：流程管理与数字化 / 25
第三节　运营模式：改变不会自然发生 / 30

第三章　流程管理层级：保持战略一致性 / 33

第一节　流程管理层级 / 33
第二节　战略一致性 / 36

第二篇　导入流程管理：转型和实施

第四章　流程管理设计：战略驱动 / 40

第一节　流程管理战略 / 41

第二节　流程管理组织 / 60

第三节　流程治理框架 / 94

第四节　流程管理方法 / 109

第五节　流程管理技术 / 117

第五章　流程管理转型：变革管理 / 123

第一节　变革方法 / 123

第二节　变革影响度评估与准备 / 127

第三节　变革定义与计划 / 139

第四节　商业论证 / 148

第五节　变革实施 / 153

第六章　流程管理实施：关键举措 / 159

第一节　建立流程管理卓越中心 / 159

第二节　建立可视化的组织流程框架 / 163

第三节　建立强大的流程所有者责任制 / 165

第四节　选择赢得变革信心的试点项目 / 167

第五节　设计合适的流程服务组合 / 174

第六节　流程管理软件的选择与实施 / 177

第七节　流程管理实施的陷阱 / 183

第七章　流程管理推广：转移成果 / 187

第一节　验收结果：组织与个人 / 187

第二节　机制：转移所有权 / 190

第三节　文化：转型与固化 / 192

第三篇　维护流程管理：持续维护成功

第八章　流程管理运营：持续改进 / 196

第一节　流程管理教育 / 196

第二节　流程管理文化 / 209

第三节　流程管理测量与报告 / 212

第四节　流程管理运营内容 / 214

第九章　流程管理评估：能力提升 / 215

第一节　流程项目状态评估 / 215

第二节　流程管理变革状态评估 / 217

第三节　流程成熟度评估 / 219

后　　记 / 233

第一篇

认识流程管理:生存和发展

第一章

迷失在改进项目中

在全球经济快速变化的今天,组织必须拥有迅速适应商业模式和流程变革的能力。跨国业务的增加、消费者预期的提升,以及激烈竞争环境的演变,对商业策略构成了考验,同时也提升了对生产力、标准化过程和创新能力的要求。

第一节　初衷:企业运营

一、一种价值创造方法

在数字技术推动下,产品的生命周期和技术创新的节奏不断加速,同时对成本效率和顾客关注的需求不断增长。因此,企业若不能与市场的变化同步进行则可能面临风险,毕竟昨日有效的策略不一定能保证明日同样奏效。

以功能为导向的思维和行为阻碍了端到端流程的透明度,并对组织的生产力产生了不利影响。在利润空间受到挤压的背景下,对效率和有效性的追求迫使企业重新审视其组织结构、业务流程和底层信息技术基础设施。因此,许多企业领导者将业务流程管理(BPM)作为其企业管理和技术基础的核心,流程管理使组织能够从整体、端到端的视角审视所追求的商业成果。

企业采用流程管理的原因广泛且多样,其中降低成本和提升生产力通常是主要的驱动因素;同时,开发新产品或业务线、提升顾客满意度也是关键的动力。研究机构预测,流程管理市场规模将从2023年的133.8亿美元增长至2028年的234.0亿美元,年复合增长率达11.83%。作为企业核心竞争力的体现,业务流程决定了组织上市产品或服务的成本效率。通过有序稳健管理流程资产,企业能在业务运营、客户服务、产品领导力等多个维度获得显著的竞争优势。

业务流程就像组织的血管,其活力决定了价值创造的方式与速度,以及服务客户的成本。举例来说,在制造业中,流程管理的改进可增强供应链系统的表现,从而提升库存管理和订单处理的效率;优化采购流程则能够加速执行并提高操作效率;进一步提升与内部供应商的协调合作,可以实现更高的客户满意度和提升销售业绩。银行业结合流程管理与数字转型,已实现在线开户、快速贷款审批和自动化风险管理,显著提高了业务效率。另外,保险行业通过改进流程管理,简化了保单申请和理赔流程,实现在线操作和加快理赔处理,从而优化了客户体验。

这些例子充分证实了流程管理在不同行业的应用可以提升效率、降低成本,同时提供更佳的客户体验。预计在未来几年,流程管理的重要性将进一步凸显,特别是在保险、制造、物流、银行、能源、化工、制药行业和公共部门等。

二、一种系统性的运营方法

流程管理被广泛认为是一个全面的业务运营和分析工具。业务流程管理专业协会(ABPMP)将流程管理定义为:一种系统化方法,可以捕捉、塑造、执行、记录、测量、监控和指导组织中自动和人工流程,以实现协调一致且可持续的战略目标。因此,流程管理不仅是运营执行的方法,也是一个结构化的方法,每个业务流程都遵循生命周期方法,包括设计、建模、执行、监控和控制及流程改进,旨在提升效率、有效性、适应性和控制能力,为客户、利益相关者和组织本身创造价值。

流程管理作为一种方法和技术,涉及如何识别、确定、优化、监控和持续改进业务流程以提供有效的设计和执行。作为自动化手段,流程管理将人员、流程、数据和信息系统紧密集成,提升工作效率并增强绩效,降低成本并提升客户满意度。然而,即使流程管理能够利用强大的自动化技术改进流程,但仅依靠技术应用并不能修复设计欠佳的流程。因此,业务流程分析和设计在流程优化中扮演着至关重要的角色,具体如下:

- 流程管理不仅是软件和系统,还包括方法和人;
- 流程管理不仅是改进或重新设计流程,还涉及组织管理问题;
- 流程管理不仅是建模,还涵盖了流程的分析、实施和执行。

在现代企业环境中,流程管理已经形成一种核心运营理念,本质上是一套原则、规范和方法的综合体,旨在利用六西格玛、全面质量管理以及精益生产等方法的技术和原理来改进流程。值得注意的是,流程管理的实施并不局限于自动化领域。尽管自动化是流程管理的一个组成部分,但其更强调的是一种管理方法和思维方式。成功实施流程管理的企业需理解通过持续的流程改进实现业务目标的重要性,并将流程紧密与组织目标结合,以提高效率、降低风险并确保持续改进。

流程管理的关键要素包括流程的发现、分析、设计、自动化、监控和改进,这些要素共同构成了流程管理的完整体系,具体介绍如下:

- 流程发现:识别和映射组织现有流程,可以清楚地了解当前组织的工作情况;
- 流程分析:识别业务瓶颈、效率低下或冗余,评估现有流程的性能,通过这些问题的解决提高整体流程效率;
- 流程设计:使用最佳实践,并结合利益相关者的反馈,开发新的流程或改进已有的流程,以确保与组织目标保持一致;
- 流程自动化:利用业务流程技术解决方案,例如改进信息系统、优化流程管理软件或引入机器人流程自动化(RPA)技术,实现重复或手动任务的自动化,简化工作流程,提高工作效率,并减少人为错误;
- 流程监控:使用关键绩效指标(KPI)持续跟踪和测量流程绩效,以确保流程实现利益相关者的预期结果;
- 流程改进:分析流程性能数据,确定优化、调整和实施更改的机会,以推动流程持续改进。

三、流程管理需要适应业务发展

从如上关键内容可以发现,管理流程是一种思维方式和持续的实践,强调在组织内培养持续改进、创新和敏捷的文化。这种文化使企业能够适应不断变化的业务环境,保持市场竞争优势。流程管理通过精细的业务分析、系统性的改进及合理的流程编排,实现了资源的最优化配置,加强了内部合作,加速了决策过程,并保证了对行业法规的遵守。

在这个适应性至关重要的世界里,流程管理成为构建精简运营的基石,推动公司在快速发展的环境中实现韧性和竞争力。正如交响乐依赖于各个音符的协调存在一样,流程管理调和组织内各方面元素,形成步调一致、协同运作的整体。它使企业能够快速适应不断变化的市场环境,有目的地创新,甚至超越客户的期望,引导着现代企业走向效率、灵活性和持续的成功。

然而,随着企业日渐成熟和管理日益复杂,业务流程也变得更加精细化和多元化。与此同时,颠覆性技术的兴起促进了全球商业网络的迅速演变,为企业带来了崭新的商业模式和价值流动,并以前所未有的速度推动变革。在这样的挑战面前,业务流程的稳固性往往是制约企业成长的因素之一。为了适应快速变化的环境,并在不损害流程效率和质量的前提下跟上步伐,优化业务流程已成为企业提升效率和适应变革的必然选项。它不仅助力企业以较低的成本提供高质量的产品和服务,还确保流程与业务目标的高度一致。

总体来说,流程管理是推动企业实现高效运营、灵活性和持续成功的关键。在未来,随着企业管理的不断演化,流程管理的重要性将愈加显著。对于那些渴望在竞争激烈的市场中占据优势的企业而言,采纳并执行流程管理已成为一项不容忽视的策略。

第二节　价值:流程优化

一、提升组织演进能力

业务流程管理被诸多企业推崇与津津乐道的核心价值归结于其通过业务流

程改进而持续提升组织效能。此种改进致力于优化已有流程，旨在提高客户对产品的满意度，被认为是流程管理的生命线。因此，大多数实施流程管理的企业都将业务流程改进放在高度重视的位置。

该实践涵盖了渐进式和革命性的改进，通过监控执行中的流程，并利用目标偏差及识别不一致性来揭示改进机遇，以确保执行成果与预期相符。业务流程改进的目标不仅包括降低成本、提高效率和质量、减少错误率，还着重提升组织能力，为组织及其客户创造更多价值，而非单纯优化个体工作模式。

业务流程优化的本质是一个不断演进的过程，随着时间的推移将不停地提升业务成果。通过业务流程优化，组织得以淘汰临时解决方案和问题导向的管理手段，转而采用客户导向的流程改进来增强业务运营，提供卓越的产品与服务。正如微软创始人比尔·盖茨所言："低效的流程会消耗工作本身十倍以上的时间。客户不满、员工疲惫和成本上涨都源于流程功能的障碍和陈旧的业务操作方式。"对于常规性的任务和复杂过程的业务，流程优化优势如图1-1所示，其带来的好处不言而喻。

图1-1 流程优化优势

- 促进经营：提升生产力和增长收入，生产力的提升直接导致利润的增加；
- 提升竞争力：最大化客户价值，组织提供客户所需的产品与服务，提升客户满意度，超越竞争对手；
- 实现可持续发展：通过关注环境和社会的可持续性，组织可以在业务流程中实现可持续发展目标；
- 保证结果一致性：简化流程易于复制，保证结果的一致和可预测性；
- 提高效率：提高工作效率，剔除无效环节和冗余流程，帮助组织更迅速地完成任务；
- 降低成本：简化流程可以减少资源浪费，降低运营成本；
- 改进跨部门沟通：打破团队间的沟通壁垒，或将有效的协作方式融入工作流程，让沟通更流畅；
- 使风险管理更容易：识别并优化风险相关的流程环节，及时采取预防措施；
- 使合规管理更加轻松：通过简化监控和报告程序优化流程合规管理；
- 使错误发生的机会更少：流程优化后步骤更精简，复杂性降低，从而减少人为失误；
- 使更聚焦高优先级的工作任务：员工参与流程改进过程可以增强员工的归属感和对工作的满意度，同时减少重复性、影响小的任务，让团队成员有更多时间致力于价值更大的工作。

二、三要素原则

无论是业务流程优化（BPI）、业务流程再造（BPR）还是业务流程变革（BPT），它们在不同程度上对业务流程进行改进。这些目标都指向重新设计流程和优化信息系统，以更好地支持改进和执行，进而促进公司整体绩效的提高。

在许多组织中，业务流程优化的实施经常在工作坊中以创意思维的形式展开。这种方式激励团队成员以"黄色便签"集思广益，重新审视并优化组织的流程。决策者通过这种思维导图，可以更明智地规划业务流程的重塑和重组，以提高运营效率。

业务流程优化的实施通常采取项目管理形式。在业务优化和变革项目开展时，流程、技术和组织三要素须同步发展、相互配合。彼此关联且相互依赖，它们形成了一个完整体系，也称为业务运营的三要素原则或 PPT：人(people)、流程(process)和技术(technology)。通过综合这三个要素，组织能全面优化业务流程，提升运营效率。

经过多年发展，流程管理融合多种优化手段，包括六西格玛、精益生产、BPR和敏捷。这些方法通常都得到技术支持，并确保有效执行。数字化浪潮来临之际，新兴技术如大数据、云计算、物联网(IoT)和区块链正在重塑传统流程。这些技术为流程管理带来全新机遇和挑战，令业务流程优化更富探索性。在《流程资产：重塑流程管理》一书中，作者详细介绍了多种类型的流程管理，如客户流程管理、绿色流程管理和二元性流程管理等。这些不同类型的流程管理各有侧重，但共同的目标都是提升组织的效率和竞争力。

随着科技的不断进步和业务需求的演变，流程管理也正持续地经历演进与优化。与数字化技术的整合为流程管理带来了前景广阔的智能化发展，进一步推动了组织的持续进步与革新。展望未来，业务流程优化会从建模演进至自动化和集成化。技术与数字手段的融合将大幅促进流程管理的智能化进程。尽管这意味着组织价值将得到增强，组织却也面临提升技术实力与专业知识的迫切需要，以适应不断变化的业务和技术环境。

第三节　迷失：单个项目改进

一、困惑与局限性

业务流程改进的目标是提升业务流程绩效，是业务流程生命周期中极具增值性的环节。运用适当的改进方法，组织可以保持竞争力并创造持续价值。正当大家都在如火如荼地开展业务流程改进项目的时候，管理者的困惑和担心出现了。他们对这些项目收益的有限性和持续性感到困惑。他们不仅对项目本身的价值产生疑问，也关心在项目初期努力后如何实现业务的持续成功。随着项目数量的攀升，管理复杂性增加，项目组合的整体绩效管理变成了新的挑战。

这些困惑的核心在于，单个业务流程改进项目虽能带来局部绩效提升，但如何保障组织流程管理的长期可持续性？显然，仅靠单个项目的努力与管理是远远不够的。在此背景下，综合性的策略和多维度管理是确保长效的重要手段。

尽管流程管理在过去三十年中取得了显著的成功，但该领域仍面临不少误解与挑战。这些误解是从哪里来的呢？一个常见的误区是，流程管理经常被视作一种技术工具，而更深层次的，它关乎文化变革，旨在改变人们对待工作的态度，向组织内部灌输持续改进与监控的理念，鼓舞高效工作，追求简单、更快、更好。这要求颠覆传统的工作模式。

过去几十年中，出现了许多成熟的业务流程改进工具和方法，包括全面质量管理、精益管理、六西格玛和业务流程再造等。这些方法的实施通常以项目形式展开。以组织中常见的信息化实施相关的流程优化项目为例，以下是组织实施业务流程改进项目的一些关键场景。

当流程项目团队在日常监控中发现业务绩效与组织目标存在差距时，他们会进行根本原因分析并提出流程优化或改革建议。一旦得到高级管理层的批准，IT 团队将启动 IT 资源实施项目，这属于 IT 项目管理的范畴。在 IT 实施项目中，可能会引入各种信息系统或平台工具。

以数字化转型中的人工智能（AI）技术应用为例，在流程项目的业务分析和设计阶段，流程分析人员会考虑 AI 选项，包括是否可以使用 AI 技术、AI 如何在流程层面改变活动、AI 是否可以解决面临的问题以及 AI 解决方案的成本效益分析。假设流程团队设计了一个需要 AI 应用程序的新流程，接着需求将提供给 IT 团队，然后 IT 团队将负责实际的创建、培训以及随后的 AI 神经网络支持。

从上述的项目实施过程中，可以清晰看到，流程项目与传统的 IT 项目存在许多相似之处。如均需管理层批准及业务分析师的分析作用，但其在流程、方法和工具上存在显著差异，尤其是在业务分析和设计阶段。流程项目强调深度的流程导向业务分析，从绩效结果反推根本原因分析，并以业务流程为中心检视管理要素，坚持"先业务分析，后设计 IT 应用"的原则。

这些根本性差异在实施过程中显然易见，但在组织的高层可能并不显著。只有亲身参与流程项目的人员，才真切体会到这种变化。这种变化具体表现为：IT 应用程序的开发、测试和部署仍在继续的过程，但这些应用程序是在"流程"的框架下重新构思的，并从业务价值的角度进行了优先级排序。由此可见，尽管流程管理与传统项目迥异，但在组织更高层面看来，流程管理实施前后似乎变化不大。

二、变革的不可或缺

自首个流程项目启动以来，组织便踏上了流程管理的旅程。流程项目包含 IT 实施与人员执行两大关键层面，后者在流程项目中常遭忽视。因此，开展组织资源实施子项目至关重要，涵盖工作设计、培训开发和知识管理等多个方面和变革管理活动。在《业务流程再造》一书中，提出若干实施流程管理变革建议。

首先，在推动业务流程变革前，明确变革的目标和范围至关重要。这有助于企业明确变革的核心内容并合理规划所需资源。其次，建立专门的变革团队负责业务流程变革。团队成员应具备跨部门协作的能力，并拥有丰富的变革经验，以确保变革计划的有效实施。此外，制订详细的变革计划也是不可或缺的一环，这包括明确的时间表、资源投入以及风险控制措施，以确保变革过程中的每一步都得到妥善的安排。为了确保员工和管理层对变革的支持，对员工和管理层进行培训同样重要。通过培训，他们可以更好地理解变革的目的和内容，从而更好地支持变革计划的实施。最后，持续监测和优化变革计划的实施效果是关键。这有助于确保实施效果达到预期，及时发现并解决潜在问题。

尽管上述建议为推动业务流程变革提供了有力的指导，然而，一个关键的挑战是，许多组织未能意识到流程管理的实施是一次深刻的变革。即便有所认识，变革管理能力的不足也常常导致流程项目的失败。本质上，流程管理变革项目对多种能力提出了要求，例如项目管理、变革管理以及流程专业知识等。在单个项目中同时具备这些能力是极具挑战性的，因此，需要从组织层面找到解决方法。

另一个值得注意的现象是，许多组织在规划试点部署的后期阶段失败的风险极大。这主要是因为,虽然组织在前期致力于挑选试点流程并确保其自动化成功,却没有在向其他部门流程推广时投入相应的精力。因此,项目后期潜在的价值未能得到充分挖掘,其最终的商业价值留下一个大问号。缺乏一个精心设计和考虑到的分阶段部署的流程项目计划同样是导致失败的原因。等到试点完成后才开始计划后续部署的做法是错误的。面对从最初的流程项目扩展到更具变革性的项目,组织必须探究如何在资源层面有效推广部署。流程管理变革项目常涉及多项目管理,项目管理的难度增加,也是失败的原因之一。无论是体现项目最终价值的问题,还是多项目实施的挑战,其核心在于:如何在战略和组合层面协同实现项目价值?

三、组织级转型的必要性

因此,零散的、随机的、分散的一次性业务流程优化项目,往往难以被管理层感知,也无法满足高层管理者的期望。如果企业想证明流程管理的真正价值,实施转型是必需的。从资金、人力资源配置、治理、基础设施到流程管理解决方案的实施,每一环节几乎都需要变革,以便加速实现流程管理价值,并超越少数项目的战略目标。

这一转型过程,即从项目级流程管理向企业级流程管理的转变,对于追求卓越流程管理的企业来说,是一项巨大的挑战。这种转变把流程导向视作一种整体的管理方法,不仅解决业务流程的效率问题,更将其视为推动公司文化发展和提升组织竞争力的重要力量。企业级流程管理的定位和实施方式使流程管理超越了项目的成功,走向了更为成熟的阶段。

第四节 转型:企业级流程管理

一、价值感体现不足

当前许多组织投身于流程管理实践,一面积极参与大量流程优化项目,一面热衷开发流程管理的方法、工具和系统。然而,这些流程优化项目常如暗箱操作,其改进成效与组织目标的关联性不显著,导致许多项目未能直接专注于业务的核心目标;同时,模型构建技术和特定方法的专业性投入,在业务领域看来并不直接产出价值。

此类经验造成了一种普遍的不良印象:企业在实施流程管理时,对实际业务价值的关注程度有限,价值性不强。一项由埃森哲进行的研究发现,当流程管理缺少对组织成果的明确聚焦时,流程项目往往无法落脚于组织发展的核心轨迹,即脱离了战略主导的方向。尽管流程项目的价值有所认可,业务部门亦致力于开展流程管理和改进活动,但业务流程优化难以针对已识别的价值实现精准匹配和定制化。

由此可见,在多数情况下,企业实施的流程管理在创造组织价值方面存在明显不足和差距。因此,提出基于价值驱动的组织愿景成为流程管理转型与升级的关键,代表了对组织流程管理价值观的一次深刻重塑。

二、与战略关联的企业级流程管理

要实行以价值为核心的流程管理,关键在于实现流程管理与战略的一致性,制定合理的流程组合策略,并评估流程解决方案的价值贡献。这有助于增强流程管理的价值敏感性,解决组织中流程实施的瓶颈问题,并紧密绑定业务战略,实现从运营型流程管理向战略型流程管理的转变。

战略型流程管理离不开企业级流程管理(EBPM)的概念。企业级流程管理全面地将流程管理原则、方法和流程应用于整体企业,而不是局限于个别或少数流程改善项目。企业级流程管理的目标是确保端到端流程组合与企业的战略、资源保持一致,并为流程项目的计划管理与评估提供一个完善的治理框架。

为何组织要实施企业级流程管理?早在1985年,迈克尔·波特提出组织价值链的概念,奠定了企业级流程管理的理论基础。当前,多数组织仍沿用基于传统职能部门的管理模式,而企业级流程管理倡导通过综合策略,定义、改进和管理整个价值链,满足客户期望和需求。采用这种新范式要求弃除传统职能管理的筒仓思维,该思维会使各职能部门仅聚焦于自身流程,忽视跨部门协作。特别是在大型组织中,客户需求的中心性愈加彰显,筒仓限制更是对业务流程绩效的创新与交付构成障碍。组织通过有效的跨职能业务流程为客户创造价值,这些流程确定了如何设计、生产和交付产品或服务。企业级流程管理为组织领导提供了有益协同改进和有效管理客户服务流程的途径。对致力于客户满意和绩效提升的领导者来说,企业级流程管理已成为一种不可或缺的管理实践。

企业级流程管理除了能够显著提升管理组织价值链的益处外,还在参与、引领及增长等方面带来附加价值。领导层逐渐认识到,流程思维对于实施整个组织战略至关重要。空洞的口号,如"致力于发展"或"客户至上",并不能为员工提供充分的行动指导,他们可能仍旧感到困惑。因此,领导者需明确指引员工如何贯彻执行企业战略。

员工日常参与的产品开发、销售、交付及服务等活动,实实在在是通过跨职能流程的协作完成的。然而,员工往往难以看到自己在传统财务绩效指标,如利润率、现金流等方面的贡献。通过设定明确的跨职能流程改进目标和绩效指标,企业能更有效地激励员工,诱导积极行为。流程目标和绩效指标成为流程管理的核心,提供了一种直接且相关的工作机制,这不仅能激发员工的积极性,还有助于建立一种有序且自律的企业文化。

三、企业级流程管理的驱动因素

企业级流程管理代表对组织流程的全面战略评估,包括流程分析和性能评估。而相对于企业级流程管理的宏观视角,传统流程管理则专注于在详细的业务单元或领域级别进行流程分析和建模。实施企业级流程管理时,组织努力将流程意识和思维从少数顾问或部门扩展至全体员工。

组织实施企业级流程管理的驱动因素总结见表1-1。

表1-1 企业级流程管理的驱动因素

组织	客户/供应商/合作伙伴
• 增长:难以应对急剧增长的需求或未能主动规划高增长策略; • 合并和收购:组织"获得"附加的复杂性,需合理化流程或淘汰随收购而来的遗留系统;	• 员工在规定时间内未能充分回答问题,导致客户服务满意度降低客户数量出现意外增长,可能带来服务负担;

13

续表

组织	客户/供应商/合作伙伴
• 重组:员工的角色和责任可能发生变化; • 战略:决定改变发展方向,如追求卓越运营、产品领先或客户亲密关系; • 运营体系:引入与组织战略、绩效衡量和人员管理相关的流程管理; • 合规或监管:如萨班斯—奥克斯利法案等,驱动组织启动流程项目以满足法规要求; • 业务敏捷性的需求:培养业务敏捷性,以便能够迅速响应机遇	• 供应商或合作伙伴需要较长的交付周期才能满足要求; • 组织期望加强对客户关系的关注与培养; • 面临客户细分或层级化服务的需求; • 引入服务理念,并需要严格执行服务水平; • 主要客户、供应商或合作伙伴有特定的流程需求; • 需确保端到端视角,以提高可见性和集成
管理	产品和服务
• 缺乏可靠或存在相互矛盾的管理信息;流程管理及绩效衡量在此发挥重要作用; • 管理者需要对其管理流程有更多控制力; • 创造可持续的绩效环境成为必要; • 组织需要建立一种高效能的工作文化; • 需要最大化从遗留系统中获得投资回报; • 当前处境下预算削减可能影响到业务的持续发展; • 组织需要发挥现有员工潜力,以支持扩张需求	• 新产品上市时间过长,缺乏业务灵活性,受到客户的不满; • 利益相关者对服务水平表达异议; • 每种产品或服务均有特定流程,而这些流程大多相互之间存在共通之处; • 新产品或服务往往融合了现有的产品/服务要素; • 产品或服务的复杂性可能导致执行困难
员工	流程
• 员工流动率高可能由工作的单调性或不能支持的工作压力和期望所导致; • 新员工培训存在问题; • 面对持续的变革和复杂性,员工满意度可能偏低; • 预计员工人数将显著增加; • 组织希望通过增加员工授权来提升工作效能; • 员工可能难以跟上持续变化的步伐和增长的复杂性	• 存在着为流程提供端到端可见性的需求; • 流程中有太多的交接或空白,或者根本没有明确的流程; • 从流程角度看,角色和责任定位不清; • 流程质量低下,导致返工量大; • 流程变更频繁或完全不变; • 流程标准化不足; • 缺乏明确的流程目标; • 在执行端到端流程的各个环节之间,相互沟通不足
信息技术	
• 计划引入如 CRM、ERP、计费系统等新技术系统; • 考虑购买流程管理自动化工具,例如工作流程、文档管理和商业智能系统以逐步淘汰过时应用; • 发现现有的应用系统重叠和整合不当; • 计划引入新的 IT 架构; • IT 支持未能满足业务需求; • 存在对 IT 成本失控或过度昂贵的担忧; • 欲引入 Web 服务	

尽管众多专业人士对战略和执行都投注了实质性的关注,但很少深入讨论在流程背景下定义与实施战略的益处,甚至对如何关注这一议题一无所知。普遍认知是,企业的业务流程集合决定了工作完成方式,并且是为客户和股东创造价值的基础。

四、企业级流程管理的目标

在企业级流程管理中,重点放在从客户角度衡量真正有价值的事物。大多数组织的衡量标准涉及质量、反应速度、全面性、准确性以及对产品和服务的响应性。例如,供应链委员会(APICS)在2017年将完美订单定义为"在正确的时间、条件下,以适当的方式,将恰当的产品送至正确的地点,交予准确的客户"。

实施企业级流程管理的基本目标包括以下内容:
- 定义端到端的大型跨职能流程,这些流程提供客户价值;
- 从跨职能业务流程的视角出发,详细叙述组织的战略;
- 赋予相关个体或团队跨职能流程改进和管理的责任;
- 创设对客户至关重要的绩效衡量标准;
- 基于以客户为中心的衡量标准,评估组织的绩效水平。

为了有效实施企业级流程管理行动计划,需实现三项基本成果:以客户为中心的衡量框架、企业级流程组合管理和企业级流程改进计划。

(1)以客户为中心的衡量框架

这一框架的目的是建立一套衡量标准,以便更全面地评估企业流程的效率和有效性。该框架应全面涵盖产品引入、交付以及服务响应性等多个方面。尽管各组织的状况各异,但普遍存在的共性为建立这一框架提供了共同点。结合客户为中心的衡量框架与企业级流程(或称价值流),领导层可清晰识别当前跨职能流程的性能与目标之间的差异,并探询"需改进哪些核心流程以及需改进到何种程度才能实现战略目标"这一问题的回答成为实现战略执行力的重要途径,进而可能为企业带来显著的利益。自然,这种战略与流程结合的前提是组织已有明确的战略方向。当一个组织决定采取行动,改善和管理其企业级流程时,对这些流程绩效的问责就显得至关重要。多数公司面临的挑战是,必须从传统的职能或部门问责转变为跨部门价值流的问责方式。

（2）企业级流程组合管理

长期以来，战略与执行哪个更重要的辩论一直存在。常听到的观点强调执行的关键性："战略同执行紧密相连，而执行更显关键""没有执行的战略只是空谈"。然而，在缺乏明确战略指导下，执行也将迷失方向。同理，若缺乏对组织端到端流程的深入了解，确定流程优先级亦将成为困难。

流程组合提供了一个整体视角，展示了业务流程的全貌。它使企业能够系统化管理众多流程，确保同步改进而非孤立行动。在这个过程中，流程绩效的度量为组合管理提供了基础依据，有助于整体判断哪些流程改进应被优先考虑。流程管理从资金分配和整合视角出发，对流程进行可视化评估和管理。

（3）企业级流程改进计划

企业级流程管理不仅着眼制定流程组合方案，同样重视在执行期间对流程改进计划进行监控和管理及提供必要的指导。企业级流程管理并不旨在取代业务部门的专注点或对职能的关注。相反，它作为一种补充的管理实践，凸显了企业为客户创造价值的方式。企业级流程管理核心在于以客户为中心，关注关键的跨职能流程以及它们的执行情况，这要求采用不同的管理手段。企业级流程管理应由一组执行层次的流程所有者组成小组或委员会来实施和操作，该团队负责策划和改善大型跨职能流程的管理。

无论是建立客户为中心的衡量框架、实行企业级流程管理，还是进行流程改进计划，企业都需要投入时间、耐心、人力、技术，并获得高层、中层管理人员和员工的承诺，这都是企业级流程管理成功的基石。虽然许多流程项目最初是独立、分散或不相关的，但现代商业环境要求管理的可拓展性，并能在整个企业范围内得到采纳。最终，这要求将各个流程项目整合到统一的流程架构中。

要满足可扩展性和在企业范围内采纳流程管理的需求，企业级流程管理必须解决以下关键责任领域的问题。

在实施流程管理时，目标层面要求业务目标或愿景必须明确，以确保流程管理的组织目标与项目紧密结合，保障各项目的一致性与整体愿景的协同。这将确保所有努力都致力于实现共同的目标。

在管理层面,必须采取具有可扩展性的流程项目交付资源和方法。这不仅包含必要的发现、实施、部署、管理和支持流程,还涉及保障组织内的人员资源、标准化方法和治理机制的整合。该管理策略应涵盖从单个项目到多个项目乃至项目组合的全面交付,以保证资源被合理分配并有效利用。

技术层面专注于建立和管理共享基础设施,涉及托管和维护诸如流程项目成果的解决方案以及信息技术架构和安全架构等。考虑到流程项目通常需要共享的基础设施,例如业务流程管理系统(BPMS)基础设施必须能够根据项目需求增长适应性地扩展,满足不断变化的业务需求和技术发展。

综合目标、管理与技术三大层面的协同效力,可以确保企业级流程管理的有效实施,从而为企业带来显著的业务增值和竞争力提升。

第二章

传统到变革:流程管理发展

在实践流程管理的过程中,企业经常遭遇内部冲突。这些冲突可能起因于不同部门同时进行业务优化,如质量组织开展的流程优化、供应链机构整理的价值链流程、制造流程中的精益管理、研发领域的六西格玛流程设计,以及IT部门的业务流程分析等。在这种情况下,管理者和实践者经常面临疑问:流程优化的职责是否存在重叠?流程管理的必要性和独特价值何在?为解答这些问题,探讨流程管理的历史和传统至关重要。

第一节 冲突来源:流程管理传统

关于流程管理的起源,可追溯至1993年,迈克尔·哈默和詹姆斯·钱皮发表《重新思考企业:业务流程再造的力量》一文。这篇文章被视为流程管理的奠基之作,引发了广泛关注和讨论。其中,他们提出了业务流程重组(BPR)的理念,强调重新设计和改进流程以实现组织变革和业绩提升的必要性。这篇文章为后续的BPR研究和应用奠定了基础,并成为管理领域的经典著作。自此,工作流程、流程建模和流程改进逐步整合,构成了一个连贯的管理概念:业务流程管理。

尽管业务流程管理在20世纪90年代信息技术的兴起中达到顶峰,特别是软件驱动的业务流程优化,但其根源可追溯至20世纪30年代泰勒的科学管理。管理学经历了从亚当·斯密和罗伯特·欧文的前工业时代理论、泰勒和法约尔的工业时代科学管理,到德鲁克和赫兹伯格的现代管理理论多个阶段的发展,流程管理理念逐渐在现代管理学中萌发并成长。

业务流程管理经历了萌芽期、成形期和全面发展期。在萌芽期,业务被视为流水线化和标准化作业,并出现了工作步骤这一概念。质量管理、全面质量管理及 PDCA(戴明环)等理论的出现,加强了以客户为中心的业务过程管理理念。随着信息技术的发展,全面发展期关注于整体的业务绩效目标,并涉及流程再造、流程重组、流程优化分析、评估等全面的流程管理。这一阶段,业务流程管理的理念逐渐成形,特别是包含了"人"这一关键要素,因为流程实施终究依赖人的执行,涉及组织行为学等内容,使业务流程管理与现代企业管理理论紧密结合。

20世纪上半叶,工程师应用泰勒主义分析业务流程,而20世纪70年代的丰田全面生产管理(TPM)进一步深化了制造流程管理。到了20世纪90年代,信息技术的发展使得流程管理突破了工厂界限,开始覆盖整个企业。德国希尔教授 ARIS 的概念、BPR、BPMS 及流程管理等信息技术支持的方法应运而生。如今,借助 RPA、流程挖掘、人工智能(AI)、机器学习等新兴技术,流程管理展开了新的探索和创新。

聚焦于发展的历史时间线如图 2-1,可以看到流程管理经历了质量控制、企业管理和信息技术这三大传统[1]。这三种传统都得益于工业革命的巨大推动力。通常来说,来自熟悉不同传统的人员往往倾向于忽视或贬低其他方法,认为自己的方法是宽容的或优越的。然而,当前的趋势是这三种传统正在融合成一种更全面的业务流程管理传统。管理者试图提高员工的生产力,简化流程和控制产出质量,然而本书关注的重点不是这些传统的古老根源,而是每个领域在企业实践中的融合,以及如何正确看待企业已经存在的多种管理方法。

图 2-1 为流程管理来源的不同传统。

---

[1]流程管理三大传统内容参考书籍:《业务流程管理手册》(施普林格出版社)。

从职能到流程——组织运营体系变革指南

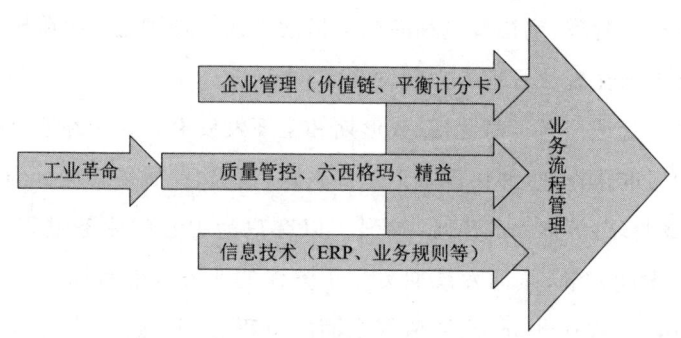

图 2-1 流程管理来源的不同传统

一、质量控制传统

在质量控制的传统中，主要从业者包括工程师和质量控制专家。这一传统具有悠久的历史，起源可追溯至泰勒的科学管理原理，其核心在于强调工艺改进与流程优化。早在 1885 年，德国的卡尔·本茨和戈特利布·戴姆勒就制造出了世界首辆内燃机汽车。随之而来的几十年里，约 50 位来自欧洲和北美的企业家纷纷开启了汽车制造企业。亨利·福特在这个时代中尤为显著，他采用了革命性的汽车制造方法并设计了一款高质量、价格适中且易于制造的产品。

福特革新了生产流程，建立了一条高度组织化的流动生产线，将汽车制造作为完整而连贯的流程来对待，确保了每个步骤都经过精心设计与排序，保障整个流程的效率和顺畅性。这种方法大幅改进了汽车行业并对其他制造工艺产生了深远影响，因而极大降低了汽车的制造成本，并使汽车在美国中产阶层普及。正因为生产线流水作业的效率，汽车不再是富裕人群才能享有的奢侈品。此外，由于生产力的提升，福特得以提供比其他工厂更优厚的工资给员工。

福特的创新也引发了全球各地的管理者的关注，并对泰勒的科学管理原理产生深远影响。泰勒提倡简化工作任务、进行时间研究、开展系统实验以识别执行任务的最佳方式，并推崇建立测量成果与奖励产出的控制体系。他的著作在国际上大受欢迎，对众多流程方法产生了巨大的影响。在 20 世纪上半叶，工程师们努力将泰勒的原理应用于实践，分析流程、测量成果并广泛运用统计检验。

随着流水作业的广泛实施，相关的流程工具和技术也相应发展。在20世纪第一个十年，甘特图的诞生代表了分工与流程顺序管理的思想。到了20世纪第二个十年，吉尔布雷斯向美国机械工程师协会成员介绍了作为记录流程的第一个结构化方法：流程图。该工具随后被放入工业工程的课程中，并于1947年被美国机械工程师学会（ASME）采纳作为行业标准。进入20世纪30年代至40年代，工业工程师艾伦·莫根森开始将这些工具用于商业培训中。他的一些学员将流程工具带入了各自的企业，比如阿特·斯宾格将其引入宝洁公司，本杰明·格雷厄姆则将流程图应用于信息处理领域。

美国质量协会（ASQ）成立于1946年，见证了从工作简化运动到质量控制运动的演变。1951年出版的《质量控制手册》由朱兰撰写，成为关于质量控制的全面信息来源，对质量控制运动产生了深远的影响。进入20世纪70年代，全面质量管理（TQM）成为主流的质量控制方式。20世纪80年代末，六西格玛方法出现，并由摩托罗拉公司开发，从而取代了TQM的地位。

六西格玛结合了过程分析与统计质量控制技术，同时与组织奖励计划相整合，形成了一种广受欢迎的持续过程改进方法。随着美国质量协会ASQ设立的六西格玛项目认证和黑带训练，这种方法得到了更广泛的普及和应用。杰克·韦尔奇，通用电气公司的首席执行官，也是美国最受尊敬的企业高管之一。他在公司内部大力推行六西格玛方法，不仅要求全公司上下努力实现六西格玛标准，还规定每个高管40%的奖金与六西格玛的成果挂钩。同样，精益方法在丰田生产系统中也被视为一项全公司的计划，并得到了首席执行官以及所有经理和员工的热烈支持。

在众多业务流程改进方法中，精益和六西格玛在最佳状态下能够覆盖整个组织的流程。在20世纪90年代的大部分时间里，精益和六西格玛是作为独立的方法被采纳的。然而，目前越来越多的公司开始将这两种方法结合起来，形成了所谓的精益六西格玛。

二、企业管理传统

与专注于产品和生产质量控制的传统模式不同，企业管理传统侧重于公司的整体运营。企业管理的核心理念在于,使公司战略与实现这些战略的手段保持一致,并确保员工努力达成公司目标。

在 20 世纪 80 年代,随着美国汽车制造商的市场份额逐步被欧洲和日本高质量汽车所蚕食,美国管理者开始反思运营方式,探索降低成本和提升生产质量的途径。在这一转变背景之下,吉尔·拉姆勒成为该领域的关键人物。拉姆勒的方法论源自对组织作为系统的全面关注,并且将其与对员工绩效培训、管理和激励的研究相融合。20 世纪 90 年代初,拉姆勒与布拉奇合作创办了公司,培养了众多流程专业人才,并共同撰写了流程领域的经典著作《提高绩效:如何管理组织图上的空白空间》。拉姆勒始终信奉提升公司业绩的必要性,坚称重新设计流程是实现此目标的关键途径,并特别强调管理层及员工工作表现对流程改进的重要作用。

在企业管理领域,迈克尔·波特的贡献不可忽视。在他出版的著作《竞争优势》中,波特超越了当时战略概念的局限,提出了战略与公司如何组织活动形成的价值链之间有着密切的联系。波特明确指出,价值链不仅支撑特定的产品线或市场以及客户,而且构成了竞争优势的根基。通常情况下,大型国际组织会维护 5~10 条价值链。在本质上,价值链界定了公司的价值创造过程,而所有其他业务流程都通过与价值链的关系被界定。进一步划分,价值链中包括主要运营流程(如市场、销售、生产和交付)和辅助的管理支持流程(如规划、财务、人力资源和信息技术)。波特着重强调了核心流程与支持流程的区别,并阐述:"战略定位需要采取与竞争对手不同的活动或以不同的方式执行相似的活动。"从根本上说,设定目标并塑造及整合价值链以确保所有流程协同作用以实现这一目标,构成了一个有力的主张。这种方法的重要性在于,基于活动系统构建的角色远比依赖于个别管理者的职位具有更高的可持续性。竞争对手或许能观察并模仿特定活动的改善,但对所有流程如何综合作用的理解却非易事。波特在战略和价值链研究方面的成果对现代组织进行战略规划产生了深远的影响。过去几十年来,价值链已成为组织结构构建、流程设计及变革的核心原则,对组织的各项工作产生了指导性的影响。

企业管理传统中另一个重要工具是平衡计分卡方法,这一方法由罗伯特·卡普兰和戴维·诺顿于1996年共同开发。起初,卡普兰和诺顿构想了一种绩效评估方法,核心在于创建一种计分卡,精准地反映各种不同的成功指标。之后,他们将平衡计分卡与企业运营模型相结合,深化了该理念。此模型着重指出,业务流程对于实现组织目标的重要作用,即计分卡需与流程和人员紧密连接。换言之,该框架搭建了一个系统,从战略着手,将战略与流程以及人员紧密结合,进而衡量运营成功以实现战略目标。

在平衡记分卡方法的早期应用中,职能组织是其主要用户。然而,随着时间的推移,许多新的方法开始出现,这些方法将记分卡措施直接与价值链和业务流程相连接。这使得越来越多的流程人员意识到,记分卡方法不仅是一种系统化的方法,更是一种能够将流程措施与战略目标相结合的有效工具。

三、信息技术传统

第三个重要传统见证了将计算机和软件应用程序用于自动化工作流程的运动。该运动起始于20世纪60年代末,并在随后的20世纪70年代迅猛发展,核心目标在于实现业务流程自动化。至20世纪80年代初期,人们普遍认识到几乎每个组织内的流程都有潜力通过自动化获得效率提升,或得以依赖计算机和信息系统的人力来执行。至20世纪90年代初,计算机主要被视为优化内部业务流程的工具。然而,随着20世纪90年代信息技术(IT)的迅猛发展,计算机的功能开始转变,工作岗位经历了变迁或被淘汰,企业越来越看重流程管理。计算机从单一的自动化工具演化为促进全新商业模式的通信工具。这一转型催生了广泛的流程外包及全球商业活动的整合。此时期内,IT不仅在很大程度上支撑了业务运营,还开始以服务的形态概念化。计算机最终重塑了商业工作性质的理解。在现代商业世界里,没有计算机系统的操作几乎不可想象。

1990年,迈克尔·哈默在《哈佛商业评论》上发表了《再造工作:不要自动化,而是重构设计》的文章。与此同时,达文波特和詹姆斯·肖特在《斯隆管理评论》上发表了《新工业工程:信息技术与业务流程重构》。这两篇文章共同引发了企业流程再造(BPR)概念的诞生。随后,达文波特在其1993年出版的《流程创新:利用信息技术重构工作》一书和迈克尔·哈默与詹姆斯·钱皮合著的《企业再造:商业革命宣言》中进一步推广业务流程再造(BPR)理念。

  这些学者及企业流程再造的先驱坚持认为企业必须从整体流程的角度进行思考,与波特提出的价值链以及拉姆勒的组织层面理论相辅相成。他们相信信息技术是推动业务变革的关键动力。这意味着通过重新设计流程并利用尖端的IT技术,能够实现绩效的大幅提升。从那时起,业界开始普遍接受信息技术不是辅助工具,而是构成每个业务流程不可分割的部分。

  关于业务流程再造(BPR)的归属问题,观点并不统一。有观点认为,由于BPR激发了许多高层管理人员重新考量商业战略,它应该属于企业管理传统;也有声音指出,BPR强调使用信息技术(IT)来重新定义工作流程和推进自动化,在某种程度上属于信息技术传统。实际上,BPR可能介于这两种传统之间,融合了两者的精髓。

  尽管许多公司在上述传统范围内开展业务,但日益增多的企业正致力于构建一个新的综合体,称之为流程管理。流程管理不仅涵盖了这些传统,而且在实际操作中实现了这些传统的融合、均衡及创新。

  流程管理是一个广泛的概念,通常牵涉多种工具的应用。部分流程管理专家将其细分为以下几个类别:

- 系统为中心的流程管理:注重自动化业务中的工作流,在极少或不需人工干预的情况下,在企业的系统应用程序中运行并实现集成。例如,客户关系管理(CRM)和企业资源规划(ERP)系统便是此类流程管理的示例。
- 人为本的流程管理:此类流程管理聚焦于人员执行的流程。这些流程特别强调商业应用程序中设计用于人机交互的界面和功能,如精心设计的用户界面、警报和通知系统。
- 文档为中心的流程管理:这种方法集中在以文档处理为核心的业务流程,如创建、签署和验证合同等流程。常见的业务流程管理工具会专门针对这类以文档为核心的任务提供解决方案,比如支持电子签名的文档管理系统。

  在长达一个世纪的管理历史中,提升工作效率的道路大多依赖分工。而分工后，确保运行效率的关键在于各个单元、团队和个体之间的协作与协同工作。这一点在大型组织中开展复杂业务时尤为重要，由于分工可能造成业务单元间的相互依赖加剧，并对资源共享产生需求，业务分工规划和实施的合理性变得至关重要。流程管理则是设计有效的业务分配、作业并保障协同合作的基石，同时也是确保业务顺畅执行的关键。

第二节　与时俱进：流程管理与数字化

企业领导层可能会担心：

- "在未来我的业务20%~40%将来自新兴市场，我的流程能适应吗？"
- "当前，20%~30%的员工技能与现在和未来的业务需求不匹配。"
- "高级管理层40%的时间花在了非核心工作上，如何改变这一现状？"
- "当前的业务流程模型不够灵活，无法应对'新的业务现实'，该如何改进？"

业务流程需不断演化与调整，以成功应对这类挑战。企业的转型与增长密钥在于实现人、技术和流程三者间的有效均衡。为了达到这一目标，企业需采用全面、简化及敏捷的管理方法。因此，流程管理绝非仅指传统意义上从A点到B点的设计与执行，而是涉及整个企业流程的效率、有效性和合规性，同时也关系到应对挑战和捕捉机遇的能力及适应性。

在数字化转型的趋势中，企业正面临重大挑战，如客户期望的快速变更，构建符合数字时代下的商业模式以提升组织的敏捷性，并通过以客户为中心的思维重构流程。研究数据透露，超过85%的企业正致力于或计划进行数字化改造，但殊不知，仅有1%的管理者意识到流程管理在支撑数字化转型中的作用。传统流程管理包含流程建模、设计、实施和监控等方面。在数字化的背景下，这些方面可能亦经历了变化。那么流程管理在数字化转型的过程中具体又扮演着何种角色？这成为值得深究的问题。

一、数字化转型不仅是技术

在探索数字化转型的过程中,必须首先明确一个共识:数字化转型超越了引入和应用技术的层面。它实质上是关乎企业全方位变革的议题,涵盖了组织结构、角色分配、工作流程、技术应用以及文化氛围等多个方面。随着数字技术的渐趋普及,流程管理中的流程设计、监控和评价显得尤其关键。渴望捕捉数字化商机的企业,必须对流程、产品、组织架构及商业模式的转型进行综合考量。因此,采取多角度的调整措施变得不可或缺,涉及诸如在企业内部明确设立流程管理的角色、增强IT支持,以及实现技术标准化等行动。

从历史视角来看,转型的轨迹似曾相识。正如先前的工业革命、电力革命和信息技术革命对社会和商业造成的广泛影响,数字化转型同样促进了生产力的颠覆性变化。在商业领域,数字化变革预示着更为先进的业务模式、更卓越的客户体验和更高的运营效率。这些要素与业务流程紧密相关:业务模式的重塑直接触及核心价值流的核心,而创新的业务流程助力增进外在的客户体验和内部的作业效率。数字化转型强调客户导向和设计思维,与流程管理的核心理念相得益彰,因为后者有助于员工和客户更自如地采纳数字思维和工具。更为关键的是,数字化环境下,在技术支持的框架内,以客户为中心的价值观得以充分体现和强化。

在数字化转型的历程中,流程管理扮演着至关重要的角色。它不仅构成了企业数字化转型的基础,而且随着数字化项目的深入实施,流程管理和数字化技术的融合日益紧密。例如,流程挖掘、机器人流程自动化(RPA)、人工智能(AI)、数据分析和流程管理软件套件等技术的应用进一步佐证了流程管理作为一种技术推动下的企业持续创新和提升竞争力的关键手段。

二、数字化转型中管理的策略

在数字化转型和效率追求的双重驱动下,流程管理已成为高层管理者关注的重要议题。以流程为中心的领导文化成为释放数字化转型和智能业务流程潜能的关键先决条件。

为应对数字化转型,流程管理需要对客户期望的变化保持敏感,对流程进行及时的测量与控制。例如,数字技术、流程管理和IT专业领域之间的紧密合作助力于实现流程的实时监控和管理。流程管理机制与数字化流程项目的运用，已被证实能够提升公司流程的效率和有效性，为客户节约显著的成本和时间。这些项目不仅带来质量效益，提升流程透明度，改进部门间协作并明晰角色责任，还提升了顾客和员工满意度以及运营效率。至关重要的是，这些项目使企业能够认识到、量化并持续得到可衡量的效益，例如在流程自动化提升、错误率降低、周转时间缩短和流程成本节约等方面。

本质上，流程管理的方法需适应组织数字化转型的目标，以确保组织战略与运营的协同。这种协同性对流程在企业中发挥的价值至关重要。实现这一点，应分层次进行考虑：战略层面应聚焦企业业务和转型目标，识别与数字化转型相关的策略及关键流程；业务日常优化层面则追求工具和方法的改良，实现流程优化的敏捷响应；流程治理层面需要持续完善流程政策、体系、责任和企业文化。采取"聚焦、改进和维持"的策略开展流程管理工作，以支持组织数字化转型。

(1) 聚焦战略

企业在确定业务优先事项时，应首先考虑关注哪些领域以及从何处着手。通常，通过识别关键的业务改进流程来规划项目并排列优先级，这需要高层管理的密切协调和沟通以达成共识。然而，通常的结果并不尽如人意。常见的问题在于，组织内部利益相关者可能未能充分理解提出的方案和计划，或者未取得共识。BCG数据显示，只有13%的企业能实现其制定战略的执行，与战略相关的关键业务和流程仅有15%~20%能与战略目标整合。

(2) 优化价值

熟悉的传统优化技术，如六西格玛、精益和流程再造，已经迎来了新时代。这些流程优化计划常常需要大量人力成本用于业务分析与确认，且结果质量时常无法达标。加之，实施这些计划需要严谨的步骤和数据收集过程，这往往与追求效率和业务灵活性的需求不相符。因此，引入流程挖掘、RPA、流程仿真等技术，以提高流程优化和执行的效率成为管理者的选择。例如，流程挖掘软件能够自动还原与分析流程、进行一致性检查、识别瓶颈并实现流程性能的自动监控。不过，这些技术的实施对业务成熟度有一定要求。

(3) 维持价值

确保已有的流程治理机制、企业文化建设及流程责任得到有效实施。今天的流程管理和未来的 BPM 存在很大的差异(见表 2-1)。在数字化转型的过程中,首先要深入了解当前的业务状况、组织设定的目标以及现行的工作流程。然后,着手推动流程自动化,包括公司内部运作及客户参与的各个环节。这一过程,即所谓的"优化价值",确保企业的基础运作高效且富有竞争力。最后,需要重新审视商业模式,审视可以实施"一切皆服务"的战略机会点,这种商业模式的转变"聚焦"战略的目标和实施,它不仅意味着企业今天的"生存",更代表着企业未来的"繁荣"。

表 2-1 流程管理"现在"和"未来"的对比

今天的流程管理	未来的流程管理
□ 现状流程文档化和未来流程的定义; □ 手动流程文档和评估导致大量工作; □ 根据发生的痛点,选择反应模式下优化的流程; □ 孤立的小规模优化项目,通常在单独的职能部门内; □ 缺乏管理委员会对 BPM 的优先次序确立和承诺	□ 整个组织大规模数字化转型的强制性推动者和支柱; □ 使用创新技术,例如流程挖掘,以提高流程管理的效率; □ 从价值主张出发优化选定的流程,以实现最大附加值; □ 以客户为中心的端到端流程的性能大规模增强; □ 积极列入最高管理层议程,并持续为关键项目提供高层赞助

三、流程管理的未来趋势

流程管理已成为一种重要的结构化方法,用于改进业务流程。尽管它不是新兴学科,却因业务环境的动态变化而持续演化,以满足不断出现的新业务需求。目前的经济形势促使企业转向远程工作,加上数字化市场运作的需求,各规模企业都开始重新评估用以实现业务目标的流程。伴随着这些转变,流程管理及其支持技术也在不断进步,以迎合这些新兴需求。

《塑造流程管理未来的六大趋势》提出,在不远的将来,由高薪顾问领导的流程管理将转变为自下而上推动的组织内持续改进的动力。以下是这些趋势的概述:

第二章 传统到变革:流程管理发展

1. 流程管理的民主化

全体开发人员的工具正在推动流程管理变得更为普及,使企业内更多成员能参与识别、实施和评估业务流程改进的新方法。传统上,流程管理的业务流程改进活动常由昂贵的专业顾问推动,这些顾问专门被聘请来分析改革机会。然而,这些专家提出的方案未必能得到那些负责实施改革的管理者或用户的认同。下一阶段的流程管理普及,预计会受益于全组织范围内更广泛的参与。

2. 智能业务流程自动化

融合人工智能、机器学习和RPA(机器人流程自动化)于工作流程可以进一步提升效率。虽然初代流程管理软件简化了流程图的绘制,但要求开发人员将设计的流程落实到实践。流程图与实际应用程序脱节,导致延迟和问题出现。随着技术的进步,企业趋向采用智能业务流程自动化,这些系统能够集成数据并随时间提供更深入的见解。

3. 流程管理功能的集成

主要软件供应商开始将流程管理功能整合到它们的业务应用程序中,扩展了流程管理原理和技术的应用范围。如甲骨文、Salesforce(一家企业级客户关系管理软件服务提供商)、微软等这样的大型供应商已将流程管理功能整合作为其平台的一部分。随着低代码开发平台和集成平台的崛起,企业无须再单独采购专用流程管理解决方案。处于数字化转型中的组织应当考虑其潜在技术平台中的流程管理功能及未来的发展路线图。

4. 自动化流程挖掘工具

自动化流程挖掘工具现已成为流程管理领域一项重大突破,这些工具极大地便利了组织构建精确的流程活动图及其优化路径。流程挖掘工具通过分析关键系统(例如ERP平台)的日志文件来了解各业务部门访问和更新了哪些数据,从而协助组织构建出业务活动图。这种方法已进一步发展,能将多个系统的操作连接起来,清晰描绘数据流动的轨迹,为组织提供一幅完整的流程蓝图。

5. 自适应流程管理

自适应流程管理技术,或称实时迭代流程建模的能力,极大提升了流程自动化的灵活性。例如,企业软件提供商的客户入职流程可能由于软件配置复杂性、系统集成需求和不同用户类型会有所差异。入职流程中的活动顺序可能会以一开始未知的方式变化。自适应流程管理技术能够调整处理流程执行中出现的未知因素,目前这种工具已经使用户能够对结构化和非结构化的业务流程进行建模。

6. 客户业务流程的改进

改进客户业务流程,使用流程管理来优化与员工和客户互动的过程,将成为企业在竞争中脱颖而出的关键因素。起初,流程管理着眼于如何将数据从记录系统导入及导出的流程。随着企业日益认识到客户和员工体验为核心的竞争优势,流程管理的应用已扩展到动态监控面向客户的流程,而不是限于内部系统,从而提升客户及员工体验。配合人工智能、聊天机器人和交互式移动应用等技术增强了客户与企业的互动方式,流程管理在关注前端流程方面的作用预计将继续增大。

第三节　运营模式:改变不会自然发生

在普遍的认知里,流程的核心目标是聚焦并传递价值给外部客户。通过各种功能或活动的协调,可以实现此价值的传递。

这种做法在组织内部催生了矩阵管理模式的形成:传统的功能结构管理与流程导向的横向管理共存。需理解的是,组织部门的创建不仅是为了服务客户,更是为了维持内部秩序。对客户而言,内部结构有时不仅无助于服务质量,甚至还可能构成障碍。这主要是因为组织结构倾向纵向排列,而客户服务需横向展开。同时,必须明确的是,以客户为中心的组织管理不是自发形成的,而是需要有意识地创建。这解释了某些事务看起来简单,但在执行时却面临巨大挑战的原因。因为新思维的形成与接受都要付出巨大努力。

一、协作壁垒

组织内部存在多种隐形力量破坏着部门间的协作,最显著的是部门间壁垒或目标上的差异。通常所说的跨部门壁垒,在本质上是一种专业阻力。各个部门乃至个别员工在自己的目标和领域内可能拥有丰富专长,但对跨部门的协同合作却可能力不从心。在实践中,许多人未能充分发挥个人潜力,或未能作出与能力相匹配的贡献。一个重要原因是,作出贡献并非自然而然就能实现,而是需要克服一些常见障碍。

这些障碍中最为关键的是"专业傲慢"。管理学权威彼得·德鲁克曾以石匠为例:一个石匠立志成为手艺最精的石匠,这对个人而言是值得追求的。然而,在组织中,如果过于强调专业技能而忽视了服务"客户价值",就容易犯错误。当这种情况发生时,所谓的"专业傲慢"会成为实现终极目标、成果和价值的障碍。

这一观点同样适用于组织,尤其是以技术为核心的公司。企业在进行市场分析时,考量客户需求的同时,应当深入洞察客户价值。价值也是由客户决定的,而非仅由产品定义。如果某部门过分专注于其专项目标,忽视了组织的整体终极目标和成果,它不仅未能为公司创造价值,反而可能对组织的协同工作产生负面影响。

因此,组织的目标管理强调的是组织的协作性,希望在分工明确的基础上,各部门能够协同合作,发挥出超越个体之和的效能。需要明白的是,协同合作并非自然而然就能实现,而是需要付出大量的努力和创造性。

协同合作的另一个障碍在于工作惯性,这种惯性通常源于过往成功经验的影响。由于过去管理模式和思维取得的成就,人们在接纳新的方法和工具时可能出现依赖、抗拒、惰性和畏难的心态。

二、关键挑战

流程管理作为一种整体的运营方法,在国际上已有诸多成功案例。早在20世纪90年代,许多企业就已开始采用流程管理作为流程标准化和优化的工具。近年来,国内对于流程管理的理念和技术的认识与接受程度在持续提高。尽管组织现在更加注重流程管理的端到端优化视角,并且这些努力受到称赞,流程管理在实践中却往往面临突破职能壁垒的挑战,实施效果并不尽如人意。在图 2-2 流程管理的关键挑战中分析概述了这方面的经验,并阐释了流程管理为何在企业中难以稳固立足。

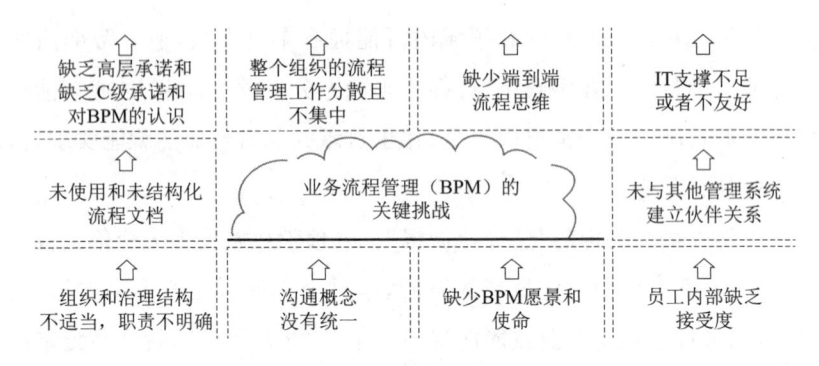

```
↑                ↑                ↑              ↑
缺乏高层承诺和    整个组织的流程    缺少端到端      IT支撑不足
缺乏C级承诺和    管理工作分散且    流程思维        或者不友好
对BPM的认识      不集中

↑                                                ↑
未使用和未结构化    业务流程管理（BPM）的        未与其他管理系统
流程文档            关键挑战                      建立伙伴关系

↑                ↑                ↑              ↑
组织和治理结构    沟通概念          缺少BPM愿景和   员工内部缺乏
不适当，职责不明确  没有统一          使命            接受度
```

图 2-2　流程管理的关键挑战

三、变革阻力

除了前述因素，从变革管理和人的角度可进一步探讨所遇到的"结果不太理想"问题。一个关键的影响因素是管理层对流程管理的认知和重视。若管理层对流程管理的价值与定位存在误解，或者支持和资源投入不足，便会在实施过程中遭遇诸多难关。

当流程管理的价值和定位被抬得过高时，则可能造成期望值过大，继而导致失望情绪及对流程管理的忽视甚至放弃。需要理性地认识到，任何工具和手段都有其局限性，它们能解决的是业务中的某一方面的问题。

反之，如果对流程管理的价值和定位过低，仅简单引入流程管理的工具和方法，而没有将其视为需要韧性的长期变革过程，缺乏足够的支持和投入，大家在变革意识方面没有达成共识，流程管理也不会成功。因为任何新事物的出现和接受都需要付出大量的努力。

"结果不太理想"的另一个原因是缺乏实施变革的专业方法。变革过程涉及各种资源和因素的综合转型，尤其是需要各级人员的意愿、能力和行为的转变，而不仅是流程管理的方法。不幸的是，企业对于变革管理的理念、工具和方法知之甚少，实施过程几乎没有专业的方法流程支撑，大部分情况下全凭个人经验实施。当然，先前提及的工作惯性与变革息息相关，人们在面对变革时常常感到焦虑、恐惧和抗拒。

第三章

流程管理层级：保持战略一致性

组织发起流程优化或变革倡议出于多种原因。初次尝试的组织通常会着手优化特定业务流程，而那些经验更加丰富的组织，则发展出全面的业务流程框架，组建专职团队来评估各种变革措施的可行性，并判定流程优化的优先次序。对于规模较大、结构复杂的企业来说，通常会进行一系列持续改进活动，这包括维护业务流程框架、持续衡量和分析流程绩效等。这些活动超越单个项目的范畴，形成一个持续的管理程序，旨在支撑管理层的决策，并识别特定流程变革的机会。正如前述，此类实践被定义为企业级流程管理。

第一节 流程管理层级

一、流程管理的三个层级

组织内部常见的是针对创建、重构或改善特定业务流程所启动的具体项目。这些项目一般由相关部门或部门经理负责。这种类型的项目被称作"流程项目"。进一步而言，为了保障新设计或优化的流程在组织内有效落地，可能涉及引进新的软件应用，这就需要开展信息技术（IT）实施项目和变革培训项目。

以一个实例来说明，如果企业级流程管理团队决定提升公司供应链的运营效率，他们可能会启动一个供应链流程项目。项目小组将深入分析供应链，探讨多种方案，并得出一系列必要变革的结论。待这些建议获得上层管理层批准后，便会实施 IT 项目，以引进能够支持这些变革的新信息系统或技术。同时，由于变革可能带来新的岗位需求，就需要启动另外的培训项目，制定新的培训课程，帮助员工掌握实施新供应链流程所必需的技能。

在实际操作中，明晰识别并区别不同层次的项目或活动极其重要。不同层级的项目或活动需要不同的参与方、管理方法以及技术支持。可以参考由 BP Trends 协会提出的业务流程金字塔管理层级，如图 3-1 所示，以此来描述与区分流程管理的不同层次。

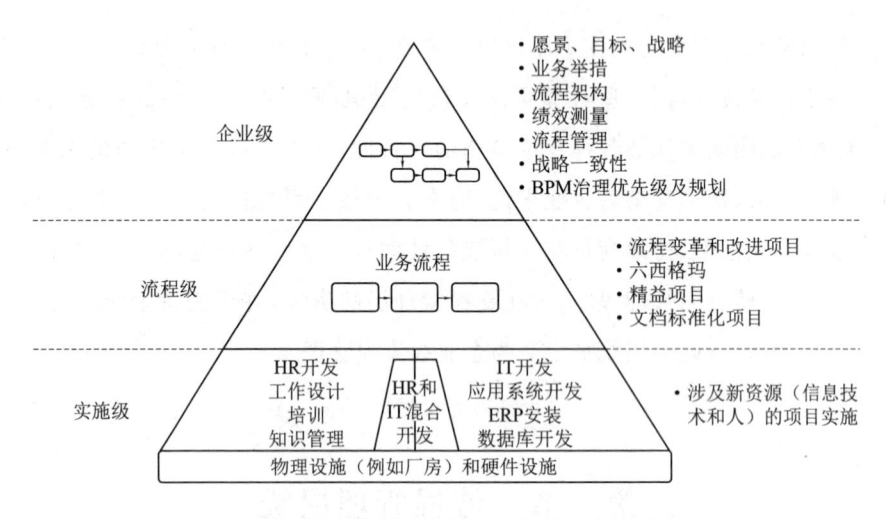

图 3-1　流程管理层级（来自：BP Trends 协会）

BP Trends 协会提出，业务流程在企业中的应用分为三个层级，分别是企业级、流程级和实施级。企业级聚焦于业务战略、流程战略、流程架构、流程规划和流程绩效管理。这一级别的流程管理评估以客户为中心、围绕战略角度的价值，专注于流程组合的管理及其改进计划，利用以客户为核心的框架衡量流程改进的成果。

流程级根据组织目标和绩效要求，使用各类流程优化工具进行流程的测量、监控和改进。典型的项目包括流程变革和改进项目、六西格玛项目和精益项目等。

实施级则集中于新流程在信息系统中的部署以及员工的实际执行情况。这包括确保员工具有与新工作流程相匹配的必要技能和知识，并且进行相应的培训，以保障流程的平稳运行。

二、管理者需要关注流程

流程金字塔层级模型强调了管理者在流程管理中需要关注的关键点。该模型强调了管理者需要深刻洞察，理解流程与战略、价值链及企业资源间的紧密联系，揭示了流程如何成为企业业务理解的核心，以及如何有效地整合各个活动和部门，打造协调有序的运作体系。

管理者有必要深刻理解各个具体流程的全貌。一个充分合理的流程显示了每一个活动如何相互作用，以及部门是如何配合以高效执行这些流程的。此外，流程还提供了协调组织战略目标、部门目标以及相关流程和活动的度量标准的基础。管理者应当明确知道自己负责哪些流程或活动的改善工作，并了解应监控哪些关键指标以评估流程和活动的表现。

定义完善的流程和活动为各部门职责提供了清晰的框架。每个流程活动都应产生关于投入、产出、时间和成本的数据，这些数据是分析工作、制定职位描述和培训计划的关键。流程活动作为成本核算、知识管理、反馈系统和决策支持系统的核心基础发挥着关键作用。若流程活动需进行自动化，同样构成了建立数据库系统和定义需求的基础。随着企业对流程理解和应用的成熟，学会了动态调整流程，确保流程中的活动与外部环境变化相匹配。任何战略调整都可能引发对流程的变更，进而影响管理和度量系统以及其他支持系统的更新。

对管理者来说，仅了解单个流程还不足够。他们还必须把握整个组织的流程框架，清晰地观察各流程如何相互配合，共同创造客户价值。一个明确、完善的流程框架不仅为流程间的相互关联提供全局视角，还协助管理者更好地进行资源配置和战略布局。

随着企业在流程管理方面的不断深入和成长，流程管理已逐渐成为一种跨层级的综合性策略。在企业层面，流程管理专注于整体流程规划和治理，确保所有流程均与组织的整体战略保持一致。在流程层面，流程管理着眼于流程的分析、优化和重设计，旨在运用创新方法提升流程的效率与成效。至于实施层面，流程管理积极采纳先进技术手段，如自动化和人工智能，支持流程的持续改进和革新。

尽管流程管理工作在很大程度上通过项目形式进行，但在流程管理的三个层级中，亦存在众多的日常管理任务。组织内的流程管理与平衡项目型工作和日常运营型工作如图3-2所示。

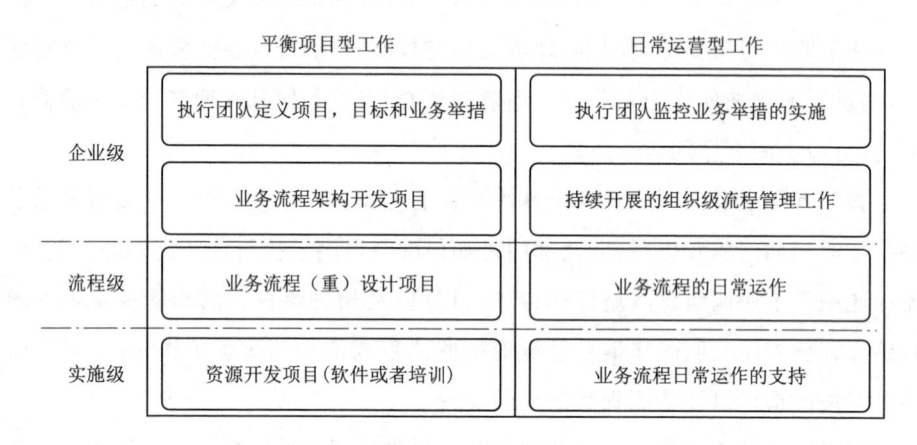

	平衡项目型工作	日常运营型工作
企业级	执行团队定义项目、目标和业务举措	执行团队监控业务举措的实施
	业务流程架构开发项目	持续开展的组织级流程管理工作
流程级	业务流程（重）设计项目	业务流程的日常运作
实施级	资源开发项目（软件或者培训）	业务流程日常运作的支持

图3-2 流程管理与平衡项目型工作和日常运营型工作

第二节 战略一致性

为支持组织战略，流程管理须与该战略保持对齐。借助客观数据衡量业务价值，能够更加有效地向领导层证明和沟通价值所在。若无法证明其业务价值，流程管理的实施面临的将是困难重重，甚至是发展停滞。

流程与战略的一致性定义为组织优先事项与企业流程紧密相连，让企业能持续且有效地行动，以提升业务绩效。这一过程包含了涉及整个组织的转型与变革，确保部门、团队和资源的妥当配置和协同努力，来实现既定的战略目标。战略一致性确保组织的使命、愿景和日常运营活动与其最关键的战略目标相协调，确保各层级成员皆明白公司在实现这些目标上的方针和自身的作用。

战略一致性的好处包括沟通的改进、效率的提高、决策品质的提升以及实现战略目标的可能性增加。

第三章　流程管理层级：保持战略一致性

战略一致性须在组织的内部和外部两个层次上实现：

为了实现内部协调，组织需要确保所有内部资源，包括人力资源、资本、结构和技术的开发和分配，都与战略目标保持一致。同时，内部文化也必须与战略相契合。实现内部一致性，组织需要同时具备纵向和横向一致性。纵向一致性意味着组织的各个层级，从董事会、高层领导到一线员工，都对战略有共同的理解并为其提供支持。横向一致性则要求各个业务部门，无论是在矩阵组织中还是地理位置上，都能与战略及其执行保持一致。

外部一致性要求所有外部力量，如供需关系、品牌知名度、第三方供应商和供应商协议等，都与战略目标保持一致。

数字时代的战略一致性特别强调业务流程与流程管理的价值立场。IT 战略需与业务流程和流程管理相关的利益及价值相一致，并且具备适时动态调整的能力。在组织架构和价值网络中，流程的角色需保持清晰透明，这需要大数据和创新战略加以支持。因此，为了与客户和相关方利益保持一致，组织的创新战略、流程战略、流程管理战略和 IT 战略需实现动态而持续的一致性。

如图 3-3 为战略与运营一致性模型。

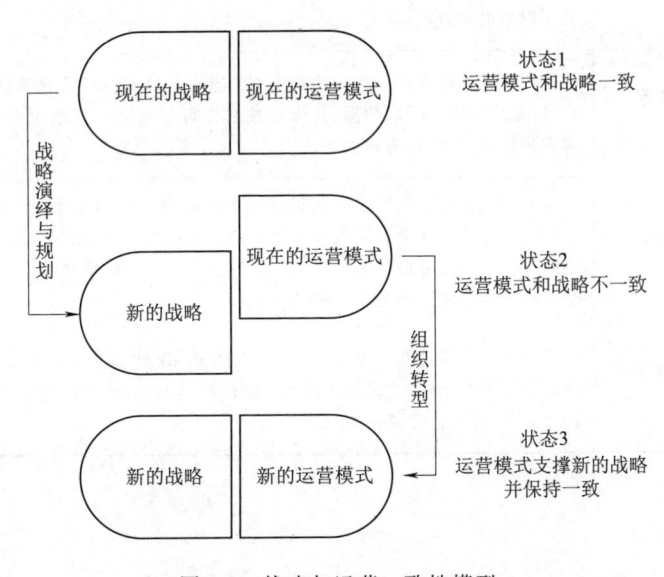

图 3-3　战略与运营一致性模型

几个关键概念见表3-1。

表3-1 几个关键概念

关键概念	具体内容
业务流程 (business process)	业务流程清晰地描述了通过卷入企业所有资源为客户和利益相关者创造价值而执行的一系列相互关联或相互作用的业务活动。具体来说，业务流程是被重复执行、逻辑上相互关联的一组业务活动序列，将明确的输入转换成明确的输出，从而实现为客户创造价值（产品和服务）的业务目的。如上的定义可以发现，流程强调对事物（这里把业务看成事物）的管理，而不是对人的管理，而且还强调过程序列性
业务流程管理 (BPM)	业务流程管理是一种严谨的管理方法，用于识别、设计、执行、记录、测量、监控和控制自动化和非自动化的业务流程，以实现与组织战略目标一致的目标结果。它涉及谨慎、协作和越来越多技术辅助的端到端业务流程的定义、改进、创新和管理，以推动业务成果，为客户创造价值，使得一个组织能够以更大的灵活性满足其业务目标
企业流程管理 (EBPM)	是将流程管理原则、方法和流程应用于单个企业。企业流程管理一方面确保端到端流程的组合和架构与组织的战略和资源保持一致，另一方面为流程项目的管理和评估提供治理模型
业务流程改进 (BPI)	是一个单一的倡议或项目，用于改进特定流程与组织战略和客户期望的一致性和性能，包括改进流程的选择、分析、设计和实施，结合强大流程智能自动化可以帮助改进流程
业务流程变革 (BPT)	是对流程的根本性反思。流程变革的重点是根据组织的战略目标和战术需求，对组织职能、流程、数据、指标和技术进行端到端的调整和更改，从而实现客户价值的显著、可衡量的增长
业务流程再造 (BPR)	是一种从根本上重新设计获得特定业务成果所需的相关任务的管理实践，主要目的是分析业务职能内部和之间的工作流程，以优化端到端的业务流程，消除不能提高性能或为客户提供价值的任务。使用信息技术自动化和集成流程中的步骤是业务流程再造举措的核心
业务流程持续改进 (CI)	是流程人员评估业务流程性能的一种方法，如果结果低于预期，则再次启动流程管理生命周期，它是监控流程性能的持续方法，通过应用并发和响应反馈控制系统，确保流程更高效和有效

第二篇

导入流程管理:转型和实施

第四章

流程管理设计：战略驱动

任何转型实施都需经过周密规划并精心设计，同时要与企业战略实现紧密结合。采纳流程管理的方法将提出对组织现行运营模式的变更需求，代表着一种运营方式的根本转变。流程管理引入过程要求策略、组织结构以及责任体系的变革，并包括新方法、工具和技术的采用。该过程标志着企业从传统的功能型管理迈向以流程为驱动的端到端管理。

为了成功实现基于流程的运营转型，首先需要明确与流程管理密切相关的使命、愿景和价值观，并据此制定相应的策略和政策。此外，构建一套完善的流程体系和程序，以及重塑组织架构和技术架构亦不可或缺。为保证转型工作的顺利进行，同时建立相应的激励、沟通和责任机制也是至关重要的。因此，在构筑以战略为主导的流程管理转型蓝图时，需对以下关键问题进行解答与规划：

- 流程管理战略框架：明确愿景、使命、价值观、政策和原则等；
- 流程管理组织框架：界定组织结构、角色与职责；
- 流程治理框架：构建责任制度、激励机制、绩效考核、合规性、沟通流程；
- 流程管理方法框架：制定新的流程管理企业运营方法；
- 流程管理技术框架：挑选和部署支持流程管理的信息技术和工具平台。

通过对这些关键问题的深入回应并制定相对应的框架如图 4-1 所示，就能确保流程管理转型计划的效能与实用性。

第四章　流程管理设计：战略驱动

```
                        公司战略
        ┌─────────────────────────────────────────┐
        │              流程管理战略                │
流程管理 │  ┌────┐ ┌────┐ ┌──────┐ ┌────┐ ┌────┐  │
战略     │  │愿景│ │使命│ │价值观│ │政策│ │原则│  │
        │  └────┘ └────┘ └──────┘ └────┘ └────┘  │
        ├─────────────────────────────────────────┤
        │              流程治理                    │
流程治理 │  ┌────┐ ┌────┐ ┌────┐ ┌────┐ ┌────┐   │
        │  │绩效│ │问责│ │合规│ │沟通│ │激励│   │
        │  └────┘ └────┘ └────┘ └────┘ └────┘   │
        ├─────────────────────────────────────────┤
        │  ┌──────────────┐  ┌──────────────────┐ │
        │  │  流程资产    │  │  流程管理组织    │ │
        │  └──────────────┘  └──────────────────┘ │
流程管理 │  ┌──────────────┐  ┌──────────────────┐ │
        │  │  流程项目    │  │  流程管理方法    │ │
        │  └──────────────┘  └──────────────────┘ │
        │  ┌──────────────┐  ┌──────────────────┐ │
        │  │  流程所有者  │  │ 流程管理技术平台 │ │
        │  └──────────────┘  └──────────────────┘ │
        ├─────────────────────────────────────────┤
流程运营 │         业务流程执行与改进              │
        └─────────────────────────────────────────┘
```

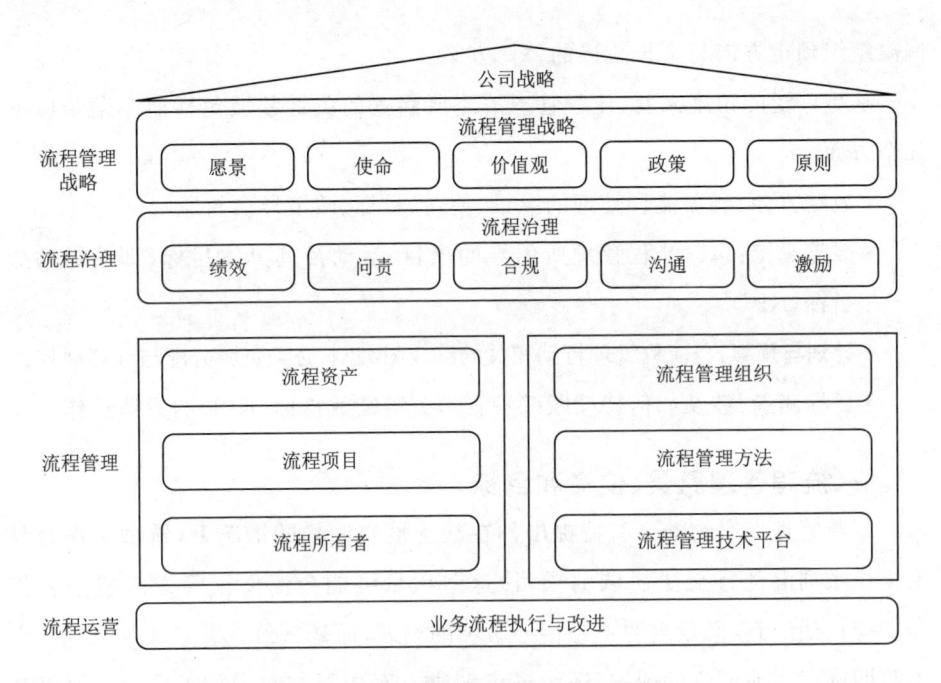

图 4-1　战略驱动的流程管理体系框架

第一节　流程管理战略

流程管理战略可能并未广泛被认识和讨论，然而，其重要性在于应被视为与组织整体战略紧密相连。组织设定的战略目标为业务行动提供指引，而流程管理战略则为实现这些目标绘制了路线图。流程管理战略和措施通过与更宽泛的组织战略融合，企业有望实现长期增长，适应不断变化的市场环境，同时赢得竞争优势。

战略的主要功能在于提供清晰的方向、目标及行动路径，进而引导和激励企业的董事会、管理层以及员工。战略还需兼具广泛性，使其能涵盖并审视与既定方向相关的多种备选策略。在实际应用中，战略扮演的角色宛如一个过滤器，帮助筛选出符合领导层共识的思维和方案，避免投入资源去搜索、分析和评估那些偏离组织预定方向与增长轨迹的替代方案。

从更广泛的角度来看，流程管理战略所涵盖的关键领域包括但不限于以下几个方面：

- **战略方向**：涵盖流程管理的愿景、使命、目标、政策导向与原则；
- **战略举措**：包含流程管理所倡导的项目、活动及其具体目标（即关键绩效指标，KPI）；
- **计划与预算**：与流程管理行动相关的路线图编制、必需资源分配与预算规划；
- **目标测量**：涉及如何持续跟踪和管理关键绩效指标（KPI）的具体运作。

一、流程管理愿景、使命和目标

变革管理专家约翰·科特提出："在缺乏恰当愿景的情况下，转型工作容易沦为一系列混乱且无法协调的项目，这些项目可能会偏离正确方向或陷入停滞。"应该认识到，愿景声明不是待办事项的列表，而是一份具有意义的文档。它不只明确了当前面临的问题，还为寻求解决方案指引方向和赋予动力。愿景是一种激励人心的宣言，描绘了组织在其战略发展方向上所追求的理想未来状态，是对未来可能性的充满灵感的描述。其目标在于推动组织行动向着一个吸引人、可实现的未来发展，并激发利益相关者去追求这一目标。愿景应该是简洁、深思熟虑、具有包容性的声明，共同阐明组织意愿成为或呈现的样态，或在特定可接受的长时间范围内达成的理想目标。

相应，使命是一个可执行的宣言，明确了组织的本质目的和存在的理由。使命在更高层次上定义了组织的定位、将完成的工作，以及实现这些工作的方式。它定位组织于一个或多个行业中，这种定位可以是显著的，也可是隐约的。使命指引着组织行动，阐明其目的并引领决策方向。战略目标是与组织的愿景和使命一致的，体现了长期总体发展方向的目标。

在有效实施流程管理中，一个共享的愿景是关键因素，它不仅指导战略方向的制定，而且在初步规划之后，继续保持资源与战略的一致，并为每日的运营决策提供指引。

以乐高公司为例，该公司在制定流程管理愿景方面展现出清晰和务实的特质。该公司设定了一个明确的流程管理愿景:"未雨绸缪——建立标准化流程文档。"在这一愿景下,乐高公司旨在通过工作方式和业务流程的标准化来支持集团的发展战略,并确保运营的高效执行。公司致力于标准化收入模型、服务模型和运营模型,支持其持续增长,同时也关注绩效模型、价值模型和成本模型的标准化,以实现卓越运营。

此外,乐高公司的持续改进原则进一步支持流程管理的目标,包括获得竞争优势、打造鼓舞人心的工作环境、确保可持续增长及平衡创新与传统的需求。乐高相关领导层指出,公司通过明确定义"最佳实践",设立了一系列绩效标准,作为流程质量的保障,确保同样的时间和成本能够产生可重复的高质量流程结果。

在流程中,各环节涉及多方利益相关者时,有时会面临风险与责任分歧,俗称"灰色地带",其中一方可能期望另一方采取行动,而没有清晰的任务归属。在此种情况下,流程文档变成了开拓视野和促进沟通的关键工具,强化了不同流程间的协作。

因此,乐高公司对现有流程的详尽文档化为持续改进工作奠定了基础。当实施的改进未能达到预期效果时,组织能利用流程文档作为参考依据,从中吸取教训,并调整策略。由此可见,保持流程文档的最新状态和记录新的标准对于保证流程质量和持续优化非常关键。乐高公司流程管理愿景与目标具体如图 4-2 所示。

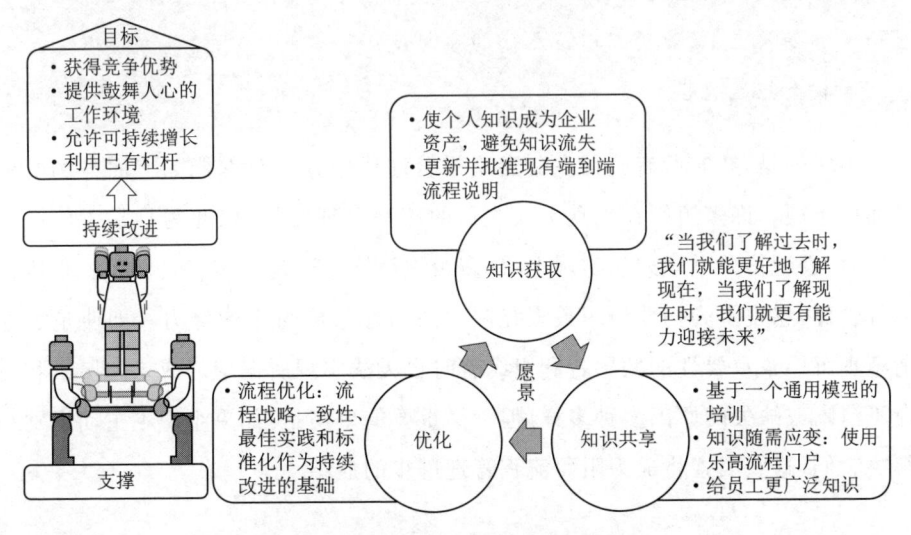

图 4-2 乐高公司流程管理愿景与目标

再举个例子,如下为某公立机构流程管理团队的愿景和使命宣言,该宣言是针对流程管理团队的要求。

> **某公立机构流程管理团队的愿景与使命**
>
> **愿景:**
>
> 与业务部门紧密合作,审议并推行必要的变革,建立既高效又有效的流程。这些流程旨在增强知识共享的透明度、识别执行过程中的不足及强化业务改善成效,致力于创造更卓越的运营效率和效果。
>
> **使命:**
>
> 流程管理团队致力于创建和重塑业务流程,其目标是提升运营的效率和有效性。此外,团队担负起开发创新变革解决方案的任务,以确保与组织的目标保持一致。
>
> **目标:**
>
> 通过持续的业务流程优化,致力于实现组织整体目标。
>
> **关进成功因素:**
>
> - 提升入学率并实现扩张;
> - 增强员工满意度和留存率;
> - 加强学生、教职员工以及社区的参与度;
> - 扩大招生规模。

不幸的是,并非所有公司在制定流程管理战略方向时都能如上面案例所示的那样乐观。许多组织在确立引人注目的流程管理愿景,以此为日常工作提供指导时,表现得并不理想。实际上,许多组织最终仅通过安装工具和系统来执行流程管理,忽视了为构建组织最大化收益所需愿景应付出的努力。即使是那些清晰理解愿景重要性的领导者和组织有时也无法实现所渴望的成果。愿景和使命不清晰或缺失的原因多种多样,但一个重要的事实是,如果组织不主动识别和解决它们,这些因素将成为阻碍流程管理进步的症结。

第四章 流程管理设计：战略驱动

为了明确并制定流程管理愿景和使命，这里呈现如下的关键考量点[①]：

1. 引领持续的变革以塑造愿景

基于改变或修复现有问题构建的愿景通常不如基于从零开始创造全新成果的愿景来得鼓舞人心。转型并非延续过去成就的自然过程。这一过程需要组织在思维方式、战略和行动上实现重大转变；当屹立于现状，透过当前问题的迷雾观察时，转变的路径往往是隐秘的。唯有打造一个转折点，将进步的轨道从渐进性改进转变为显著的阶梯式改变，即抛开既有的框架，全面接受理想未来的可能性，并确定实现它必须走过的步伐，才能实现组织的真正转型。愿景的形成来源如图 4-3 所示。

2. 创建愿景时要超越局限性信念

识别并有效应对个人和组织层面上那些阻碍追求和实现愿景的限制性信念至关重要。这些信念若被忽略，将成为前行的绊脚石。愿景无论多么宏大或激励人心，根植于限制性信念之上的目标无法有效地付诸行动。坚信自己的潜力，要相信，信心比黄金更重要。

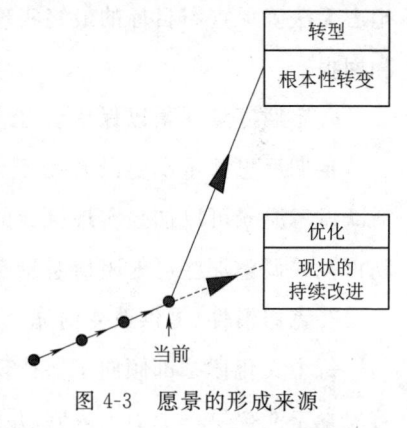

图 4-3 愿景的形成来源

3. 从现实出发

即便组织对目的地有着明确的图景，有时却因希望从更加有利的条件出发而陷于僵局，使人望而却步。关键在于勇敢面对现实，接受目前的能力和水平，并将其接受为出发点，而非幻想一个理想的起点。要实现愿景，必须有迈过难关的决心。

4. 不为单纯的结果满足

当组织将愿景仅依赖于数字成绩，而忽视了过程的个性化体验时，其重心过度倚重于执行任务。即使最终达成了目标，组织亦不会因追求而受到结果和旅

---

① 内容参考流程管理协会发表的文章。

程的启迪。若能吸纳更多曾经感受愿景实现的成员加入团队，组织前进的动力将因之而增强。显著的例子是，有些组织在执行流程管理成熟度评估时，痴迷于得分，却忽略了日常工作中的辛勤付出，最终即便达到高分，满足感也是短暂的。

5. 分享愿景以放大其力量

愿景在分享时能展现出指数级的力量。公布流程管理愿景至所有利益相关者，是激发富有成效的对话、热情和责任感的关键举措。遗憾的是，组织可能因担心无法确保宣布目标的最终实现而犹豫，失去了宣布和追求卓越成就的快乐和回报。

6. 定期复盘愿景以保持动力

定期反思并重申愿景有助于激发新的思维，消解关于障碍和恐惧的疑虑。活跃思考愿景可以加强实现目标的决心。每当愿景更新，领导层及其团队应主动审视并调整那些可能阻碍愿景实现的过时做法和旧思维。

7. 克服惯性，提供改变的充分理由

每个文化体系都倾向于保持现状，这些特征会促使其补偿变化以维持现状。若愿景未能提供一个引人入胜、足以驱动行动的目标承诺，人们长期内不太可能对其进行情感投入或冒社会风险来实践。

8. 确定行动方向而非预设整体路径

围绕愿景集结人心最常见的障碍之一是实现过程中的未知和由此引发的挫败感。企图满足每个人对明确路径的需求，往往忽视了根据当前已知情况采取行动的必要。根据目前的了解确定关键里程碑，然后为之付出努力至关重要。通过不断重复这一过程，道路将会自如地呈现，不断引导我们向目标前进。

二、流程管理政策

在愿景、使命和目标之外，一些公司制定流程管理政策或指导原则，为员工和管理者在流程管理活动中提供指引。政策是组织所定制和持续维护的指令，旨在指导员工的行为模式，而指导原则则是一组组织制定和维护的通用法则，旨在使员工在可能的情况下都能遵循。某些公司通过制定流程管理章程来确立流程管理政策，该章程涵盖了与流程管理相关的各个领域的具体要求。示例包括：

第四章　流程管理设计：战略驱动

1. 治理规则示例

- 企业价值链和业务流程优化方法应作为业务改进活动的指导工具；
- 遵循"先流程后IT"的原则，确保线上信息化程度不低于80%；
- 执行项目评审，对于关键项目必须实施100%的评审。

2. 技术指南示例

- 使用企业服务总线（ESB）来实现流程管理解决方案所需的所有集成；
- 流程管理平台不得被用作任何流程管理解决方案的企业数据正式记录系统；
- 所有流程管理解决方案应向业务受众提供不断提升的管理标准，同时不牺牲风险缓解和可审计性。

3. 业务规则示例

- 简化与客户服务相关的业务流程应具有比其他所有业务流程更高的优先级；
- 任何合作伙伴相关的业务流程优化都应遵循分阶段决策的规则；
- 如下为塔塔（Tata）钢铁公司在其官方网站上发布的相应的流程管理政策。

流程管理政策

塔塔钢铁公司致力于成为建筑、镀层和框架钢铁行业的首选供应商，并追求在人员安全及运营环境上实现"零伤害"。公司的愿望是建立业务目标的基石，并体现在以下承诺中：

- 通过卓越的技术，构建组织竞争力，提供高品质的产品和服务；
- 高效利用资源，预防环境污染，降低运营及产品对环境的影响；
- 创造一个安全且健康的工作氛围，减少职场伤害以及健康风险；
- 符合相关产品、行业标准，遵守法律法规及其他合规要求。

公司将不断改进产品、服务、系统和流程，让员工和关键利益相关者参与进来，使所做的每一件事都达到卓越。

三、流程管理核心价值观

核心价值观构成了定义组织特征的基本信念、哲学、原则或标准,规定了正确的行为模范,为组织的领导者与员工提供了决策和行动的指导。这些价值观在本质上是组织行为的根本,为内部利益相关者的工作提供了坚实的基础。不仅如此,核心价值观对组织具备内在价值,构成了组织文化的底层架构。

在快速变化的世界中,维护核心价值观的稳固性至关重要。这些价值观不旨在描述如何实现组织使命,而是作为决策指南,明确工作应如何贴合组织的信仰进行。核心价值观的确立并非旨在吸引外部受众,而是基于与组织价值观的契合度来明确追求的市场方向。

在此基础上,流程管理已发展成一门促进整个组织内有效战略实施的管理学科。其核心在于将战略转化为行动,确保通过合理结合人员和技术,以快速且降低风险的方式执行。罗斯曼指出,当组织启动流程管理计划时,其目的在于体现和实现不同层面的价值观。这些价值观可以总结为一个整体的核心价值及三组相关的价值对,如图 4-4 所示。

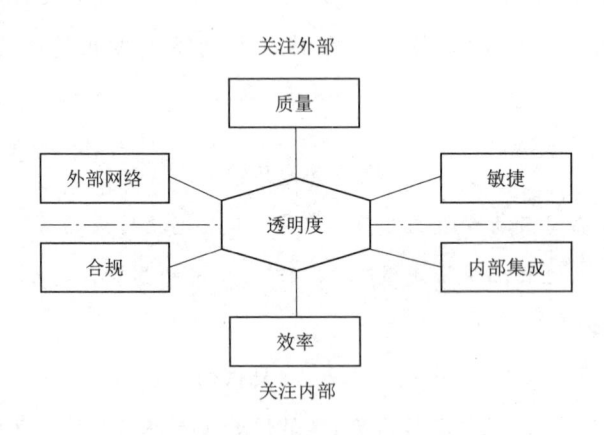

图 4-4 流程管理核心价值观

透明度构成了流程管理价值观框架的核心,并且是实施其他三组价值观的基石。只有组织对其流程有着共识时,才能着手思考并改进流程设计和操作方式。因此,透明度成为以价值驱动的流程管理实施的先决条件。

- 效率与质量的价值对：这一对价值关注于高效、精简的运营策略，或者以顾客为中心、追求卓越质量的战略。
- 敏捷与合规的价值对：不是为了不断满足日益增长的需求，而是追求高度的适应性和灵活性的需求管理，同时确保操作过程的可预测性和符合规定的合规性。
- 内部集成与外部网络的价值对：组织可以选择将重点放在进一步提高流程设计中员工的效率和满意度，或者选择与外部合作伙伴建立并利用网络。

三组价值对、六大价值观中，一部分反映了内在目标：效率、集成和合规；而另一部分则对应外在关注点：质量、敏捷和网络。这六大价值观虽然不是严格的对立面，但在实际应用中，许多组织必须在其流程管理计划中综合考虑它们。具体实践时，可根据业务战略和目标来界定这些价值观的优先级，并据此选择实施方案。

1. 透明度

流程管理所带来的透明度，例如流程模型和共享的访问权限，是一个关键优势。透明度本身具备价值，它在多变的商业环境中促进了快速而明智的决策制定，这对于公司的成功至关重要。此外，流程管理和其带来的透明度还有助于实现其他关键价值，同时也协助管理价值之间的平衡。任何执行良好的流程管理计划都会增强透明度，这意味着可以清晰见到组织运营模式、数据在业务流程中的利用方式、流程输出的产品和服务、客户界面以及组织所面临的风险类型。

透明度同样确保了业务与信息技术之间的一致性，在日益数字化的世界中，这一点变得更加关键。企业一般会对所生产或采购的设备实施严格的管理和制度规范，比如产品生产流程的控制。然而，在许多场合，围绕其业务流程的要求却往往模糊不清，这时流程管理的价值观和规程填补了此类空白。它利用数字化的优势来创新或优化业务流程，从而实施组织战略。公司策略应当分析并保障业务管理决策和项目管理决策对业务流程的影响，确保流程的透明度得以实现。

流程管理的调节能力不仅能提升运营效率，还允许组织在决策过程中考虑流程因素，从而在实现核心价值方面发挥关键作用。考虑到流程管理的潜力，可实现决策的更大平衡，并在一定程度上帮助组织克服必要的妥协。

2. 效率和质量

如果一个组织致力于效率模式，它将致力于通过消除浪费、冗余和返工来简化其业务流程。这种价值驱动因素是许多流程管理计划的核心，在全球经济危机期间达到顶峰，并在精益管理等流程管理实践中得到进一步体现，其重点是消除不同类型的成本浪费。每个流程重新设计项目都必须报告其潜在的成本节约。基于活动的成本计算方法（ABC方法）得到了广泛部署，每个流程模型都根据其运营成本进行了量化。企业效率的提高通常不会立即被外部利益相关者看到，只有当企业在降价中传递时才会赢得关注。因此，寻求"以少胜多"的流程项目可以被视为内部重点工作。

注重效率的流程管理特点如下：

- 流程识别和建模基于成本或其他复杂性驱动因素；
- 流程分析和设计过程高度重视潜在收益；
- 流程优先级基于业务价值排名；
- 流程测量关注获取详细的流程绩效数据，包括处理时间、资源消耗和资源成本；
- 流程监控基于流程成本的详细跟踪。

追求卓越质量的模式在很大程度上反映了外界的期待。流程管理的质量价值是由消费者所界定，他们通过企业制定的产品与服务流程体验，最终接收到购买的商品和享受的服务。目前，质量的概念已经远超产品和服务的工程定义，它延伸至交付时间的必要性，包括产品上市、订单处理的速度等方面。因此，融合客户视角的业务流程分析与设计的确立，是实现核心价值中质量层面的关键。

注重质量的流程管理特点如下：

第四章 流程管理设计：战略驱动

- 专注于测量和控制流程性能问题及其根本原因分析；
- 将客户满意度等质量指标嵌入流程；
- 使用相关的六西格玛和总体质量管理技术；
- 深入理解工艺质量和产品/服务质量之间的相互关系；
- 定义可视化范围，或实际客户接触的流程范围；
- 让外部利益相关者参与流程管理过程。

最后一项，外部利益相关者在业务流程建模、分析和改进的角色逐渐受到重视，尽管目前该参与度仍处于较初级阶段。大多数业务流程的描述尚主要从组织作为服务提供者的视角出发，尚未充分考虑外部客户对这些流程的看法与重视程度。然而，随着物联网(IoT)等数字化技术的广泛应用，外部利益相关者视角的整合正在迎来显著改进。

3. 敏捷和合规

在敏捷性与合规性的议题上，敏捷性显现了流程的灵活性、适应性以及对动态资本流动性的必要性。作为流程管理的价值驱动因素之一，敏捷性要求流程充满灵活性，以便能够根据新需求和企业环境的变化迅速采纳新流程。此外，还需要一个精简管理的流程，不仅监控环境变化，而且能快速实施调整和优化。敏捷流程的需求可能源自多个方面，主要场景包括新流程的开发、现有流程的根本性重设计，以及对替代流程的临时需求。

注重敏捷的流程管理特点如下：

- 拥有一个"轻松"的流程管理流程，有助于快速采用流程；
- 不需要规定精细的业务流程；
- 授权员工接管分散的流程所有权；
- 在业务流程中嵌入创造力；
- 进行环境监测，了解环境的变化将如何影响流程。

合规性则突出对既定流程标准的遵循。在这一背景下，标准化和可预测性的流程执行被置于优先位置。这些组织并不追求灵活性,而是侧重根据立法要求可靠地执行流程。诸如萨班斯－奥克斯利法案、ISO 标准或巴塞尔协议便是此类外部要求的实例。合规性还涉及设计和执行符合内部和全球流程标准的业务流程,或实施与并购相关的流程。例如,许多从事采矿和石油天然气行业的组织,都遵循全球流程参考模型,其区域分支机构都必须按照这些模型行事。基于合规性要求形成的流程描述应当包含与业务流程中的风险和控制相关的详细信息,为审计工作提供必要资料,而且相关的合规模型文档也成为重要的组成部分。

注重合规的流程管理特点如下:

- 根据立法或其他标准的要求推导流程标准;
- 合规标准推动流程管理的范围和力度;
- 需要确保组织按照流程模型的规定运行;
- 要求明确的流程责任和问责;
- 制定了精确定义的流程发布管理。

4. 内部集成与外部网络

集成和网络价值在很大程度上反映业务流程设计对内部和外部资源的影响。例如,这包括员工对流程的看法及外部对组织流程的评价。内部集成着重于内部资源的相互关系,尤其是员工,组织最关键资源之一。考量因素包括流程设计是否能获得员工的认同,以及流程指标对激发预期行为的影响。管理者致力于提供一套既充分又简洁、易于理解的流程文档,以协助员工完成日常操作。举例来说,利用高级流程存储库能够支持员工在基于用户特定角色的复杂流程环境中导航,为每位员工提供了必要的访问权限,以便查看与他们相关的流程。

注重内部集成的流程管理特点如下:

- 员工密切参与流程管理设计,以确保高验收水平;
- 获取员工对业务流程的满意度指标;
- 流程模型、操作程序和工作描述之间保持良好的联系;
- 采用分散的、自下而上的流程改进方法。

第四章　流程管理设计：战略驱动

与此相对的是，强调外部网络的组织视流程为涉及外部合作伙伴和资源的关键资产。外部网络资源进一步扩展至客户、供应商和业务附属公司。所有这些要素都需被仔细整合，确保达成最大限度的积极协同效应和可持续的合作伙伴关系。作为一个具体案例，越来越多的组织转向实施"绿色流程"策略。对业务流程中的碳足迹进行评估是一种理念转变的体现。业务流程对环境影响的计算可以采纳基于环境任务控制（activity-based environmental，ABE）的方法，该方法与基于活动的成本核算相似，评估流程对资源的消耗及其相关排放。例如，一家中型公用事业公司采用流程管理作为一种手段，来收集其组织间的供应链流程中相关的排放数据。依托流程建模标准（如流程管理 N）和六西格玛等分析方法，公司设计了相应的建模扩展，以促进环境价值的内化。

另外，将社交技术集成到流程管理中是外部网络价值的另一项功能。通过借助微信、钉钉或支付宝等平台提供的功能，组织可以识别其边界之外的资源，并便捷地将业务流程执行过程中的状态更新通知外部利益相关者。

注重外部网络的流程管理特点如下：

- 确定外部合作伙伴在业务流程中的作用，补充其对时间、成本和质量的关注以及对环境的影响；
- 探索与社会技术、外部利益相关者互动的好处和机会。

许多组织遵循以活动为驱动的流程管理方法，拥有成熟的工具、技术和方法，但往往在流程管理与其战略一致性方面存在不足。因此，尽管这些组织对流程管理的实施及其开发的工件（如流程架构和模型）有着清晰的叙述，它们对这些方法的成效往往只能提供有限的证据。而基于价值的业务流程管理则将流程管理计划的预期结果置于核心位置，提供了一组结构化的潜在价值观，组织可在实施流程管理时针对这些价值观进行调整，并随之优化流程管理。在实践流程管理时，大多数组织会有一系列主导价值观。在一项要求流程管理专业人员列出对于流程管理的前三个价值观的研究活动中，综合结果表明，内部价值观，例如流程精简和浪费消除，以提升流程效率将继续主导企业级流程管理议程。

如下是印孚瑟斯公司的流程管理价值观，公司奉行的流程管理价值观反映了其对业绩和服务质量的追求：

> **印孚瑟斯公司流程管理价值观**
> - 客户价值：持续为客户提供超越其期望的价值；
> - 榜样和领导力：在商业实践和交易中设立高标准，成为行业典范；
> - 透明度：在所有业务流程中体现道德、真诚和开放性；
> - 公正性：以客观和以成果为导向的方式建立信任；
> - 卓越质量：坚持不懈地努力，不断改进我们自己、我们的团队、我们的服务和产品，使其成为最好。

四、流程管理原则

为了提升公司利润、向客户交付优质成果，并满足其他利益相关者的期望，流程管理的实施必须坚守若干核心原则。这些原则基于行业内部多年积累的成功与教训，形成了一系列最佳实践。经全球流程管理专家深入讨论，共同构建了以下十二个原则。如若不遵循这些原则，团队有可能在日常操作中过度投入，而忽略长期目标，很容易迷失方向。

这十二个原则的制定旨在引导组织将流程管理核心价值观落到实处。尽管这些原则在理论上容易理解，实际应用中，由于企业所处的内外部环境错综复杂且受到各种约束条件的限制，实际执行并非易事，属于那种"理解简单、执行困难"的典型情形，具体内容见表4-1。

表4-1 十二个原则具体内容

原则	具体内容
原则1	流程优化/变革必须以绩效为驱动
原则2	流程优化/变革必须以利益相关者为基础
原则3	流程优化/变革决策必须可追溯到利益相关者标准
原则4	业务必须沿着流程进行分段，以同步优化/变革
原则5	流程优化/变革必须激发共同的洞察力

续表

原则	具体内容
原则 6	流程优化/变革必须从外向内(客户驱动)进行
原则 7	流程优化/变革必须以迭代的方法进行
原则 8	流程优化/变革不仅涉及流程,也涉及人
原则 9	流程必须在组织内进行整体管理
原则 10	流程优化/变革必须与公司战略目标和运营目标保持一致
原则 11	流程必须在生命周期模型中持续管理
原则 12	流程管理是一个旅程,而不是目的地

原则 1:流程优化/变革必须以绩效为驱动

所有优化和变革活动都必须建立在业务绩效测量的基础之上。组织从事的所有活动都应有明确的原因,而绩效测量在于确认具体行为是否与既定原因相符。因此,组织需要明确自己的目标,并制定评估业务表现的记分卡。此外,组织应采取预测性措施,而不是仅在事后制作报告,这意味着需要揭开过程管理的"黑匣子"。

构建一个全面互联的测量系统至关重要,此系统使组织得以把总体目标分解为员工日常行为。在明确绩效测量因素后,需要设定绩效目标。这些目标可能存在固有冲突,因此平衡它们变得尤为关键。管理层须通过绩效指标,而非空泛愿望,清晰传递战略方向和优先级。

任何业务改进的核心在于用明确而有针对性的衡量标准确保将有限的人力和财力资源分配给最关键的领域,并刺激进步。

原则 2:流程优化/变革必须以利益相关者为基础

这一原则引发了以下问题:"谁关心我们在做什么以及做得如何?"所指的利益相关者包括任何受组织绩效影响、有既得利益或有能力以某种方式影响组织绩效的个人或团体。他们的类型应根据不同需求和处理方式的差异进行细分。

为了理解每个利益相关者群体的需求,组织应分析现有的利益相关者关系现状以及期望的未来状态,二者之间的差距将驱动对变革的需求。尽管利益相关者的需求会有所不同，最终制定的标准还需与组织的整体意图相协调。

原则 3：流程优化/变革决策必须可追溯到利益相关者标准

此原则强调，在选择业务优化的标准时，应采用组织公认的标准，而非由内部个人偏好驱动。如果标准驱动因素与组织的使命、愿景、价值观及利益相关者的期望不一致，优化的效果则难以得到保障。管理层必须有意识地就标准达成共识，并对外公布。同时，管理层还需要授权致力于变革的人员，在这些规定的参数内发挥创造性。

原则 4：必须沿着流程进行分段，以同步优化/变革

将流程视作组织内部细分策略是很自然的，特别适用于那些管理结构因过度僵化而应对缓慢的情况。客户追求无缝的跨功能集成，不能通过重组职能部门来实现，而是需要通过业务流程来实现企业范围的整合。流程的界定始于启动行动的第一时间，终于价值结果交付给相关利益方，由此定义了组织拥有的所有流程。其他所有结构都应该服务于流程，以此为利益相关者创造额外价值。

这一战略意味着，在决定如何投资于变革时，必须按照流程划分优先级。在确定需要更新的流程时，从受影响的客户开始，这些过程被称为核心流程。审视客户生命周期，可辨识出支撑流程以及提供可复用资源的使能流程，这两种流程的存在仅为核心流程提供支持。按照核心流程的增值线对业务进行拆解，既创建了清晰的框架以组织和优化变革的优先顺序，又可用商业高管能够理解的方式衡量流程管理工作的影响。

原则 5：流程优化/变革必须激发共同的洞察力

流程优化或变革在很大程度上依赖于信息的收集、理解的获得以及创新方法和设计的应用。面对这一过程，是否应优先考虑文件和模型的明确实现，或是将人际沟通视为默认途径？实践经验表明，仅依赖其中一种方法存在固有的风险。通过与独立且技能娴熟的个体紧密合作，能迅速加速学习进程。在组织的核心领域内，这种学习形式是可控的，因个体能够辨别可靠的过程信息来源。随着关注范围扩大，企业必须采用更正规的方式来分配已知信息。于是，易于获取且常以明确文档形式存在的知识成果物,对帮助弥合知识断层至关重要。

流程分析和设计活动往往在研讨会中展开,旨在创建记录共识和观点。更关键的是,记录的观点不仅是合意的记录,也是对要点更深刻理解的体现,利于促成更周到的决策和团队承诺。在众多场合,讨论的价值超过所创建图表本身。不是每个事项都具备客观性,那些反映参与者信任、承诺和理解的过程不应被忽视。往往不存在绝对正确的答案,关键在于形成更合适的判断和创意。

原则6:流程优化/变革必须从外向内(客户驱动)进行

涉及变革的倡议容易因重大即将到来的任务而感受压力。尝试同时应对太多任务将难以有始有终。管理庞杂的细节或深入异常复杂的层级是极大的挑战。应确保每项任务在其所在的层面得到充分理解和验证,先从宏观层面着手,逐步深入细分。在此过程中,每一层分解之前,须针对其所处环境对待分析的对象进行独立审视。

流程及组织结构应采用"黑盒"方法。举例而言,逐一审查每个流程,理解其如何面向外部利益相关者和内部流程提供服务。将每个流程进一步分解为下级活动进行审查。通过这种方法,分析和设计将聚焦于适宜的细节水平。避免在那些可能最终并不重要的方面耗费不必要的资源。重点关注关键要素而非全部因素。只有在继续深入之前,确保有利因素已经获得了必要的洞察,上下文信息为每一层的分解和细节提供了意义,且只在需要时展开详细解读。

原则7:流程优化/变革必须以迭代方法进行

涉及该原则的是一种旨在促进学习、创造力、反思并为下一轮迭代做规划的方法。这一方法基于一个假设,即人们初始并不全知全能,必须构建一个环境,让人们有机会逐步探索并阐明各事项。该迭代方法认为,在进入过多细节之前,应首先试行较高抽象级别的变更。此观念并非首创,而是被证明有效,即对成果的承诺也是渐进建立的。然而,关键在于追求恰当的知识,特别是利益相关者标准所界定的、与手头任务息息相关的知识。对细节过分关注的工作人员应适当避免参与这些任务。此时正在分析和发展的是流程,而不是程序本身。

原则8：流程优化/变革不仅涉及流程，也涉及人

从理智上讲，管理流程变革所涉及的许多步骤可能会被视为不必要或浪费时间与精力。遗憾的是，必须考量那些人本因素，这正是鼓励积极投身现有流程分析和设计的诱因之一，因为此类分析有利于提升理解与沟通。

变革举措常常被误认为只是创造文档的手段。实际上，可以将其看作一种更具包容性的变革工具。它所崇尚的不仅是技术、数据、流程或组织架构的改造，还在于将人们转化为积极的支持者和参与者。为了做到这一点，许多因素成为关键性要素。除了沟通策略之外，变革还必须倚重适当的角色分配和责任划分、组织构架、问责制度、授权措施、一致的绩效激励、认可以及提供个人成长的机遇。在变革过程中，员工要感受到所进行的沟通是适度且值得信赖的，通过自身的参与能感受到自己的贡献与价值。这种感觉对于激励人们积极参与和支持变革计划至关重要。

原则9：流程必须在组织内进行整体管理

为组织的每个流程指派一名流程管理员或流程管家的做法日益普遍。作为流程的倡导者，流程管家负责监督流程的绩效，并向流程所有者做出回应。这一角色不仅在流程改进项目期间活跃，项目完成后，流程管家还需继续维护该流程。这包括掌握流程及其利益相关者的绩效指标，以及针对最佳业绩标准对当前绩效进行审视。

流程管家必须确保流程继续按照利益相关者和流程所有者的要求运行，并根据需要采取纠正行动或预定的步骤，以持续推动改进或实施根本性的变革。即使可能缺乏直接控制日常职责的资源，流程管家也必须有效运用其影响力。引入与职能部门管理层的职责相重叠的流程管家，对组织来说是一大挑战，因为日常控制权归职能管理层所有，而监督与改进的职责则归流程管家承担。

为保障流程管理的持续有效性，建立机制以促进流程及其绩效审视的讨论，并激励所有相关方共同关心流程成果至关重要。参与日常流程具体执行的员工也应接收到关于最终结果的反馈。激励措施旨在支持执行者充分实现与利益相关者价值创造相一致的效果，避免只做符合个人便利的行为。

原则 10：流程优化/变革必须与公司战略目标和运营目标保持一致

流程管理生命周期的起点位于组织设定的流程驱动战略和规划。这一阶段始于理解组织战略与目标，旨在确保为客户提供有竞争力的价值主张。战略规划为以客户为中心的持续流程管理指明了方向，为整体流程管理方法奠定了基础，并协调了流程和流程能力以符合组织战略，确保与组织目标的一致性，并跨职能边界集成战略、人力、流程和系统。该战略还根据客户目标确定并调整流程。此阶段的关键是识别并优先处理变革的重点流程，最终使得这些流程的指标与组织目标一致。相辅相成的活动包括确定适宜的流程管理组织角色与职责、塑造高管支持以及规划预期的资源投入。

运营计划与战略规划紧密相关，对实现组织总体战略目标扮演着至关重要的角色。运营计划为战略规划的有效执行提供了所需的具体细节和行动步骤。战略目标常常较为宽泛和定性，而运营计划则将这些高层次目标转译为可量化的具体目标和关键绩效指标（KPI），便于监督和跟踪，以评估进展。关键在于确定需持续监控的重点流程，并确保这些流程的指标能够满足组织的整体目标。

原则 11：流程必须在生命周期模型中持续管理

流程管理是一项集合了各种工具和方法来设计、建模、执行、监控和优化业务流程的综合学科。它使组织能够系统化地持续改进公司流程。流程管理的实践通常呈现为一个循环，按照非严格顺序反复进行，目的是实现持续改进。因此，通过流程管理，组织能够创建、分析并不断改进它们的业务流程，从而提升整体效率。

尽管流程管理通常被认为是大公司的一门学科，但它实际上可以为每一家企业提供显著的好处，无论其规模如何，诸如实现流程控制、增进日常活动的效率、识别并解决瓶颈和摩擦点、为员工提供宏观视角、评估个人和团队绩效等好处。

原则 12：流程管理是一个旅程，而不是目的地

流程管理与流程再造的一个关键区别在于是否采用一种连续性的工作方

法。业务层面上,管理者致力于维护对已实施流程改革的持续管理,这便是流程管理的精髓。实践中,两个商业因素必须被认真考虑:首先,由于时间有限,不可能一次性把所有事情做好,所进行的事务必须能随着市场学习的过程进行调整;其次,我们所做努力多么正确,都是暂时性的,变革始终不可避免。这要求建立动态的解决方案,并紧跟正在发生的变化,以便在未来能够做出相应的调整。这表明组织无法达到一个稳定状态。利益相关者都会有不断变化的需求。这些需求之间的平衡将随着每个利益相关者对流程管理贡献的变化而变化。利益相关者和市场演变的兴衰意味着必须对流程进行管理,即使它们没有发生根本性的变化。

如果流程优化或者变革是一段旅程,那么始终注意前面的所有原则是很重要的。尤其要注意,现在做一些小事情和学习比以后做一个更大的流程更有价值。无论做什么,都必须做好准备,而且在下一次行动中需要做得更好。

第二节　流程管理组织

传统的管理结构通常涉及层级式的资源管理,将执行相似业务功能的任务集中于一个部门,责任依次从高层管理者委托至下层,最终分布到组织的各个利益相关者。在大型企业中,事业部往往根据产品进行划分,每个事业部内部又遵循相似的层级式管理结构。这种管理结构强调自上而下的方法,即对具体执行特定任务的员工进行指挥与控制,如部门经理对员工的绩效和资源分配负有责任。

随着流程管理业务的引入与成熟,组织开始考虑用流程驱动的方式来管理业务流程。许多企业发现,有效的流程管理要求明确分配对流程设计、文档化、维护及其长期状况的责任。这涉及考虑新的流程角色和职责与现有组织结构之间的关系,并需要改变原有工作的执行方式,这正是企业中功能结构与流程结构矩阵管理的关键。需要澄清的一个实践中的误解是,流程驱动型组织并不代表流程成为管理绩效评估或组织结构的唯一维度。企业在绩效管理中需要综合考量组织、流程和个人在不同层次和方面的表现。因此，构建流程驱动型组织不旨在取代传统运营模式，而是融合并优化企业现有的运营方式。

流程驱动型组织的实施在实践中极具挑战性，与传统组织管理类似，它几乎涉及组织管理的所有方面，改变的维度包括组织结构、角色、职责、绩效衡量标准和方法、领导力、价值观和文化等。

在流程驱动型组织中，责任是横向分配给所有职能部门的，以向客户传递价值。因此，流程管理者可能发现自己的角色不再是命令与控制，而是指导、倡导和支持负责实施特定流程的专业人员。流程驱动型组织可以根据业务流程管理专业协会（ABPMP）的定义来理解：该组织是围绕业务流程进行结构化和有序化，并据此实施运营管理和绩效评估的实体。

通常而言，当流程被嵌入组织后，会产生以下变化：

- 流程角色：个人承担的特定流程角色以及与传统管理职责不同的新职责；
- 流程管理卓越中心：负责建立和维护流程管理流程的专门机构；
- 流程治理结构：决策机构，负责组织流程成功的监管与改进工作。

流程驱动型组织可以划分为宏观层面、中观层面和微观层面。微观层面关注流程管理的具体角色和职责，如流程负责人；宏观层面涉及与流程管理相关的实体组织、虚拟组织以及这些组织的职责和协作关系，比如代表性的流程管理卓越中心和委员会，这些组织在企业中通常具有长期性质；而中观层面位于宏观与微观之间，由不同角色组成的专业团队，例如流程项目团队或解决方案团队，这些团队可能是暂时性或永久性的。

一、流程管理角色

1. 首席流程官（chief process officer，CPO）

流程管理正日益成为组织确定地将战略转化为运营执行的重要工具。尤其面对外部力量和驱动因素的不断变化，流程管理已成为降低成本、提升效率以及推动企业转型的核心力量。随着这一趋势的发展，许多公司开始设立专门的高管职位以领导流程管理工作，这就是首席流程官（CPO）。首席流程官负责监督

并跨职能边界执行业务流程战略,管理各项流程举措和项目,从而提升绩效,并确保价值的创造。该角色的关键职责具体如下:

- 首席流程官从跨职能的角度,为整体业务战略提供输入,推动该战略的有效实施;
- 此职位要求首席流程官能获得适当的接触董事会的机会,并在组织中享有必要的地位;
- 首席流程官还需要与其他流程所有者(PO)紧密合作,这些流程所有者通常是高级管理团队的成员,因此首席流程官必须拥有相应的地位和影响力,以确保成功;
- 首席流程官应为组织实施及发展流程管理提供明确的定位和展望;
- 首席流程官领导流程管理核心管理团队,该团队一般属于流程管理卓越中心(详见流程组织章节)。

在首席流程官的领导下,组织通过流程管理的转型,可以实现持久的竞争优势。首席流程官致力于在公司的多个职能部门中创建以流程为中心的组织文化,结合功能驱动与流程驱动的决策管理,为提供客户端到端的流程视角,着眼于价值规划、识别与创造。

此外,首席流程官的管理手法推动了公司范围内的流程治理。有些组织甚至将首席信息官(CIO)的角色拓展为"首席流程和信息官"(CPIO)。同时,首席运营官(COO)若认识到流程管理的重要性不仅在于提高效率,还在于其与战略和价值创造的紧密联系,也可能逐渐转型担任首席流程官的角色。这一角色常常在大型业务转型项目的支持下发展,变革或转型总监可能担此重任,以创造可持续的价值。另一些组织可能需要从零开始设立首席流程官的职位,它将与首席信息官、首席运营官并存,共同推进企业的发展。

2. 流程管理赞助人(BPM sponsor)

在实施流程管理及建立流程管理卓越中心之前,确保最高管理层对流程管理概念的承诺至关重要。这要求董事会委任一位"流程管理赞助人",将从高级管理层的视角发起、资助和推动流程管理这一关键议题。流程管理赞助人需获得流程管理的管理部门（如流程管理卓越中心）和熟悉流程管理方法和理论的业务流程专家的支持。

赞助人的职责在于确保组织中所有部门支持与参与流程项目。不仅需要精通领导技术以获得认可和承诺，他还将流程管理的价值传递给整个组织，并有责任帮助营造一种对流程文化的接纳与热情。当组织着手实施流程管理时，赞助人需设定流程管理的战略和目标、界定流程管理旅程的范围，并确保所有流程项目与总体目标相符。这一角色对流程管理之旅的成功发挥着至关重要的作用。流程管理赞助人通常是一名企业高管，在某些公司中，可能是首席执行官（CEO）、首席运营官（COO）或首席信息官（CIO）。在其他情况下，流程管理赞助人可能最终转换成首席流程官这一角色。

3. 流程管理负责人（BPM head）

尽管流程管理赞助人或首席流程官凸显了流程管理的重要性并在高层推动其实施，流程管理负责人负责在组织内部系统化地执行流程管理相关活动，确保组织内的流程管理工作和项目不仅是有效的，也能显著提升业务表现，创造商业价值。

流程管理负责人的关键任务之一是建立并管理流程管理卓越中心及其业务流程团队。流程管理负责人需为该团队设定方向、进行监督，并在流程管理意识、实践、流程改进方法、工具，以及推进流程纪律的整体战略规划等方面提供指导。流程管理负责人还需与流程专家协作，制定流程管理决策标准、策略、解决方案以及流程治理结构的角色和职责。

根据组织规模，可能需要建立多级流程管理架构。在具有多个地区实体的大型组织中，可在集团和区域层面设立流程管理负责人，负责监督和管理不同级别的流程管理活动。

为履行其职责，流程管理负责人需具备深厚的流程管理经验，并得到各业务部门的认可。此职位要求掌握流程管理的详细知识、丰富的方法经验，以及出色的谈判和沟通技巧。作为一个高级岗位，流程管理负责人需具备丰富的领导经验，特别是在业务转型及影响力方面，确保其权威得到组织高层的认同。

流程管理负责人的典型任务包括以下内容：
- 参与制定组织的流程管理战略；
- 制定并管理流程管理的总体规划；
- 对整个组织的流程管理工作进行管理与协调；
- 设计和运维流程管理卓越中心；
- 支持并配合流程管理委员会的工作；
- 沟通并反馈流程管理工作的绩效情况；
- 指导和监督区域性流程管理活动；
- 制定企业级价值流和流程架构；
- 明确企业提供的流程管理服务；
- 建议设定与流程相关的关键绩效指标(KPI)，并促成共识以支持这些KPI的实现。

4. 流程管理专家/顾问(BPM expert/consult)

流程管理专家担任组织内部的流程管理顾问，为各改进项目提供备受赞誉的技术知识以补充其管理能力。这些专家汲取流程管理的知识与优化方法，贯穿于所有项目中，并可能亲自参与至关重要的流程优化项目。作为流程管理卓越中心的成员，流程管理专家在流程管理负责人的指导下工作。他们对流程管理方法、流程管理工具和项目管理技巧有深刻的理解，涵盖了从选用建模软件、流程优化到开发定制应用程序的广泛技能。有时，这一角色还承担了将业务需求转化为流程专业知识的任务，运用精湛的流程知识与建模技巧开发反映业务逻辑和应用程序需求的流程模型。流程管理专家的主要职责包括：

- 成为流程相关领域的主题专家；
- 为流程项目提供业务价值分析；
- 分析流程，包括流程图的分析与额外流程需求的捕捉；
- 设计流程，实施流程优化与创新；
- 构建流程模型，例如使用流程管理语言；
- 负责流程的部署和发布；

第四章 流程管理设计：战略驱动

- 监控流程运行情况；
- 推动流程的持续改进；
- 提供关于流程相关主题的培训；
- 追踪并研究流程工程以及实践的进展。

5. 流程开发工程师（process engineer, PE）

流程开发工程师，也称为流程工程师，致力于业务流程、应用流程以及技术流程的设计、操作、控制与优化。他们运用特定工程原则来发展和增强组织的相关流程。流程开发工程师的角色职责通常涉及以下内容：

- 基于流程景观构建和维护特定工作流程；
- 评估流程工具与组织流程景观和生命周期的匹配度；
- 在选定流程工具前，依据工作需求确保特定开发流程得以构建；
- 就流程工具的支持提供专业的建议；
- 提供特定工作流程开发的本地化指导；
- 识别并记录组织内部的领先实践，推广行业最优实践；
- 支持流程战略倡议，建议对组织的流程架构进行改进；
- 在一个地区支持多个工作站点的流程开发工作。

6. 流程所有者（process owner, PO）

确保流程的持续管理和绩效改进是至关重要的，但谁应当承担这一角色，并以何种方式实施呢？为了保证流程成为组织内最高效的潜在资产，"流程所有权"的概念被引入并广泛讨论。建立流程治理通常有两种典型的方法：一种是将流程所有权职责纳入高级管理层的附加任务；另一种是创建独立的流程所有者职位。因此，流程所有权既可以是一个全职的职责，也可以是一份兼职的工作。无论采用哪种形式，流程所有者都肩负着监督流程绩效、改进和管理流程的责任，以及对端到端业务流程的成功设计、开发、执行进行持续的管理，最终确保提供客户价值。

（1）角色特征

流程所有者不仅应深谙其负责的流程领域，还应熟悉业务流程架构以及其业务范畴中所涉及的IT系统。此外,他们需具备专业的流程管理知识,并了解如何使用和管理流程关键绩效指标(KPI)。

流程所有者有以下特征:

- 他们通常是公司高层,如副总裁或更高职位的领导,可能对战略、预算和资源有直接或间接的控制权;
- 与直接为组织客户提供价值的端到端业务流程密切相关,对与企业财务绩效相关的流程结果承担责任,具体到流程类型,他们可能是"从招聘到退休"等管理流程的所有者,也可能是"从订单到回款"等核心流程的所有者;
- 流程所有者角色通常包括额外的职责,如领导流程优化工作、将自身流程结果与其他流程所有者的结果整合、确认流程优先级、对流程绩效进行基准测试以及指导流程实施者;
- 他们需要一定的工具和杠杆来执行任务,例如,某些组织可能将与引入新技术相关的IT预算划分给流程所有者,作为赋予他们影响力的一种方式;
- 根据组织规模不同,流程所有者可能属于集团层面或地区层面。

(2)关键职责

在企业运营中,流程所有者担负着一系列关键职责。在流程设计方面,流程所有者承担了确保设计的完整性和集成性的重要职责。他们负责实现流程的持续改进,或必要时重新设计整个端到端业务流程。有时,流程所有者会与其他经理或项目参与者共同拥有与流程设计相关的决策权。

在管理流程绩效方面,流程所有者的任务包括制定流程战略、定义流程目标、设定绩效指标,并确保资源和技能都得到适当配置。流程绩效的改善是基于对绩效目标的设定和实际绩效的评估,而后据此进行持续的目标调整以提升业绩。流程所有者主导流程优化的举措,并制定相应的激励制度,既可能是为了持续迭代优化,也可能是为了根本性的流程革新,目的是确保流程持续为客户创造价值。

第四章 流程管理设计：战略驱动

在负责流程绩效的持续改进过程中，流程所有者关注业务的两个主要方向：流程日常运作和变革。这两个方向的业务改进工作均涉及从规划到执行再到改进的 PDCA 过程。流程改进方式的选择和决策是根据当前流程绩效结果与未来组织战略目标的差距来决定的。

流程所有者在企业中扮演着关键协调者和沟通者的角色。在问题协调方面，流程所有者很快会意识到，在处理问题时，施展影响力往往比直接行使权威更有效。不论团队的专业水平多高，沟通挑战、意外需求、环境异常或客户特殊需求都是企业运作中不可避免的问题。因此，流程所有者必须具备应对和解决各类复杂问题的能力，以维护流程的稳定运作。

为了确保必要资源包括培训、激励措施得到适时分配且受到管理层足够的重视，流程所有者的工作不仅是倡导流程的有效实施，也要确保与管理层、客户、供应商、团队成员及其他所有内部和外部相关方的沟通畅通无阻。通过这些沟通措施，流程所有者帮助确保所管理的流程得到足够的支持，进而在组织内部建立流程导向的文化。

(3) 典型工作活动

流程所有者有以下典型工作活动具体包括：

- 从客户的视角出发，定义关键的流程绩效评估指标，以使客户满意度得到保障；
- 采用流程术语界定战略及运营目标，从而确立期望的流程绩效标准；
- 明确、记录、发布、监测并管理流程绩效指标，例如时间、成本和质量；
- 评估组织当前流程在为客户创造价值方面的绩效，并与既定流程绩效指标对比；
- 识别和评估组织在不同功能部门中的当前与预期绩效之间的差距；
- 制订流程改进和管理计划，详细说明改进流程预计的覆盖范围、相对重要性及实施责任；
- 沟通流程改进计划，并动员激励员工行动，同时对他们进行关于共同实施方法的培训；

- 准确定义流程元素，包括触发事件、输入、关键执行步骤、输出结果及关键绩效指标；
- 识别流程之间的接口，并将其有效地整合进业务流程架构中；
- 执行与流程相关的日常及项目沟通工作。

作为示例，乐高公司流程所有者的职责同样表现为指引流程的定义、实施、测量和改进，确保其与组织策略和目标的一致性，如图4-5所示。

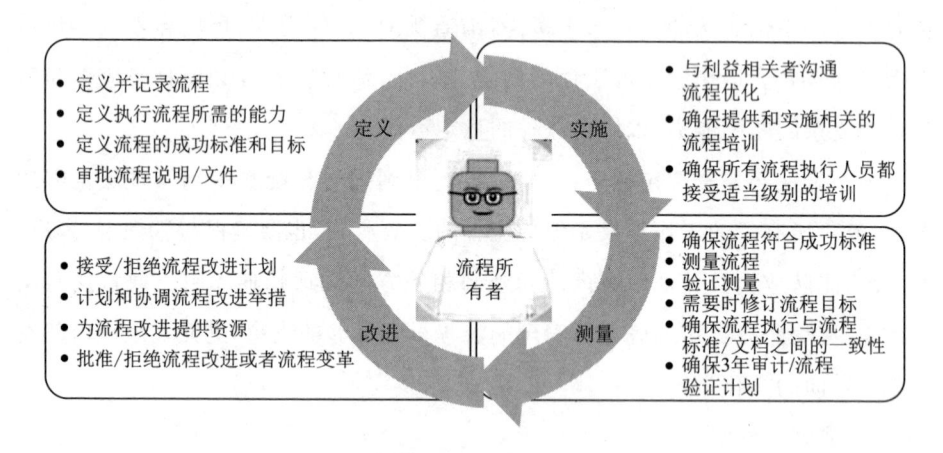

图4-5 乐高公司流程所有者职责示例

流程所有者与职能部门领导的区别主要体现在管理方式上，如流程所有者视流程为一种资产，努力最大化公司投资回报，同时推动客户价值和整体体验的提升。归根结底，每位流程所有者均管理着自己负责的核心流程，如销售订单流程、采购流程以及研发项目管理流程等。

区分流程所有者与职能部门经理的职责十分关键。流程所有者应专注于实现流程的价值输出，包括确定流程步骤和所需资源。职能部门经理则主要负责分配所需的资源，有时可以兼顾流程所有者的角色。流程所有者还需确保在既定的输入、约束和资源条件下，能够有效地实现预期的流程结果。

(4)命名技巧

在实践中，"所有者"作为一个单一的概念被证明过于简单，实际上，流程管理和治理工作的复杂性远超"拥有流程"的职责范畴。由于管理者在组织中的权

第四章 流程管理设计：战略驱动

力和威望各不相同，因此"所有者"这一术语可能会对负责日常管理流程的人员产生情绪和行为上的阻力，进而引发动机不一致的问题。为了解决这一问题，可以在价值流、流程和活动等多个层面上明确流程责任，以确保实现最佳流程绩效所需的角色配置。为此，除了"所有者"之外，还可以引入了其他角色来补充流程责任角色，从而减轻"所有权"等字眼带来的压力和阻力。例如，流程高管（process executive）负责在大型企业的价值流或价值链层面上管理企业流程，并对最终的流程绩效和变更监督承担责任；而流程管家（process steward）则专注于设计相关流程指南、推动流程实施、监控流程绩效并评估流程的持续适应性，为流程变更提供建议。

在成熟的组织中，特定的流程实例往往在多个地点被执行和管理。一些流程所有者的不同称呼具体如下：

- 全球流程所有者（GPO）：负责全球或集团层面流程的建设和运营，并对流程绩效结果承担责任；
- 区域流程所有者（RPO）：负责区域层面流程的建设和运营，并对流程绩效结果承担责任；
- 国家流程所有者（CPO）：负责国家层面流程的建设和运营，并对流程绩效结果承担责任；
- 业务类型所有者（BGPO）：负责全集团内部业务组或产品线的流程建设和运营，并对流程绩效结果承担责任；
- 业务单元流程所有者（BUPO）：负责集团内部业务单元的流程建设和运营，并对流程绩效结果承担责任。

7. 流程协调员（process coordinator，PC）

流程协调员，作为流程所有者的一种特殊且扩展的角色存在，负责流程领域的标准化重任，致力于与其他流程领域之间的接口协调。他们对自己负责的业务领域及监督下的流程有着深入的了解，应该对组织的业务流程架构有着清晰的认识。为了更好地履行职责，流程协调员需要熟悉企业的流程和系统。他们与流程管理组织内的其他流程协调员紧密合作，共同为各自负责的领域建立透明、可量化、可比较且标准化的流程。

流程协调员在流程领域内发挥着领导和协调的作用,他们引导流程所有者的活动,并努力探寻流程标准化的最佳路径。他们不仅为负责领域内的流程工作提供支持、赋能和指导,还为流程高管、流程所有者或流程经理提供所需的服务。

流程管理卓越中心,作为提供培训和教育计划以及分享经验的专业网络,可能会向业务领域分配流程教练或专家。这些专家致力于支持和发展业务领域的流程管理工作,以确保本地化的技能水平得以保持和提升。在流程成熟度不高的企业中,流程管理卓越中心的人员可能会充当流程协调员的角色,成为进入业务组织的桥梁。这种模式下的流程协调员由集团总部聘用,并从总部部署到各个领域的流程团队中。在实践中,他们也被称为业务合作伙伴:流程 BP(business partner)。作为协调员,流程 BP 积极参与领域的流程管理工作,与流程专家或顾问一起提供支持和指导。

8. 流程经理(process manager,PM)

流程经理是负责规划、指导和监控一组已定义的流程、实例和资源的关键角色。他们的工作是调整这些元素,以确保产生预期的业务成果。流程实例集可能涉及特定的位置、交易、项目、客户、账户等。流程经理不仅实际执行而且协调一个或多个流程的工作。他们参与测量和监控过程指标,推动流程的持续改进。具体来说,流程经理通常承担以下角色职责:

- 测量和监控流程的性能、效率和质量;
- 分析流程性能、效率和质量的测量结果;
- 对流程需求进行优先级排序和升级;
- 协调各项任务和资源分配;
- 实施流程改进和变更。

9. 流程控制者(process controller,PC)

流程控制者与流程经理在监控流程执行效果方面有着共同的职责,但二者之间也存在显著的区别。流程控制者的核心工作是确保流程执行的合规性,流程经理则更多关注流程的整体运行和优化。在一些企业中,出于效率和管理的考虑，会将流程控制者(PC)的职责与流程经理的职责合并。这种角色设置的背后，实际上是与企业的流程管理价值观相契合的。对于那些将流程的检查和合规视为核心的企业来说，独立设置流程控制者(PC)显得尤为重要，而且这一角色往往会与内控或审计部门紧密合作，共同开展工作。

流程控制者通常承担以下角色职责：
- 识别并分析流程中潜在的风险点；
- 发布并确保遵守流程合规的相关要求；
- 设计流程控制措施，确保其与流程设计方法相互协同；
- 制订并发布流程合规的检查计划；
- 执行流程合规检查，确保流程的实际执行符合既定要求；
- 生成并提交流程合规检查报告，以供管理层参考；
- 向流程所有者和其他相关方干系人报告流程合规的实际情况；
- 与财务、内控、审计等部门保持密切合作，共同推进流程合规工作；
- 向流程管理委员会汇报流程合规的总体情况。

10. 流程组合经理(process portfolio manager)

流程组合经理作为跨职能的代表人物，在整个组织范围内协调流程项目组合。他们不仅负责流程项目管道的开发，还涉及流程项目计划的审批及其后续的执行管控。流程组合经理的核心任务是确保流程项目与组织的整体战略高度关联。

流程组合经理通常承担以下角色职责：
- 明确组合的目标和战略意义；
- 与各利益相关者合作，共同定义流程管理组合的构成和优先级；
- 为流程所有者提供有关流程组合的咨询和建议；
- 为流程项目团队提供流程对齐的方法支持；
- 指导组合团队制定符合流程战略方向的议程和计划；
- 协助流程管理团队有效执行组合管理的方法，以实现既定的组合目标；
- 将组合管理的意识与流程管理团队的日常工作紧密结合起来；

- 提供与组合利益相关者有效沟通的渠道和平台。

11. 流程项目经理（process project manager）

流程项目经理通常是一名具备丰富经验的高级项目经理。他们精通迭代交付方法，熟悉流程管理方法，并在一个或多个项目中成功建立了流程治理和质量控制体系。流程项目经理的角色是跨职能的，他们全职投入到项目中，致力于推动团队创造可衡量的商业价值。

流程项目经理通常承担以下角色职责：

- 与项目各利益相关者保持紧密合作，确保项目顺利进行；
- 负责估算项目成本、制订项目计划并全面管理流程项目的实施；
- 识别和评估项目风险，制定有效的风险缓解策略；
- 提供项目内部和外部的状态信息，如进度报告、仪表板等；
- 为项目交付团队提供项目方法的支持和指导；
- 充当项目问题上报和解决的主要渠道；
- 为流程管理团队带来项目管理的专业知识和技能；
- 推广流程管理卓越中心创建的流程项目方法。

12. 流程架构师（process architect）

流程架构师是那些对业务运营有深入了解、对端到端流程知识丰富的专业人士。他们与高级业务利益相关者紧密合作，展现出在商业战略上的专业素养。除了精通如精益、六西格玛等管理方法，他们还作为流程和变革的推动者，致力于促进与流程相关的持续改进、业务转型和创新举措。这些专家能够聚焦整体计划的关键部分，为流程项目团队构建高效、通用的高阶流程结构设计描述。

流程架构师的角色多元且关键，他们可以从标准和合规的角度提供见解，也可以作为主题专家为团队提供建议，甚至参与业务流程的主动优化分析。通过深入分析业务流程架构，他们能够识别公司在市场上的优势、业务集成的机会以及各种内部流程改进的可能性。此外，流程架构师可能在业务或技术领域中发挥重要作用，专注于管理业务性能或将技术与业务操作相结合。

流程架构师的主要职责包括但不限于：商业模式与流程模型间的联系提供建议，建立战略、目标与流程目标之间的联系，确保流程测量、业务报告和分析决策之间的一致性，以及建立业务规则和流程规则之间的关联。他们还致力于提高流程自动化水平，整合流程流、信息流和服务流，开发企业业务架构蓝图及相应的价值流指标。此外，确保业务需求、业务体系与信息技术体系之间的一致性，以及开发和维护关于公司产品、服务、流程、性能度量和组织的参考模型和标准存储库，也是他们的关键职责。

13. 解决方案架构师（solution architect）

解决方案架构师为流程提供了重要的技术支持，并为沟通导向的流程专业人员带来了平衡。他们精通各种流程管理套件，能够将分析和决策管理融入其中，并深刻理解流程管理与任何现有 ERP 系统之间的联系。通过结合学科知识和技术专长，他们致力于最大限度地提升项目的成功率。

14. 流程建模人员（process modelers）

流程建模人员在流程管理组织中扮演着至关重要的角色。他们负责根据已定义的流程管理建模标准进行业务流程建模和验证。此外，他们还负责推广流程管理建模工具知识，并满足业务流程专家的培训和支持需求。经验丰富的流程建模师可能会承担更多技术服务责任，如方法过滤器配置、数据库管理以及建模库的创建和维护。

15. 流程分析人员（process analysts）

流程分析人员通常具备出色的文档记录技能，深入理解流程设计和性能。他们负责分析当前流程，评估备选设计方案，根据各种框架提出变更建议。这个角色往往与流程设计角色紧密结合，共同为流程集成和设计提供深刻见解。

流程分析人员通常具有以下的角色职责：

- 管理流程优化项目；
- 领导流程发现；
- 引导流程分析工作坊；
- 培训流程负责人；

- 测量和报告流程性能。

16. 流程设计人员（process designers）

流程设计人员则拥有丰富的流程知识,他们使用视觉和数学模型来描述流程中的每个步骤和工作组织。这些专家确保流程设计与整体业务目标和策略保持一致,并致力于设计新的业务流程、优化现有流程并实施相关计划。他们的分析能力和创新思维对于推动业务流程的持续改进至关重要。

流程设计人员通常具有以下的职责:

- 确保流程设计与总体业务目标和策略保持一致;
- 设计新的业务流程;
- 优化现有业务流程,并实施计划。

17. 其他角色

- 企业架构师:负责构思、沟通并发展企业整体架构的专业人士。他们的工作涉及解决企业的多个关键层面,包括组织结构、业务流程与价值流、数据与信息以及支持技术。企业架构师还关注这些元素如何相互结合并随时间演变,以支撑企业的业务性能、转型或价值的实现。
- 流程支持助手:专注于协助维护和支持正在进行的流程管理工作。他们作为解决运营和项目相关问题及风险的第一响应者,还承担着流程管理问题支持、流程治理支持,甚至流程管理变更支持等重要职责。
- 流程管理工具专家:确保在所有项目中一致且正确地使用流程管理工具集。他们与项目团队和流程管理卓越中心成员共享流程管理工具使用的知识,研究并寻求当前流程管理工具集的改进方案,并制定相应的采用策略。
- 流程管理工具管理员:负责控制和管理流程管理工具集的具体管理工作。这包括管理授权配置文件,确保业务流程所有者通过可用的流程管理工具集对其流程领域进行有效的治理。
- 培训专家:致力于向企业推广流程管理知识,负责将流程管理知识传授给个人。他们维护流程管理培训课程,确保项目团队掌握关于流程管理工

第四章 流程管理设计：战略驱动

具和方法的最新信息。

- **业务分析师**：负责分析业务客户的信息和技术需求，以协助提出有效的信息和技术解决方案。业务分析师可能会主持业务分析会议，帮助项目团队分析当前的技术映射，或者参与业务运营并设计新的信息和技术功能。在系统开发生命周期内，他们通常在企业的业务方与信息技术部门或外部服务提供商之间起到重要的沟通协调作用。其他常见的替代头衔包括业务系统分析师、系统分析师和功能分析师。

- **IT 角色**：有许多其他 IT 角色可能在流程管理中发挥重要作用，包括：BPMS 配置专家、开发人员、数据库管理员等。这些专家帮助定义支持技术解决方案，并可能帮助定义基于业务流程的新功能。他们通过实施新技术来协助流程转型计划，确保公司的技术标准得到执行。

- **业务赞助人**：负责确定业务流程改进的愿景、基调和速度，决定流程管理的方向和策略。业务赞助人将企业的注意力集中在更大的目标上，分配资源并奖励成功。他们有能力统一整个企业的各个任务和小组，任命和授权流程负责人或其他在关键方面发挥作用的个人。在某些情况下，业务赞助人本身甚至可能担任流程所有者的角色。在流程项目中，他们负责创造有利的环境，有时通过影响和说服来实现目标，有时则通过解决冲突和消除障碍来推动项目的成功。

- **主题专家**：许多流程改进项目或流程管理团队包括"主题专家"（SME）的角色。主题专家通常是对某些业务功能或运营有深入了解的人士，可以凭借多年的业务运营经验和对组织流程、客户要求及组织文化的深刻认识为团队提供宝贵的见解。他们可以就当前流程提供反馈意见并协助设计新流程，参与验证模型和假设，作为变革领导的可信利益相关者成为实施团队的重要成员。

除了上述角色外，还有一些其他角色也与流程管理工作密切相关，例如项目经理、变革管理经理和数据分析师等。这些角色在推动流程项目的成功实施和持续改进方面也发挥着重要作用。

二、流程管理组织

1. 流程管理卓越中心

在组织实施流程项目的过程中,企业往往会面临一系列典型的挑战,如项目未能达成预期的业务价值,业务与信息技术(IT)之间的协调障碍,不同流程项目间方法和标准的不统一,以及组织内部协调不足导致的资源非优化利用等。为了有效应对这些挑战,一些企业开始设立与流程管理相关的新部门。

这类新部门在运作上类似于项目管理办公室,其核心职责在于识别、整合并报告全企业范围内各类流程改进项目的状态,同时作为赋能部门,提供工具和方法上的支持。因此,这个部门通常被称为流程管理办公室(流程管理 office)或流程管理卓越中心(流程管理 center of excellence,简称流程管理 CoE)。

流程管理卓越中心的使命在于通过提供符合组织战略和目标的业务解决方案,确保组织流程管理方法和计划的顺利实施。其目标是为组织营造一个采用标准化方法、工具、资产、技能和资源的实体环境,并在流程管理实施过程中促进业务与 IT 之间的顺畅沟通和协调。同时,流程管理卓越中心还致力于确保流程管理策略、流程管理角色与组织业务架构、流程所有权的映射和协调一致。这些使命和目标为明确流程管理卓越中心的核心职责提供了坚实的起点。

(一)核心职责

流程管理卓越中心的核心职责在于引领流程管理的实施,推广流程管理方法,为流程项目提供全方位支持,实施流程管控,以及组织和提供相关的培训与沟通活动。此外,流程管理卓越中心还充当集团范围内业务项目的内部流程管理顾问,致力于维护和提升方法的卓越性。通过这些职责的履行,流程管理卓越中心助力企业实现流程管理的持续优化和价值的最大化。

(1)领导流程管理

领导流程管理涉及一系列关键活动。这些活动包括但不限于:确定流程管理的利益相关者,评估组织的流程管理成熟度,为公司明确定义流程管理的愿景和战略,以及积极倡导、营销和沟通流程管理的价值。在流程管理战略的基础上,制订一个全面的流程管理长期计划及其实现的路线图尤为重要。该计划初步评估了业务领域和流程管理目标领域内必须关注的主题及其重要里程碑。此外,流程管理产品的设计、必要流程管理技能的开发,以及流程管理知识、管理系统的建立,都是流程管理领导活动中不可或缺的环节,具体如下:

领导BPM
- BPM战略定义;
- 提供并传达BPM价值观故事和愿景;
- 设计BPM服务清单;
- 管理BPM卓越中心;
- 管理和维护BPM投资组合规划,包括BPM项目之间的协调;
- 设置和维护BPM计划;
- 提供和维护BPM计划技能;
- 确定业务流程改进工作的优先顺序;
- 指导和监控区域流程管理;
- 向上级管理层汇报工作;
- BPM成熟度评估和流程成熟度验证;
- 发展BPM技能和知识管理。

(2)实施流程管理

流程管理卓越中心提供的方法是一套监管框架,它确保了整个企业的一致性、可重用性和效率。开发和维护企业级流程管理方法的政策、惯例和标准是流程管理卓越中心的主要任务,具体如下:

实施BPM
- 定义总部流程架构;
- 定义总部通用参考流程;
- 政策、指导方针和标准的制定和维护;
- 监督业务单元遵守政策和标准的情况;
- 选择BPM工具的标准;
- 管理和维护已部署的流程模型;
- 推广可重复使用的BPM资产;
- 收集和建立最佳实践维护;
- 流程变更管理。

(3)提供流程项目支持

流程项目支持作为流程管理卓越中心的核心服务之一,涵盖了流程管理方法和流程管理专家在流程项目各个阶段的全方位协助，包括战略制定、设计规划、实施执行以及控制评估。专家们致力于确保所有必要的项目步骤均符合流程管理的要求，并充分满足利益相关者的期望。

除了直接的项目支持与实施外，流程管理卓越中心还提供项目审查服务，并出具一份详尽的最终状态报告。该报告不仅概述了项目的收益，还深刻反映了实施过程中的经验教训。在项目审查过程中，如何准确展示流程管理计划的潜在投资回报率（ROI）、如何成功部署流程管理开发能力，以及如何有效衡量项目成果，都是重点考虑的内容，具体如下：

BPM项目支持

战略阶段
- 战略协调和目标匹配；
- 业务领域矩阵；
- 关键成功因素分析；
- 流程映射。

设计阶段
- 项目启动；
- AS-IS分析；
- TO-BE设计。

实施阶段
- 监控进度；
- 流程发布、沟通和反馈；
- 推出计划；
- 状态报告。

关闭阶段
- 经验教训；
- 最终状态和收益报告；
- 对知识库的反馈。

（4）流程控制

流程控制的核心任务聚焦流程的绩效管理，关键职责在于确保计划的实现，并定期与相关方/干系人进行绩效结果的沟通与汇报。具体而言，这一职责涵盖了流程绩效的明确定义，关键绩效指标（KPI）的设定方法，跨流程数据的收集策略，以及确定关键改进领域的途径等多个方面，具体如下：

流程控制
- 定义流程KPI概念；
- 定义关键KPI基线；
- 定义汇报机制及平台；
- 通过已建立的度量跟踪交付的BPM价值；
- 向各自的流程所有者和执行管理层跟踪和报告流程绩效指标；
- 促进流程创新；
- 促进商业模式创新。

第四章 流程管理设计：战略驱动

（5）培训和沟通

此职责着重培训员工使用流程管理技术以及流程管理卓越中心为企业范围内所提供的流程管理方法。此外，该职责还涵盖了流程管理软件（含相关管理服务）的提供与维护工作，这包括流程管理软件和工具的安装、许可证权限管理以及为内部用户提供支持等所有相关活动。

在沟通方面，该职责不仅致力于在组织内部推广流程管理概念和流程管理卓越中心的重要性，还专注于流程变革管理的有效沟通。例如，通过创建流程意识，促进认同和接受，引导不同组织单位的人员积极参与；同时，负责开发和管理用户培训计划，提升员工对流程管理的理解和应用能力，具体如下：

培训与沟通

- BPM软件支持
  - 许可权限管理；
  - BPM工具支持管理，包括用户管理、版本管理、需求管理、安全管理等。

- 培训
  - BPM工具培训；
  - BPM方法论培训；
  - 提供BPM讲师的TIT培训。

- 变革与沟通
  - 变革管理方法；
  - 沟通计划；
  - 沟通测量。

根据前述职责描述，流程管理卓越中心的核心工作活动可细致列举如下：

- 创立并不断完善流程管理的愿景、战略规划和年度计划，确保其与业务战略保持高度一致；
- 审核并协助各业务单元实施流程管理计划，确保计划的顺利推进；
- 与质量、内部控制、信息技术等相关部门保持紧密合作与协调，共同推动流程管理的实施与优化；
- 创立并维护流程管理的全生命周期方法，确保流程管理的系统性和持续性；
- 建立并维护流程框架，为组织提供清晰、规范的流程管理框架；
- 制定并维护流程管理体系和章程，为流程管理提供制度保障；
- 实施流程管理成熟度评估，帮助组织了解自身流程管理实施水平和提升空间；

- 构建流程管理技能发展模型，为员工提供明确的技能提升路径；
- 开发流程管理培训课程，并组织开展能力培训和认证工作，提升员工的流程管理素养和能力；
- 积极宣传和倡导流程管理方法，提升组织对流程管理的认知和接受度；
- 提供流程组合管理服务，帮助组织优化流程组合，提升流程效率；
- 提供流程项目管理服务，确保流程项目的顺利实施和达成预期目标；
- 建立流程基准和度量体系，为流程绩效评估提供量化依据；
- 考虑流程自动化和合规性要求，推动流程的自动化改造和合规性提升；
- 持续改进现有流程，提升流程质量和效率；
- 确定业务流程改进工作的优先顺序，确保资源得到合理分配和利用；
- 跟踪并向流程所有者及执行管理层报告流程绩效指标，确保流程的透明度和可监控性；
- 协助选择和使用流程管理软件，为流程管理实施提供技术支持；
- 管理流程存储库模型的变更，确保流程变更的规范性和可控性；
- 提供业务流程建模标准的一致性保障，确保流程建模的规范性和统一性。

(二) 核心能力

在设置流程管理卓越中心时，需要开发一套流程管理章程以配合流程管理在组织内的实施。这套章程确保了企业高管对流程管理工作开展重点和方向的支持。在实践中，流程管理章程也被称为流程管理制度。流程管理制度包括制定流程管理原则、标准，提供通用工具和方法，以及实践的培训教育。同时，它还需要提供关于总体流程设计的治理机制。流程管理章程中还应明确流程管理的成功标准和衡量成功的指标，这些指标应与流程管理卓越中心的职责直接相关，并体现其价值。例如，流程管理卓越中心提供资源和咨询的流程项目数量可以作为衡量其投资回报率（ROI）的良好指标。同时，流程项目中资产的再利用也是一个重要的衡量指标，因为它体现了资产的重用性。此外，还有一些不太明显但在实践中有效的指标，如满足预算、进度和交付预期的项目数量。

综合以上职责和工作活动，流程管理卓越中心应具备以下三种核心能力：

- 流程管理文化的传播：建立一种共识，即流程管理创造了一种文化和技术环境，这种环境倾向于对业务如何卓越完成进行持续讨论。流程管理应被视为通过协作、授权和可持续的方式实现持续变革和绩效改进的组织引擎。
- 流程管理计划之间的融合：促进所有与流程管理相关的举措和治理的协同和融合，以提高其协同效应、效率和投资回报。这有助于加强基于流程管理的举措作为组织内管理最佳实践的采用。
- 内部咨询方向：为每个基于流程管理的项目的实施和维护提供服务和方法，将组织战略和业务部门视为需要提高生产力、增强管理可见性和促进创新的重要客户。

(三)治理模型

企业需要改变其组织所需的技能和文化以获得流程管理经验，这需要在所有业务流程中保持和整合新的技能和专业知识。流程管理卓越中心可以提供这些专业技能。将流程管理专业知识集中在卓越中心对于发展流程管理组织至关重要。治理模型可以分为集中型和分散型两类。

集中型模型是在公司建立统一的流程管理卓越中心，作为所有业务单元的顾问，这种设置需要该部门具有实现组织流程管理功能的所有技能。这种组织设置的好处具体包括：

- 跨业务单元的一致实现；
- 易于利用经验教训；
- 快速发展深层技能；
- 统一且单一的管理需求接触点。

分散型模型是组织中的业务单元拥有独立发展流程管理技能并开展流程管理的各方面工作。这种组织设置的好处具体包括：

- 关注业务部门的优先事项；
- 方法、时间、资源的灵活性。

有些企业的流程管理卓越中心充当IT部门所有事务流程的接口，但超过一半的公司的流程管理组织已经向卓越中心转型,以集中流程管理专业知识,还有就是在IT、运营或两者中定位流程管理。不管是哪一种定位,目前尚未建立关于流程管理卓越中心的最佳实践。然而,随着低代码或无代码流程管理软件平台的出现,对于人员的技术操作的依赖性降低,流程管理组织开始向运营方向定位的趋势越来越明显。如图4-6为流程管理卓越中心的一个组织架构图示例。

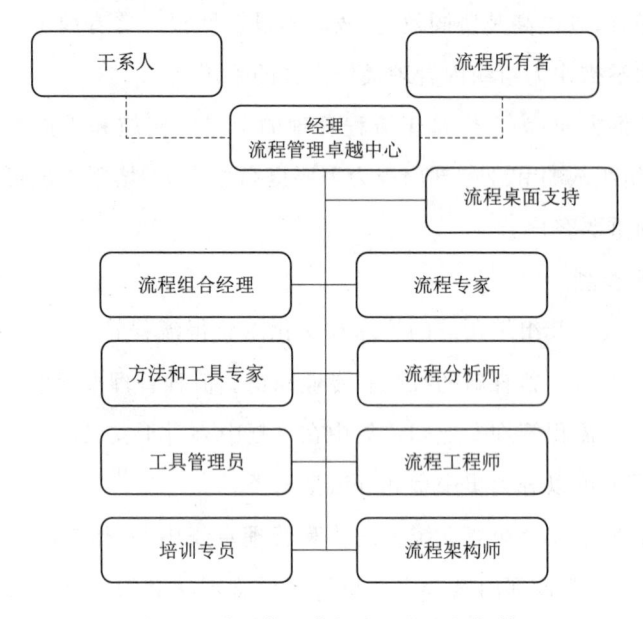

图4-6 流程管理卓越中心的组织架构

(四)价值收益

如果一个组织缺乏健全的流程管理卓越中心,会发生什么?

可能出现的症状是企业无法正确分析、选择和管理其流程管理改进项目,导致业务事件、业务流程和业务决策之间彼此孤立,缺乏对业务事件的敏捷管理。这些业务事件包括在正常运营过程中发生的或是可能发生的计划内、计划外事件。它们会触发业务内部的响应,最终影响业务决策。若是由流程管理组织的协同管理,通过流程管理将这些元素连接到组织的共同视图中,企业便能洞察业务决策如何应用于业务事件,进而影响业务流程。

此外,流程管理卓越中心的缺失还可能导致组织无法选择适合的流程管理技术，无法确保这些技术作为更广泛的 ERP 实施的一部分得到有效实施。这将导致组织资源的使用效率低下，无法灵活调整以满足不断变化的业务需求和客户期望，限制组织将新产品或服务推向市场的速度，降低客户满意度，削弱竞争优势和市场定位。

那么，实施了流程管理卓越中心的组织与那些仅停留在独立业务流程优化的组织相比，在企业价值上有何不同呢？通过对大量实施流程管理组织的调查研究，结果显示，建立了流程管理卓越中心的组织能够获得以下收益：

- 客户文化、协作文化和项目文化的成功转型；
- 股东价值的创造；
- 同比增长率的提高；
- 成本的持续降低；
- 产品和服务质量的提升；
- 业务结果的确定性增强；
- 投资资本回报的增加；
- 企业运营速度和敏捷性的提高。

相反，未能建立流程管理卓越中心的组织可能面临一系列短期和长期的影响，具体表现可参考表 4-2。这些影响会阻碍组织的发展，降低市场竞争力，甚至威胁到长期生存能力。

表 4-2　流程管理卓越中心职责缺失的影响

没有 BPM 卓越中心意味着	短期影响	长期影响
没有投身于控制、指引和治理 BPM 项目的团队	流程项目是零散的	BPM 本质没有启动，没有价值或者低价值交付
没有集成的业务流程建模技术	不能体现流程变化给业务带来的影响	优先级低的变革项目在实施，导致成本增加，甚至是巨大损失
低水平的 BPM 成熟度	员工技能不足导致长时间工作也不能完成任务	质量不高，高的返工率，员工受挫
缺少 BPM 整体测量	价值没有随着时间开展测量	公司竞争力降低

2. 流程管理指导委员会

流程管理指导委员会作为公司经营管理团队的重要组成部分，负责对重大流程项目进行投资管理，承担流程管理战略的审批与资金规划职责。为确保流程获得适当资源、实现资源整合并与战略目标保持高度一致，该委员会将确立规划、预算编制和资源分配的新机制。同时，它还设定战略方向，监督流程项目和流程的整体绩效，致力于实现价值管理。在某些情况下，该委员会还会提供关键的高层支持，并对项目中与战略相关的问题进行决策。

流程管理指导委员会通常由流程管理赞助人发起并管理，核心成员由公司的高层领导组成。其主要职责包括如下具体内容：

- 审批流程管理的中长期规划；
- 评审并决策流程管理的投资组合规划；
- 审视流程管理的中长期规划；
- 批准流程管理的年度规划；
- 关注重大流程管理变革项目的需求与验收；
- 批准并审视流程项目的资金规划。

3. 流程管理执行委员会

流程管理执行委员会是流程管理的评审与决策机构，负责制定、监控和指导流程管理战略。该委员会负责评审决策流程的标准，协调并确定变革和流程优化的优先级，以及解决相关问题。

流程管理执行委员会在流程管理赞助人的领导下运作，流程管理卓越中心负责其日常运作。其成员涵盖流程所有者、部门中高层领导以及各类流程管理专家。该委员会的主要职责包括制定流程管理战略、为流程项目提供决策支持、分配流程管理资源以及协调解决跨领域问题。鉴于存在原始业务价值案例项目交付不足的风险，流程管理执行委员会的重要职责之一是指导和建议特定流程领域内正在进行的流程项目。多个委员会可以同时处于活动状态，因为流程项目可以同时处理不同的流程领域，具体职责细分见表4-3：

表 4-3　流程管理执行委员会职责

公司级流程管理战略制定与执行监控	• 制定流程管理战略； • 制定流程管理政策和标准； • 指导流程管理卓越中心的工作； • 任命和变更流程所有者； • 监督流程所有者及相关角色的职责履行； • 接收来自流程管理卓越中心和流程所有者的流程绩效跟踪和报告； • 接收各流程项目的绩效跟踪和报告
流程管理计划和项目评审与决策	• 评审并决策流程优化和变革的优先级，包括协调流程项目间的关系； • 评审并决策组织内所有流程项目的商业论证和里程碑； • 监督组织内所有与流程管理相关的活动和项目，调整活动以实现更高效率； • 对流程管理计划和项目中临时出现的升级或不确定性问题进行决策
资源提供与协调	• 根据当前的流程管理活动和项目需求，指派流程项目负责人和特定的业务流程专家资源； • 分配IT资源和其他稀缺资源以支持当前的流程管理活动和项目； • 指导和分配流程项目的卓越中心资源，推动流程项目间的一致性指标实现
跨领域问题解决	• 识别并解决任何跨流程集成问题； • 识别并解决流程和职能（或部门）所有权间的冲突； • 制定并协调流程和职能（或部门）的组织业务目标、战略和计划

综上职责，流程管理执行委员会的具体工作活动列举如下：

• 流程项目立项；

• 流程项目里程碑决策；

• 专题讨论决策，例如重大变革项目推行策略及方案等；

• 中长期变革规划执行与监控；

• 年度变革规划专题审视与决策；

• 公司级及领域重大变革项目优先级排序；

• 跨领域或跨项目重大问题及争议裁决；

• 公司级及领域重大变革关键交付审视；

• 重量级团队成立或调整申请审视；

• 项目状态审视、打分；

• 项目风险或问题审视；

- 项目关联关系识别和分析；
- 项目协同方案落实；
- 制定流程管理战略；
- 负责流程所有者的人事管理；
- 定期召开会议，接受流程管理绩效的沟通和报告；
- 卓越中心、IT、流程管理专家、资金的资源分配。

流程管理执行委员会的设置也可以分为集中型和分散型。集中型的模式把该组织设置在公司总部，职责覆盖范围包括了各业务单元以及各业务单元之间的协调。分散型的模式在各业务单元或者领域设置流程管理执行委会，负责其业务单元内部的流程管理相关的活动。在实践中，也有企业将两种设置模式混合起来并进行分层管理：公司级流程管理执行委员会和业务单元级流程管理执行委员会。这种混合设置兼顾了资源的复用和计划的灵活性，如图4-7所示。

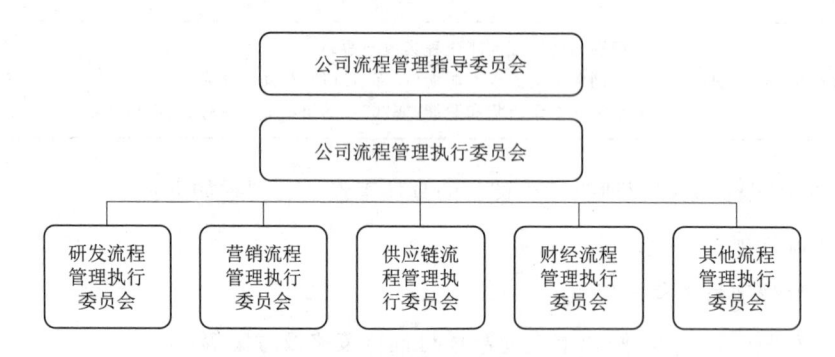

图 4-7　流程管理虚拟组织结构

4.总部组织与本地组织

（1）标准化困难

流程管理的组织结构可以呈现层级化的特点。这种分层级的设计旨在实现总部或全球流程管理标准化与本地流程管理灵活性之间的平衡。特别是在具有全球性质的企业中，必须统筹考虑各个区域、国家以及不同业务形态的流程管理需求。因此，本地组织的流程管理涵盖了区域流程管理、国家流程管理、业务形态（BG）流程管理以及业务单元（BU）流程管理等多个层面。

第四章　流程管理设计：战略驱动

在探讨总部与区域关系时，核心问题往往聚焦于"标准化困境"：即如何在推动业务流程变革的同时，确保本地差异化的有效支持？理论上讲，所有通用流程都应在任何地方保持标准化，以便为顾客、供应商和其他外部利益相关者提供一致的界面，并在IT、培训和文档管理等方面实现成本节约，使工作和人员能够跨越组织和地区边界自由流动。然而，在实际操作中，业务流程的本地化调整不仅是不可避免的，而且是至关重要的。这种调整必须受到成本效益的制约，以确保不会过分限制真实的业务需求和期望。

如图4-8所示的流程管理框架图展示了连贯的环境来管理总部与本地之间的平衡。该框架对流程管理委员会和流程管理卓越中心在总部和本地流程管理之间的角色进行了务实的划分。通过这个框架，所有业务部门能够开发出一套连贯的流程管理方法，既鼓励标准化，又支持必要的本地化调整体现了在实践中所遵循的"主干统一，末端灵活"的原则。这一原则不仅适用于流程的设计和优化，同样适用于流程管理的组织治理。

（2）总部与区域的协作分工

总部流程管理战略的制定和管理由总部流程管理委员会负责，并得到总部流程管理卓越中心的协助。本地流程管理委员会负责根据当地实际情况调整并实施区域流程管理框架。同时，本地流程管理卓越中心在流程绩效的管理、测量与报告方面提供支持，并协调相关的流程改进活动。这些本地流程管理活动与公司的整体战略紧密相连，为其提供反馈，并与本地业务战略紧密结合。流程管理委员会专注于流程管理政策的制定，流程管理卓越中心则负责日常流程改进的管理、协调和支持工作。本地和总部的流程管理卓越中心携手合作，为流程管理提供全球和本地化的综合支持。

总部流程管理框架中的某些关键要素需要在全球范围内进行统一的管理和控制。这些要素需要明确单一的所有者，并确保在所有业务部门中以一致的方式应用。除了流程管理框架本身外，这些统一的要求还涵盖以下几个方面：

• 全球标准，用于共同流程的流程管理知识交流；
• 流程管理能力发展计划；

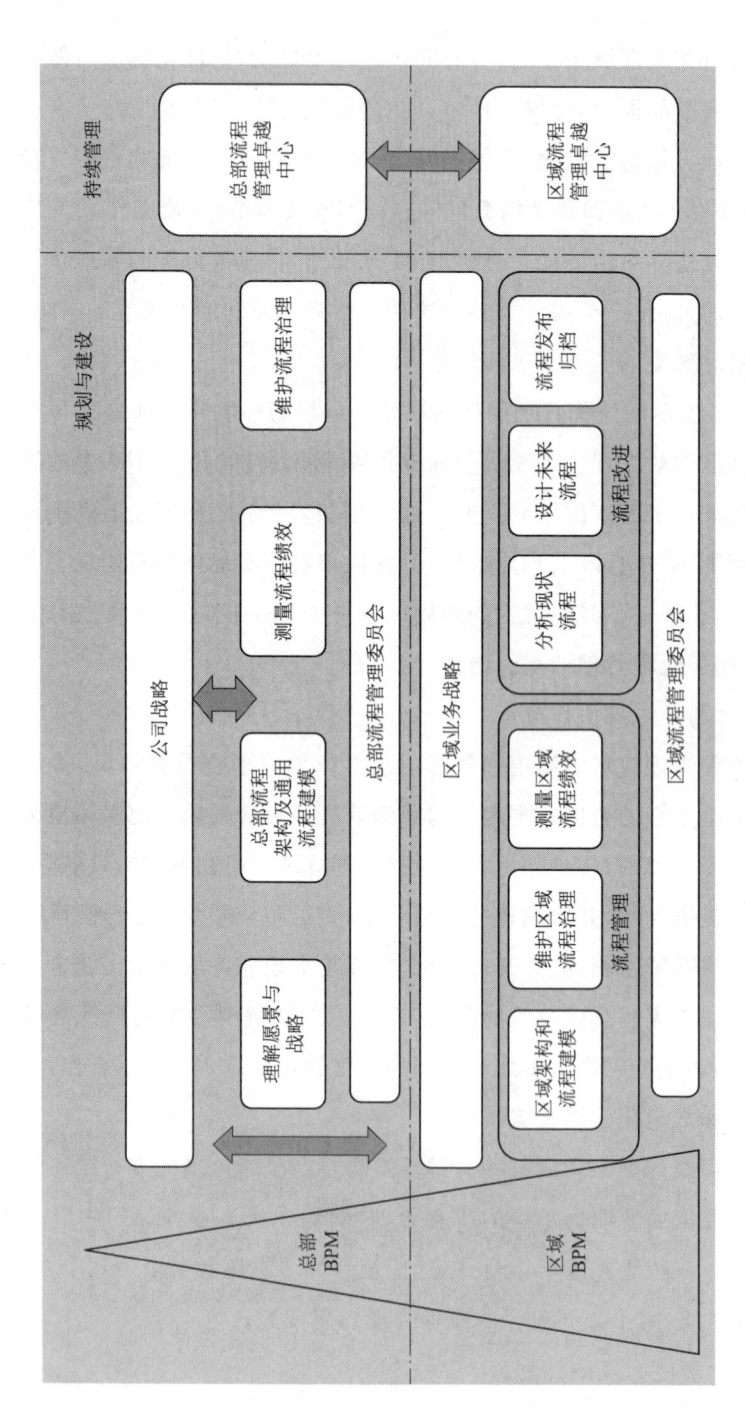

图 4-8 总部流程管理与区域流程管理关系图

第四章 流程管理设计：战略驱动

- 总部和本地流程管理委员会的章程；
- 总部和本地流程管理卓越中心的章程；
- 流程建模和管理工具；
- 流程建模的惯例和标准；
- 流程架构的分析和报告规范；
- 流程成熟度的评估与报告规范。

尽管总部流程管理的重要性不言而喻，但同样需要确保总部的要求不会对本地业务运营产生不利影响。因此，需要综合协调一系列重要活动，如总部的规划与日常管理，以及本地的规划与日常管理。具体如图4-9所示。

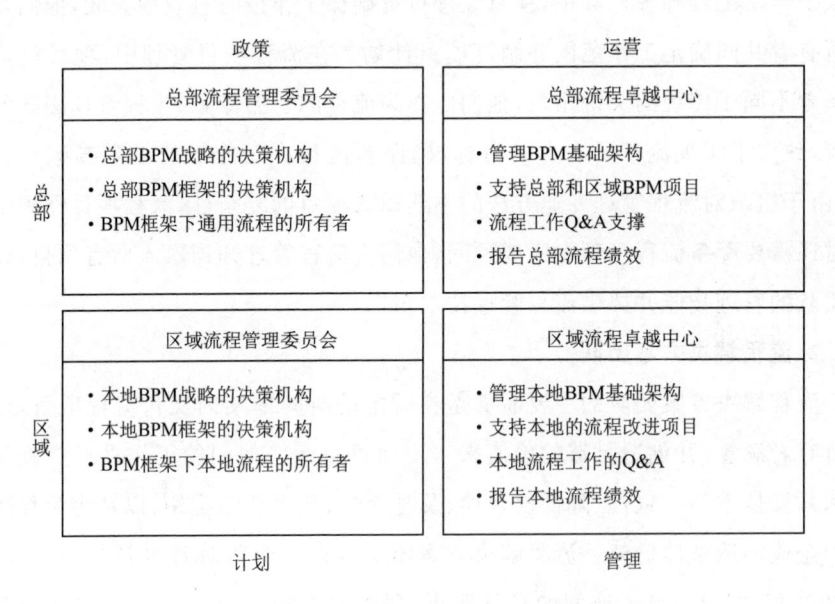

	政策	运营
总部	**总部流程管理委员会** · 总部BPM战略的决策机构 · 总部BPM框架的决策机构 · BPM框架下通用流程的所有者	**总部流程卓越中心** · 管理BPM基础架构 · 支持总部和区域BPM项目 · 流程工作Q&A支撑 · 报告总部流程绩效
区域	**区域流程管理委员会** · 本地BPM战略的决策机构 · 本地BPM框架的决策机构 · BPM框架下本地流程的所有者	**区域流程卓越中心** · 管理本地BPM基础架构 · 支持本地的流程改进项目 · 本地流程工作的Q&A · 报告本地流程绩效
	计划	管理

图 4-9 总部流程管理与区域流程管理具体职责

在总部层面，流程管理的核心在于创建一种既能满足全球标准又能支持本地业务需求的方案。总部流程管理战略的主要目标在于实现本地业务流程的协调管理和持续改进。

在本地层面，流程活动主要聚焦于流程管理和流程改进两个方面。本地流程管理致力于建立流程管理能力水平和规划，旨在缩小了本地化流程管理方案中识别出的流程绩效差距。根据本地流程管理卓越中心的建议,本地流程改进通过运行流程再设计项目来实现。

三、流程管理团队

1. 流程项目管理团队

流程管理成功的众多关键因素之一,是能够组建专门的项目团队来负责流程的分析、设计、建模、优化及部署。一个高效的流程项目管理团队由组织内各部门成员组成,他们在推动项目的成功上都扮演着举足轻重的角色。典型的流程项目团队包括:流程所有者、项目经理、流程分析师、流程设计师、IT设计师以及系统开发工程师等。其中,项目经理负责确保工作按时有效地完成,他们与流程所有者共同确定工作范围并制订项目计划。在流程项目管理中,项目负责人扮演着不同于传统的关键角色,他们应作为流程的首席专家、流程管理团队的领导者,致力于实现流程所有者的目标,确保新流程在工作场所的顺畅运行。此外,由于组织对流程管理专业方法的不熟悉或项目的复杂性,流程项目管理团队有时还需要配备流程管理专家或顾问,他们将流程管理知识融入所有项目,以补充团队的管理技能并提供流程管理技术知识。

2. 流程解决方案团队

流程解决方案团队的主要职责是在既定的时间框架内交付流程项目,使流程所有者满意,并创造足够的价值来实现项目目标。他们的工作重点是确保建模和开发技术的一致性、降低复杂性、及时交付、技术战略重用,以及为流程所有者和企业创造整体价值。流程解决方案团队可以由流程管理卓越中心指导,也可以由IT部门领导。他们的具体职责包括:定义流程界定的解决方案及开发工作的范围、构建和测试解决方案、解决方案部署,以及支持流程解决方案的风险管理。

3. 流程技术开发团队

流程技术开发团队,也称为平台团队,主要承担两项职责:一是设计、开发和维护支持流程管理解决方案的数据服务规划和组装;二是构建和管理支持流程管理解决方案的基础设施。他们在技术上为流程项目的顺利实施提供了坚实的保障。

4. 流程架构管理团队

流程架构管理团队负责从组织层级管理多个或单个流程项目,以确保流程管理解决方案与组织业务体系结构、战略愿景保持一致,同时满足流程所有者寻求的业务价值。这是一个虚拟团队,由首席架构师负责组建,他们共同工作以确保在所有流程项目中遵守业务和技术体系结构原则。流程架构管理团队的重点是创造和交付与流程管理目标一致的、可重用的价值。他们的职责包括:制定架构和解决方案的衡量标准,评审架构与解决方案和战略目标的一致性和完整性,对发现的冲突给出建议,通过实施建模标准和实践来识别现有流程或子流程的标准化设计重用潜力,设计治理流程,确保降低解决方案复杂性,确保解决方案执行的稳健性,以及对流程管理人员进行指导和培训。

5. 流程需求管理团队

需求管理团队负责对所有业务变革需求的合理性、可行性、架构遵从性、优先级及投资收益进行分析和评审,为流程管理委员会提供决策建议。他们围绕需求实现,负责业务变革需求的全生命周期管理,跟踪需求状态、项目进展以及需求闭环管理,并对项目发生的范围变更进行评审等。流程需求管理团队可以由公司及各领域的业务分析师构成,流程所有者和流程经理作为需求的提出方也可以包含在这个团队内。

6. 企业架构团队

企业架构团队由业务架构专家和IT架构专家组成。他们的主要职责包括:基于企业架构内容进行分析并形成架构能力规划和举措建议,为流程管理委员会在流程项目决策上提供架构上的支撑;评审跨业务领域的企业架构交付,确保业务和IT的协同;评审公司重点变革项目,从架构角度分析项目间的协同并给出建议;定期组织收集分析架构度量指标,为架构工作的持续改进提供建议等。

以流程为中心的组织特点,某公司流程管理组织的职责,以及具体流程管理组织的角色对应关系见表4-4至表4-6。

表 4-4　以流程为中心的组织特点

流程型组织特点	非流程型组织特点
• 理解流程为组织增加了重要价值； • 理解流程是实现组织战略和提高组织绩效的重要因素； • 将 BPM 纳入组织的管理实践； • 采用 BPM 战略； • 高层领导关注流程，尤其是首席执行官，因为其他人会跟随领导者； • 各级流程所有者对其流程有清晰的认识； • 各级流程所有者了解流程对彼此的影响； • 组织结构反映了对流程的理解，要么是围绕流程设计的组织结构，要么是流程和职能责任的矩阵； • 理解流程和职能之间的职责可能出现的紧张关系，并具备处理和解决这些紧张关系的机制、团队和方法； • 任命高级管理人员负责流程，如首席流程官、流程赞助人和流程所有者； • 奖励和测量与流程绩效关联	• 不完全了解或理解流程对组织战略实现的贡献； • 流程管理不是组织主要的关注点； • 支持各种 BPM 项目； • 在执行层级理解流程会引起质量、库存等问题； • 没有定义明确的价值链、流程和子流程列表； • 流程之间的影响定义不明确； • 可能有一些流程使用简单的工具建模，但流程模型之间没有相关性； • 组织结构以职能部门为基础； • 对部门间流程问题感到沮丧，可能有责备心态，可能希望签订部门间服务水平协议； • 以职能为基础，没有跨部门的责任； • 奖励和测量与职能部门的绩效关联

表 4-5　某公司的流程管理组织的职责示例

流程管理组织	流行管理职责		
	流程规划	流程建设和推行	流程运营
公司流程运营部	• 负责流程架构设计与维护； • 负责流程清单制定和维护； • 负责确定所有一级流程的流程所有者，并落实流程监控和持续优化管理组织建设； • 负责流程变革项目规划； • 负责流程变革预算管理； • 负责制定流程流程文件管理制度和规范	• 负责统一管理流程变革项目和进展； • 组织和协调重大项目评审和决策； • 负责定期发布变革项目进展状态报告； • 负责提供流程变革项目管理流程、标准和方法； • 负责评审流程文件合规性，确保流程文件受控管理	• 负责制定流程绩效评估机制，并定期策划流程绩效评估； • 负责收集流程需求和问题，并定期组织梳理和评审； • 负责规划流程角色培训计划； • 负责流程架构的优化和发布； • 负责组织流程重点质量问题回溯

流程管理组织	流行管理职责		
	流程规划	流程建设和推行	流程运营
产品线流程运营部	• 参与流程架构设计； • 负责流程架构在产品线的培训和宣贯； • 组织产品线流程建设规划； • 负责确定产品线流程各个职能部门负责人和管理组织； • 负责产品线流程变革预算管理； • 负责组织流程管理制度、规范、受控的宣贯培训	• 负责管理产品线流程变革和改进项目和进展； • 组织和协调产品线流程变革项目评审和决策； • 负责定期发布产品线变革项目进展状态报告； • 负责组织流程文件的设计和开发，确保流程文件的合规性； • 负责组织流程文件的评审、会签和批准发布	• 负责基于评估机制制定产品线流程绩效评估机制，并定期组织绩效评估； • 负责收集产品线流程需求和问题，并定期组织梳理和评审； • 负责规划产品线流程角色培训计划，并组织培训； • 负责组织产品线流程质量问题回溯； • 负责产品线流程遵从性检查，并推动整改和解决（月度）； • 负责产品线流程运营支撑和监督，确保流程正常、规范运转（日常）； • 负责组织制定产品线流程运营制度； • 负责组织流程梳理和研讨，并推动流程优化
各个域质量运营部（三级）	• 参与产品线流程建设规划，负责相关需求、问题和其他支撑数据收集； • 参与产品线流程变革预算管理	• 参与流程文件开发，指导各个职能域流程开发和设计	• 参与产品线流程绩效评估机制制定，并负责收集流程绩效数据； • 负责收集和确认各个中心流程需求和问题； • 负责收集各个中心参培角色名单和培训需求； • 配合产品线进行遵从性检查； • 配合产品线进行流程梳理，负责收集相关需求和问题； • 负责各个产品线流程支持工作

表 4-6　流程管理组织与角色对应

流程治理组织与角色	流程管理专业角色	流程项目角色	流程运营角色
流程管理指导委员会	流程架构师	业务赞助人	流程所有者
流程管理执行委员会	流程组合经理	项目经理	流程高管
流程管理卓越中心	流程开发工程师	主题专家	流程管家
流程管理赞助人	流程分析/设计/建模工程师	流程项目经理	流程经理
流程管理负责人	企业架构团师	流程架构师	流程协调员

续表

流程治理组织与角色	流程管理专业角色	流程项目角色	流程运营角色
首席流程官	业务分析师	流程分析/设计/建模工程师	流程控制者
企业架构团队	流程管理工具专家/流程管理工具管理员	流程管理专家/顾问	流程管理专家/顾问
流程管理需求管理团队	培训专家	变革管理经理	流程桌面支持助手
流程管理方法专家/工具专家	其他IT技术角色：解决方案架构师、BPMS配置专家、BPMS开发人员、数据库管理员等	其他IT技术角色：数据分析师、解决方案架构师、系统分析师、BPMS配置专家、BPMS开发人员、数据库管理员等	

第三节 流程治理框架

谈到流程治理，离不开公司治理的背景和环境。公司治理是一套系统、原则和流程的组合，旨在为公司的运营提供指导方针，确保其以增加公司价值的方式达成目标，同时长期保障所有利益相关者的权益。这些利益相关者范围广泛，从董事会、管理层、股东，一直延伸至客户、员工。因此，公司治理的核心在于确保企业拥有恰当的决策流程和控制措施，从而平衡各方利益。一个健全的公司治理框架不仅有助于满足法律法规的要求，还能为公司的稳健发展奠定坚实基础。

流程治理与IT治理之间存在紧密的联系，甚至可以说流程治理是IT治理的一个重要组成部分。IT治理作为企业治理的一个子领域，遵循国际标准，该标准为各种类型和规模的组织提供了原则、定义和框架，旨在帮助组织更好地将IT应用与战略决策相协调，并履行其法律、监管和道德责任。其强调了六个关键原则：明确责任、为组织提供最佳计划、基于合理理由进行收购、确保达到预期绩效水平、保障合规性以及尊重人权。从本质上讲，IT治理为组织提供了一种结构,以确保IT战略与业务战略保持高度一致。通过遵循这一正式框架,组织能够为实现其战略目标取得可衡量的成果。

IT治理研究所(ISACA的一个部门)将IT治理分为以下五个关键领域。这些领域不仅揭示了IT治理的丰富内涵,还表明了在组织中实施治理,包括IT治理,已成为一种不可忽视的趋势。事实上,在指导、评估和审计方面的治理工作早已是所有组织日常运营中不可或缺的一部分。

- 价值交付:关注IT是否真正为业务提供了价值导向的支持;
- 战略一致性:审视IT目标与组织整体目标是否保持一致;
- 绩效管理:重点在于如何有效地管理IT绩效,以确保其符合预期标准;
- 风险管理:涉及风险的识别、报告以及相应的应对措施;
- 资源管理:关注IT资源是否得到了高效且适当的管理和利用。

一、流程治理需求

从启动首个流程项目开始,构建流程治理机制就应被视为企业级流程管理的核心基石。在流程管理实施过程中,常常会遭遇一系列挑战。而恰当的业务流程治理机制,有助于有效应对并克服这些挑战与困难。如图4-10,这些挑战来源于以下四个方面:

(1)许多优化项目:如何从战略和组合层面实现项目价值的协同,以及如何促进多个并行交付的流程管理设计和开发团队之间的协同效应;

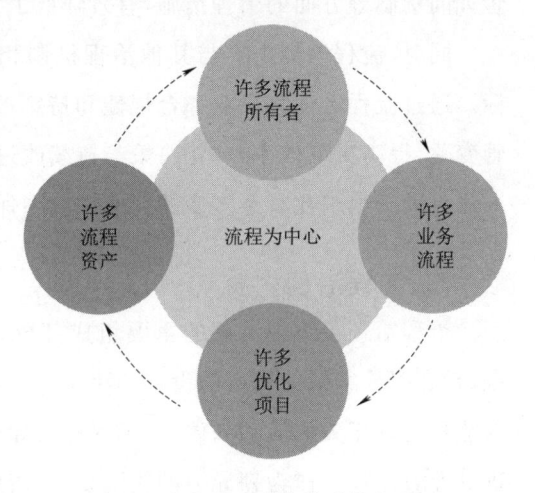

图4-10 流程治理中涉及的方面

(2)许多业务流程:随着企业中流程数量的不断增多,如何管理这些流程及其绩效目标,以及如何协调不同流程绩效之间的相互关联;

(3)许多流程所有者:支撑企业中日益增多的项目经理的技能与知识,以及管理协同的大量不同层级的流程负责人、流程经理等角色的职责、技能和知识，也是一项不容忽视的任务；

（4）许多流程资产：如何提升资产质量和重用价值成为另一大考验，随着流程项目数量的增加，资产的数量和相互依赖性也在不断提升，这导致了复杂性的加剧、流程重用不足以及治理的缺失。

BP Trends协会创始人保罗·哈蒙提出，治理作为组织管理的重要组成部分，涵盖了组织目标、原则及结构的明确，决策机制的界定，以及规范管理者行为的政策和规则制定。

流程管理展现了一个端到端的工作完成视角，打破了传统的组织界限，强调决策和资源分配机制必须与端到端业务流程相协调。在此背景下，流程治理机制应运而生，为组织提供了权威的结构和协作框架，使整个组织能够适当分配资源和有效协调流程管理活动。通过建立透明的问责制度、评审机制和决策流程，组织能够调整激励措施，引导员工行动。流程管理研究显示，流程治理通过提供管理问责制等方面的治理措施，有效降低了大规模流程项目失败的风险。

同时，流程治理需要与其他治理机制相互融合，共同服务于组织的战略目标。通过流程治理解决业务合规性和持续改进问题，组织能够更灵活地应对监管变化，提高决策效率，并将决策与持续改进循环紧密相连。这种综合性的治理方法有助于组织在复杂多变的商业环境中保持竞争优势。

二、流程治理内容

流程治理是组织治理的重要组成部分，它以战略、政策以及建立控制为基础，旨在引导组织优先级的设定和决策过程。其核心在于专注于组织内部所有与流程管理相关的活动和倡议，确保并指导企业具体执行流程管理，从而有效管理其业务流程。作为领导力的关键要素，流程治理的框架可参照COSO提出的IT治理模型，如图4-11为流程治理的框架。

1. 建立流程治理指导方针、方法和标准

组织应制定流程管理指导方针和政策，确保流程管理与业务目标、投资策略和其他相关倡议在战略和战术层面保持一致。这些方针包括流程管理原则、投

资政策、预算政策以及关于项目规划、资金批准和业务流程组合、流程重组、业务流程优先级的政策。

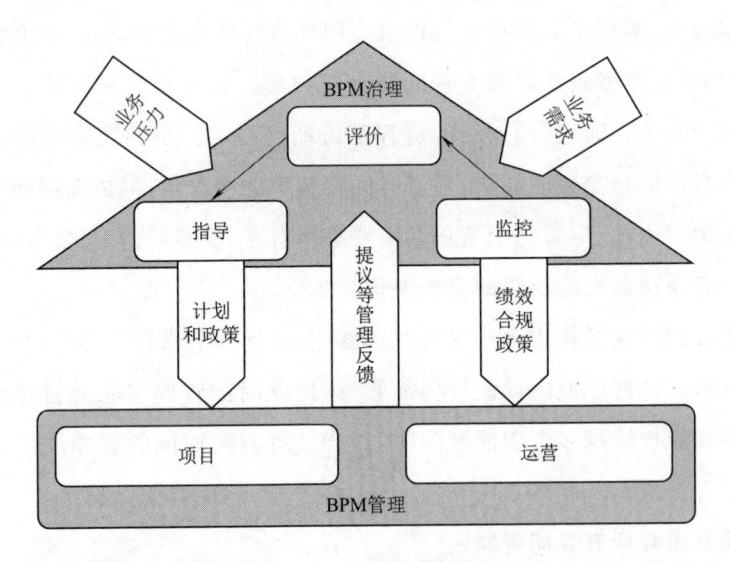

图 4-11 流程治理框架

流程治理支持开发和维护企业级流程管理方法，包括政策、标准、流程、规则、工具、平台和角色定义等。这包括建立流程建模标准、优化方法、绩效监控与度量方法以及问题解决方法等。流程角色的明确界定和职责分配也是核心内容，涉及从业务流程分析师到潜在首席流程官（CPO）的所有相关角色，也包括流程管理指导委员会和流程管理执行委员会的职责定义。这些企业级的流程管理标准、惯例、方法和工具的提供，将作为流程治理组织实施流程控制的标准。

2. 建立流程所有者责任制

建立流程所有者责任制，作为流程治理的核心组成部分，涵盖了明确流程所有者的职责与权限、能力与行为标准，以及相应的任命和变更机制。在组织内部，每条流程都应指派一位负责人，即流程所有者，他们作为业务代表，负责确保流程价值的交付，并配备相应的权力以履行职责。流程所有者肩负重任，从流程启动直至结束，全程对客户负责，且在流程各个环节均承担责任。他们凭借自身的影响力以及温和或坚定的管理手段，致力于流程的协调、执行与优化。

在分配流程所有者时，建议采用自顶向下的方法，即从最高层级的流程或价值链开始指派。这样一来，流程所有者将"拥有"其所属流程下的所有子流程。尽管在实践中，某些子流程可能会设有专门的流程所有者，但这并非必需。无论如何，这都不会改变更高层级流程的所有权归属。当流程的某些环节需要更为严格的管理和监控时，任何层级的流程都可能会指定特定的流程所有者。子流程的所有权可能只是暂时性的，随着时间推移可能会取消，但更高层级的所有权将始终保留。因此，尽管每个流程都需要有所有者，但组织仍力求以尽可能少的流程所有者来覆盖更高层级的流程架构。

在流程的层次结构中逐步深入时，最终会达到一个临界点，即流程受限于单个功能区域。这些职能内部流程仍需管理，但此时的管理与职能管理已难以区分。唯有当流程跨越多个职能部门时，流程所有权与职能管理才展现出实质性的差异。

3. 建立流程所有者问责制

流程问责制本质上意味着流程所有者负责端到端的业务流程设计、执行、协调、监控和改进，旨在实现流程战略、愿景及优异的流程绩效。流程所有者的角色定位是领导者而非单纯的管理者，这一职位并非纸上谈兵。作为流程负责人，他们需要针对当前和预测的流程绩效数据做出及时且恰当的响应；然而，这并不表示一旦流程表现不佳，流程所有者就会面临被解雇的风险。实际上，流程所有者需要深入理解和关注跨职能流程绩效的波动原因，并提出有效的纠正措施。

由于跨职能因素的影响，流程所有者在很大程度上依赖于自身的影响力而非权威来推动工作。他们不应被寄望去影响组织中的"上层"决策，而应专注于对同行或下属施加积极的影响。因此，在高级别的流程中，更需要具备高级管理者身份的流程负责人。这不仅为他们提供了更多施展影响力的机会，也标志着他们拥有足够的权威、能力和资源来胜任这一角色。

相对于关注流程负责人的头衔，如协调员、发起人、经理、管家、监护人、主管、控制者、董事、保管人或所有者等，更应该关注他们在各自职位上的实际作为以及如何对其进行责任追究。因为，明确流程目标以及项目失败或流程绩效不佳的后果,远比职位和头衔本身来得重要。

4. 指导和评估流程管理绩效

随着组织在流程管理方面的不断成熟,流程绩效的衡量标准逐渐凸显出流程集成的重要性。为确保组织能够从始至终获得连贯的流程价值,必须将各种流程有机地结合成一个整体。为了实现这一目标,管理者必须调整其控制的业务范围和权限,以适应业务流程绩效的成功实施。因此,流程治理机制需要确保这种集成的流程绩效目标管理的有效实现。其中,收集流程所需指标,并将其与绩效标准和战略目标紧密相连,被视为流程治理的核心组成部分。

流程绩效的衡量对于组织的运营至关重要。如果缺乏有效的流程绩效衡量机制和对这些衡量的及时反馈,组织将难以对流程进行有效管理。没有商定的流程测量方法,组织就无法准确判断其是否在真正实施流程改进,流程治理的概念也将失去其实际意义。

为确保流程绩效与战略目标之间的直接联系,流程治理中必须建立流程绩效的明确定义标准。这些标准应将流程绩效结果作为流程所有者工作的正式要求,并纳入其考核体系。通过审视流程绩效结果,组织可以将实际流程绩效作为战略对齐因素的一部分进行衡量和评估。这主要涉及以下几个方面:最大化价值流和流程的规模经济,效率收益(包括流程处理时间、成本和吞吐能力),客户满意度或体验,流程项目管理的收益实现和价值管理,以及有效和高效地利用资源(如人力、财务和资产)。

流程管理绩效评估的核心在于评估利益相关者的需求与组织目标的一致性。这包括审查过去的流程管理绩效、规划未来的流程管理方向,以及分析当前和未来的运营模式和环境差距。这项工作通常通过编制和审查绩效报告来开展。

5. 指导和评估流程管理合规

流程合规检查作为流程治理的重要组成部分,旨在根据共同确定的战略方向、法规及目标,对流程执行的合规性进行严密监控。此项工作主要通过合规性审计和合规报告来具体落实。在流程管理合规控制方面,工作涵盖了对流程管理原则的检查,以确保其始终保持高质量和时效性;同时,还对流程执行的合规性进行严格审查,确保各项流程严格遵守企业内部政策和外部监管标准。此外,还包括与流程风险管理和控制相关的其他关键工作。通过这些措施,流程治理能够为企业提供更稳健、更可靠的流程管理支持。

6. 建立流程管理工作沟通汇报机制

为确保流程管理工作的有效推进和目标的顺利实现,公司和各业务单元需定期提供流程绩效数据,并通过专设的平台与治理组织保持紧密沟通。建立流程管理工作沟通汇报机制是实现这一目标的有效途径,具体形式可包括实时仪表盘展示、定期会议或详尽的报告等。

流程管理工作的进展和成果主要通过报告形式进行展示。为此,可以设立各业务单元独立的流程管理工作会议以及公司级别的流程管理工作会议,以便全面审议工作计划、目标、流程绩效和合规性等关键议题。建议这些会议的召开频率与业务工作计划和目标的审查周期保持一致,以确保信息的及时性和相关性。此外,各业务单元的工作报告也是展示流程管理工作绩效成果的重要组成部分。这些报告应遵循统一的文档格式,通过有效的沟通,使更多相关利益方能够了解公司当前流程管理工作的最新进展和显著成果。

流程管理工作成果和报告的内容涵盖多个方面,包括领域关键流程的建设和执行情况、流程需求管理、流程绩效监控结果、流程执行检查合规结果,以及流程项目的执行情况等。这些内容的全面呈现,有助于各方全面把握流程管理工作的全貌,进而为决策提供有力支持。

7. 提供支持和激励,建立流程管理文化环境

流程治理的核心在于全力支持流程所有者。对于新上任的流程负责人,提供必要的培训和指导显得尤为重要。流程管理需要转变思维方式,不应预设流程所有者已完全成熟。组织应清晰明确地授予流程所有者权限,并在实际操作中予以充分支持。任何削弱流程所有者权限的行为都会破坏流程治理的成效。流程管理卓越中心在流程治理中扮演着关键角色,能够为流程所有者提供专业建议、指导以及数据和后勤支持。此外,"流程管理委员会"也是支持流程所有者的重要机构,它使得同层级的流程所有者能够定期聚会,共享经验并解决跨流程问题。

除了对流程所有者的直接支持外,治理内容还需致力于构建流程管理文化环境。这包括将流程变革纳入个人绩效评估体系,为流程专业人员提供发展通道,明确流程变革所需的资格条件,以及建立项目激励奖金和分配机制。例如,将变革项目经历作为晋升的考量因素之一,同时设置如奖杯、金牌和总裁签名等精神激励措施。

为确保流程治理的有效性,以下是一些关键的设计和实施考虑事项:

- 创建并沟通流程治理的明确愿景,确保各方对其达成共识;
- 阐述实施流程治理的紧迫性和重要性,以获得广泛的支持和认同;
- 设计分层的流程框架,至少应完成 L3 或 L2 级别的构建作为初步基础;
- 就衡量每个流程绩效的标准达成一致,确保这些标准具有一致性、客观性和可量化性;
- 为每个绩效指标制定合理的测量方法,并设定当前及未来的绩效目标;
- 确定应对流程绩效不佳的责任人,即分配或任命流程所有者,并确保他们拥有对业务的实际控制权;
- 设计和实施流程绩效报告系统,确保每个流程都有明确的责任人;
- 明确定义并传达流程负责人的角色、权限和职责界限;
- 为流程负责人提供必要的培训、指导以及准确及时的绩效反馈信息;
- 设立流程管理卓越中心或类似机构,以支持流程所有者及所有参与流程工作的人员;
- 组建流程管理委员会或类似组织,为流程所有者提供一个分享经验、交流问题的平台。

三、流程治理结构

流程治理需要一个坚实的治理框架来为其方法提供明确的指导。该治理框架在三个主要层面发挥作用:战略层面、项目层面和日常运营层面。

在战略层面,流程管理指导委员会负责为流程管理举措设定明确的战略方向,并确保其衡量与执行工作得以妥善进行。委员会还负责确保所有活动均在批准的框架和工具下进行协调,同时管理路线图和项目选择,以契合组织的战略目标。

进入项目层面,流程管理执行委员会在项目管理方面发挥关键作用,负责指导和监控项目解决方案的交付工作,并确保这些工作在组织框架内得到有效执行。

在日常运营层面,流程管理卓越中心致力于为组织提供全面的流程管理服务。这包括提供必要的标准,以及执行流程管理的规则和指导方针,从而确保日常运营活动的顺利进行。

流程治理在流程管理环境中发挥了至关重要的作用,为创新和敏捷性提供了足够的空间,同时又通过足够的结构来确保与整体战略保持一致。这种治理方式使得流程管理成为连接战略和运营的关键纽带,为组织实现可持续的高绩效奠定了坚实基础。

为了支持这些治理组织在战略、项目和日常运营层面的工作,建立一系列机制至关重要,包括责任机制、绩效机制、沟通机制和激励机制。这些机制将共同指导、引导和管理流程管理活动,确保其顺利进行。流程治理结构应全面考虑角色分配、职责划分、流程设计以及规则制定等方面,避免陷入官僚机构的境地,从而确保流程治理能够真正为组织带来价值,如图 4-12 为流程与 IT 治理结构图,其中流程治理角色职责见表 4-7。

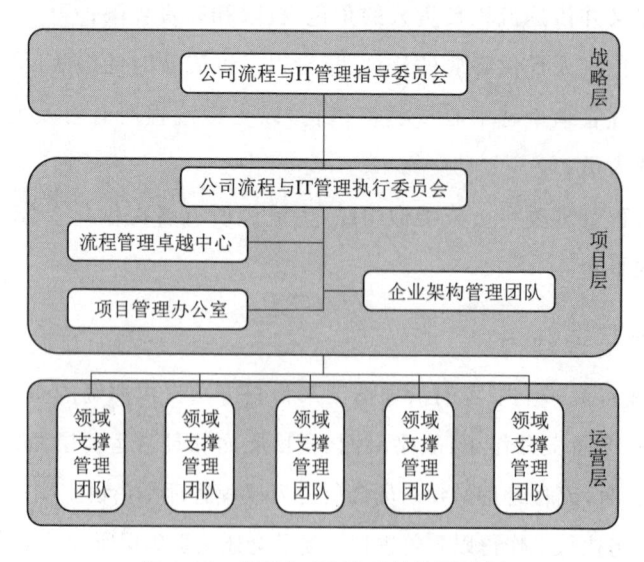

图 4-12 流程与 IT 治理结构图示例

第四章　流程管理设计：战略驱动

表 4-7　流程治理角色职责总结示例

治理角色	相关治理职责
流程管理指导委员会	• 批准流程管理中长期规划； • 评审和决策流程管理投资组合规划； • 审视流程管理中长期规划； • 批准流程管理年度规划； • 关注重大流程管理变革项目的需求和验收； • 批准和审视流程项目资金规划
流程管理执行委员会	• 公司级流程管理战略制定与执行监控； • 流程管理计划和项目评审与决策； • 资源提供与协调； • 跨领域问题解决
流程管理卓越中心	• 开发维护流程管理方法和标准； • 制定治理指导方针； • 合规检查； • 绩效审计； • 提供支持和激励； • 建立流程管理文化环境

四、流程治理流程

1. 建立流程资产管理机制

建立流程资产管理机制旨在解决流程管理过程中不断增多的流程模型、流程文件等问题，也就是解决"许多模型"的挑战。该机制能够确保组织的各类资产，无论有形还是无形，均得到有效核算、部署、维护、升级和合理处置。简而言之，其目标是追踪和利用组织内所有具有价值的资源。

在流程管理的语境下，资产指的是在业务流程中使用或管理的任何资源或元素。流程管理资产涵盖多种组件，包括文档、数据、系统、应用程序、工具以及人力资源。这些资产在流程管理的各个阶段，如流程建模、执行、监控和优化中，都发挥着重要作用。因此，高效管理流程管理资产对于实现流程效率和效果至关重要。

流程资产涉及软件和硬件，内容大致可分为以下三类：

第一类是流程管理信息系统或其相关平台，包括建模工具、分析工具、协作工具等，这些都是支撑流程管理的重要技术基础。

第二类是流程管理的方法,如流程变革、流程优化、流程开发、流程项目管理、流程持续改进以及流程审计等。这些方法为流程管理提供了理论框架和实践指导。

第三类涉及具体的流程模型、流程文件和流程案例或实例。流程模型,如价值链模型、角色模型等,在企业层级制定规范和要求,并在实践中不断复用和迭代。流程文件,无论是结构化的还是文本化的,都作为显性化的资产连接了业务和流程专业人员。此外,流程案例和培训教材也作为流程资产的一部分,因为它们对于流程能力的建设和流程文化的传播至关重要。

流程资产的治理有两个关键方面:一是确立资产的责任制;二是管理资产的生命周期。在责任制方面,需要明确不同角色在流程资产管理中的职责和权限,如模型拥有者、模型管理员、模型维护人员等,并规范他们在模型生命周期中的行为。在生命周期管理方面,包括资产的创建、使用、变更、作废和盘点等流程,这些流程确保了资产从产生到废弃的整个过程都得到有效管理和控制。

确立并管理模型的责任制至关重要。为了明确不同角色在模型管理中的具体职责与权限,可以设定如模型拥有者、模型管理员及模型维护人员等职位,并详尽地界定他们在模型整个生命周期中的各自任务与权限。此外,必须建立一套完整的制度和流程来规范模型的创建、修改、审批及发布等环节,确保所有模型的变更都遵循既定的流程并获得适当的审批,同时详细记录相关的决策和变更历史。

针对流程管理模型资产的管理,应满足以下要求:

- 文档化与版本控制:对生成的模型进行全面文档化,并利用版本控制系统对其进行严格管理,从而确保对模型的每次修改和更新都有迹可循,且能够轻松回溯至任意历史版本;
- 中央化存储与共享:将模型集中存储于中央化的存储库或共享平台,使团队成员能够便捷地访问和共享模型,进而促进团队间的紧密协作和信息高效流通;
- 权限与访问控制:通过设置恰当的权限和访问控制机制,确保仅有授权人员能够访问和修改模型,从而维护模型的安全性和完整性;

第四章 流程管理设计：战略驱动

- 更新与维护：定期对模型进行审查和更新，以确保其始终与实际业务流程保持一致，根据业务需求和变化，对模型进行必要的调整和优化；
- 监控与度量：对模型的性能和效果进行持续监控，并运用合适的度量指标进行评估，有助于及时发现模型中的问题并采取措施加以改进；
- 培训与沟通：为团队成员提供关于如何正确使用和管理生成模型的培训与指导，通过定期沟通和交流确保团队对模型形成统一理解和共识。

遵循以上管理方法，可以有效管理流程管理中生成的模型，确保其在业务流程中的准确性、可靠性和可维护性。

此外，流程管理中的流程文件也是资产管理的重要组成部分。对于流程管理的文件管理，应建立一套完善的制度规范，包括统一的文件命名规范、版本控制、文件存储、文件访问权限以及文件的备份与恢复等。同时，建立清晰的文件夹结构便于高效组织和分类文件。在实践中，企业可以按照流程架构目录来进行文件分类管理，从而将文件的责任人与流程所有者相对应，明确流程所有者需对其权限范围内的流程及流程文件的正确性和有效性负责。

文件的生命周期应涵盖创建、修改、审批、发布、归档、审计和作废等各个阶段，并根据实际需要制定相应的规定、操作方法和流程，确保文件在各个阶段都得到妥善管理和处理。在文件管理中，流程所有者负责文件的发布，审核工作则可以由公司的业务专家和流程专家共同参与。企业可以根据实际业务特点设计流程文件的审计频率或在系统中直接设定流程的有效期限，以确保流程文件的有效性和可维护性，从而提高团队协作效率和工作质量。

2. 建立流程管理运营机制

建立流程管理运营机制的目的在于解决流程管理人员配置和组织运作方面的问题，也就是解决"许多流程所有者"的问题。

流程所有者（PO）作为承担流程管理运营的关键角色，流程管理运营机制正是通过他们的管理得以实施。明确流程所有者的责任机制，成为流程管理责任机制中不可或缺的一环。流程所有者在流程管理中的职责被定位为负业务流程的端到端管理，并对最终的绩效结果承担责任。在业务流程优化的过程中，他们还需扮演流程项目的赞助人角色。与传统的功能性领导职责不同，流程所有者的责任机制需要纳入更为通用的HR管理体系中，这包括明确的责任规定、职责要求和能力标准等。

关于流程所有者(PO)的绩效管理流程，由于其职责的特殊性，他们的绩效要求成为其责任机制中的核心部分。流程所有者需对流程绩效结果负首要责任，并确保持续的流程改进。因此，流程所有者的绩效管理应被纳入其正式的工作计划和目标。这可以是一个集合了流程所有者职责和考核期间内工作重点的绩效计划，其绩效比例可根据业务目标进行调整。此项工作通常与公司的HR部门紧密合作开展。对于流程所有者个人绩效的考核权，可授予其上级流程所有者、部门责任人或是如流程管理卓越中心这样的治理部门。流程所有者个人工作绩效的达成与业务单元流程管理工作目标的实现是相互促进的。

在流程所有者(PO)的工作沟通流程中，其沟通机制与其工作计划和绩效机制紧密相连，主要围绕流程所有者的工作结果和绩效进行沟通。一种被广泛采用的实践是逐层进行流程所有者的沟通汇报，例如，L3流程所有者向L2汇报，L2流程所有者再向L1流程所有者汇报工作。流程所有者的沟通机制涉及两个方面：一是针对流程管理工作的沟通，包括工作计划的进展和目标的达成等；二是针对流程所有者的人事沟通，如PO的任命、变更等。尽管流程所有者的沟通机制可以与流程管理绩效和报告机制相结合进行，但针对人事的沟通通常还是会单独进行。

至于流程所有者(PO)的任命与变更流程，这通常由流程管理执行委员会负责。触发流程所有者任命和变更的条件可以包括岗位异动、流程新建或流程架构刷新等。在流程所有者任命或变更后，流程管理卓越中心需要及时对新任流程所有者进行赋能工作，以确保他们具备履职所需的技能。虽然流程管理委员会负责流程所有者的任命与变更，但在一些流程管理较为成熟的企业中，HR部门的人事任命也会包含流程所有者的相关信息。这种实践使得组织岗位与流程管理角色得到了更为紧密的融合。

3.设计流程项目机制

业务流程的优化和改进是通过流程项目来实现的。当组织中存在大量的流程项目时,流程项目的治理机制就变得至关重要,它主要解决的是"许多项目"的问题。流程项目治理涉及项目的全生命周期,其核心职责包括确认流程项目组合和优先级,以及评审和决策项目的关键里程碑等。

(1)流程项目管理会议

流程项目管理会议是实现流程项目治理的重要手段之一。这些会议针对项目的立项、建设和关闭阶段进行评审,并为项目现状提供指导意见。流程项目管理会议的组织者可以是流程管理卓越中心或类似项目管理职责的 PMO 部门。此类会议与日常的流程管理工作会议不同,后者主要关注日常的工作目标和计划,具有固定的频率,如月度或季度的工作计划和目标审视。而流程项目管理会议则是根据项目计划和进度来安排的。这些会议可分为三类:运作类、评审类和决策类。运作类会议主要解决流程项目的日常运作问题,不仅针对某个项目的具体问题,还可能涉及项目经理的技能提升等;评审类会议则针对项目的不同阶段,如立项阶段、设计阶段等,邀请各类技术团队提供评审意见,这些团队可能包括流程专业团队、架构团队等;决策类会议则是根据项目里程碑来安排的,由项目管理的赞助人和领导小组针对项目的可行性、价值收益、成本等方面做出决策批准,技术团队的评审意见将作为决策的重要参考。

(2)流程项目决策机制

在流程项目的决策机制中,明确性是关键。为了使跨职能和部门的流程改进或管理计划获得成功,流程治理需要设计清晰的决策流程,明确界定和执行一致的流程管理决策流程。这不仅指导与流程管理相关的行动,尤其在预期和意外情况下,也影响资源分配和组织对流程变化的反应能力。决策机制除了明确谁可以做出哪些决定外,决策速度同样重要,因为它直接关系到资源的分配和组织对变化的响应能力。这与 IT 变更管理、业务连续性管理等治理流程密切相关。流程项目的决策评审点需要在项目开发阶段就明确,并在立项评审时获得流程治理团队的批准。

流程项目的决策评审实践中,集体决策是一种常见方式。在决策流程中,需要建立明确的决策规则。例如,投票原则中包括委派代表规则,要求评审成员原则上不允许缺席，特殊情况下必须委派代表参加，并确保受托人的决策权；授权原则允许投票成员授权他人代为参加会议，但被授权人不得再次转授权，且必须代表委托方进行投票；决策生效规则基于少数服从多数的原则，同时考虑到决策的一致性和效率；一票否决规则赋予了治理执行委员会负责人在决策中的关键角色。决策结论通常包括批准项目进入下一阶段、终止项目或重新调整项目方向。为了确保决策的透明性和可追溯性，投票表决的决议需要所有表决成员确认并签字生效，会议纪要应详细记录观点和依据，以备后续回溯和稽核。

(3) 流程项目技术评审

为了支撑这一决策机制，流程项目治理还设计了专业技术评审（TR）机制。这一机制汇集了流程、质量、内控、风险、IT、架构等多个专业领域的专家，根据项目需要邀请不同的技术评审专家参与。技术专家池的建立也是流程治理机制的重要组成部分，它涵盖了公司级和业务单元级的技术专家，确保各类项目都能得到相应专业水平的评审。评审结论根据项目的实际情况分为通过、带风险通过和改进后通过三种类型，每种结论都对应着明确的后续行动计划和责任分配。

下面是一个流程项目的治理运作机制的案例。

流程项目的整个生命周期遵循一系列精心设计的步骤。首先，流程治理负责人员是来自流程管理卓越中心的首席业务架构师及其团队成员。在项目解决方案确定后，他们会安排业务设计审查。在这一阶段，流程所有者将展示流程的设计方案、愿景指标，并提供对流程管理设计方案的商业论证。一旦获得治理领导的初步批准，流程所有者便开始着手实施IT解决方案，并确定项目试点的准备情况。

在IT解决方案的实施期间或完成后，流程治理负责人将对此阶段进行审查。随后，流程治理负责人和流程所有者将共同向治理委员会展示流程愿景、设计、指标及商业论证。获得治理委员会的批准意味着流程所有者已成功实现了开发和集成商业论证阶段的价值。

接下来，流程管理解决方案团队准备将集成的流程正式部署到生产环境中，即所谓的"流程上线"。流程部署完成后，流程治理负责人将持续监控流程的有效性和价值，定期向流程管理卓越中心报告相关情况。

第四章　流程管理设计：战略驱动

在整个项目评审和决策过程中，可能会通过定期举行会议来完成以下主要活动：解决影响流程管理计划的关键技术和业务决策问题，确保遵循最初的指导方针；检查既定关键绩效指标（KPI）的结果，以评估整体流程管理计划的发展方向是否正确；根据实际需要调整最初的愿景、目标、战略、时间计划和指导方针，以适应不断变化的实际情况。

值得注意的是，并不存在广泛适用的单一、标准流程治理结构。不同类型的治理结构正在不断演变中。组织战略、文化和流程成熟度、业务流程外包以及个别领导者的特性等因素都可能导致与任何给定治理框架的重大差异。

在数字时代，流程管理和流程治理必须建立新的关联：一方面，这意味着必须根据组织的实际情况选择和定制流程管理方法和工具；另一方面，组织必须具备同时管理多种流程类型和上下文的能力，这需要通过适当的决策机制、法规遵从性、安全性、变更管理和绩效管理概念来实现。此外，流程数据管理对于充分利用结构化和非结构化数据以及流程和非流程数据至关重要。在数字时代，角色和责任的定义必须特别考虑新的工作协作模式（如机器人或智能工具）以及新的流程参与者的出现。

第四节　流程管理方法

流程管理既是一门学科，也是一项技术。从学科角度来看，它致力于研究如何识别、分析、优化以及监控业务流程，确保这些流程能够随着时间的推移持续产生理想的业务成果。而作为技术，流程管理则负责将人员、流程、数字化工具、数据以及系统高效地连接在一起，旨在提升工作效率、效果及准确性，进而实现卓越的业绩、降低成本并提升客户满意度。

尽管信息技术和智能自动化技术为流程改进提供了有力支持，但单纯的技术应用并不足以实现流程的优化。因此，流程管理的实施方法始终强调从深入的业务分析和设计出发。流程管理的实施被视作一个闭环的生命周期过程，通常包含问题发现、流程分析、流程设计、流程实施以及流程改进这五个关键阶段。这一过程始于对当前流程和结果的全面评估,即业务规划和分析,为后续的流程实施提供了明确的指引。

接下来,将介绍几种经典的流程管理生命周期实施方法。这些方法虽然在具体阶段的选取上存在差异,但核心都遵循着以目标为导向的业务改进生命周期循环。这种循环确保了流程管理的实施始终聚焦实现业务目标,并在不断优化和改进中推动组织向前发展。

一、流程管理生命周期

流程管理生命周期是一种经典的流程管理实施方法,该方法由德国希尔教授提出,包括战略阶段、设计阶段、建模阶段、实施阶段、控制阶段和优化阶段。这一方法为企业提供了全面的流程管理指导。

1. 第一阶段:业务流程战略阶段

业务流程战略阶段构成了流程管理的基础。只有那些定义并定期修改目标的组织才能朝着目标不断努力,并在市场上取得成功。核心业务流程使组织解决方案能够以最佳方式支持所选战略。此阶段需要回答的问题如下:

- 不同的业务部门对实现整体战略有多重要?
- 实现的业务目标的关键成功因素是什么?
- 组织的哪些成员是实现业务目标的关键?
- 哪些流程领域和哪些流程与业务目标相关,哪些是相关流程关键绩效指标?
- 为了实现业务目标,需要哪些活动?
- 公司的高阶流程结构、组织结构和IT结构是什么?
- 组织的总体流程管理战略是什么?

2. 第二阶段:业务流程设计阶段

这个阶段的主要目标是了解业务流程现状是如何运作的,以及期望的未来结果。深入了解业务流程是确定瓶颈和改进领域的第一个重要步骤。收集信息是这一阶段的关键。从流程开始到结束,应该确定每个活动的职责、系统集成和背后的业务规则。业务流程设计阶段的主要目标是使公司流程与市场需求保持一致。设计阶段的功能是提高当前"现状"流程的透明度,分析流程并通过创建更高效、更高质量的"未来"流程对其进行优化。此阶段需要回答的问题如下:

- 相关业务问题中涉及的主要流程及关系是什么?
- 这些"现状"流程是什么?包括相关角色、数据和IT系统?
- 资源需求和端到端处理时间是多少?
- 与资源相关的流程时间是多少?
- 流程的成本是多少?
- 流程显示出哪些弱点,如何克服它们?
- 如何在高水平和细节上重组流程?这意味着什么?
- 为了成功优化流程,必须实施哪些更改?
- 新设计的"未来"流程是什么样子的?
- 哪些流程可以使用新技术进行优化?
- 哪些流程需要高灵活性,我们需要在哪里为现有软件系统提供服务?
- 如何通过满足各个业务部门需求的IT系统确保基于流程的无中断支持?

3. 第三阶段:流程建模阶段

一旦确定并理解了流程,就需要以一种所有人都能理解的方式将其表示出来,这就是流程建模。在这个阶段,绘制出目前所做的事情:所谓的"现状"流程版本。对流程建模将发现可以改进的效率和瓶颈,这会带来第二个版本的模型,称为"未来"流程版本。实际工作中,可以从一开始就对未来流程进行建模,也可以根据"现状"流程的监控设计"未来"版本。无论建模需要多少步骤,能够直接比较两个模型对于向其他利益相关者传达新的改进并达成一致意见至关重要。在为业务流程建模时,依靠标准确实可以带来不同。采用通用或者公司标准,使流程可读并易于理解。

4. 第四阶段:业务流程实施阶段

流程管理不会以对业务流程建模而结束。业务流程实施阶段的重点是日常流程本身的转换、员工角色和职责的相关变化,以及以最小的信息损失将业务流程和业务需求无损映射到信息应用软件中。组织必须首先关注要实现的业务流程，然后才关注实际实现和IT系统。支持、实施和改进公司流程的信息技术正变得越来越重要。IT部门正越来越多地承担起通过实施不断发展的IT技术，为业务流程创新者提供支持。除了与IT相关的实施之外，还需要制订和执行沟通和培训计划，必须将这些变化告知流程参与者，以支持受到新流程和组织变革影响的员工。此阶段需要回答的问题如下：

- 谁会受到流程变化和组织变化的影响？
- 组织内哪些角色和职责将发生变化？
- 如何实现"未来"流程中定义的自动化要求？
- 在哪里可以使用标准软件提供的组件和功能？
- 哪些业务活动需要定制开发工作？
- 创建了哪些新的员工任务，用户需要针对哪些新的IT功能进行培训？
- 如何处理沟通和培训过程？
- 应如何沟通流程变更和角色变更，以及应使用哪些工具？

5. 第五阶段：业务流程控制阶段

如果无法测量，则无法管理。业务流程控制阶段可以将定性和定量测量与目标进行比较，从而揭示具有改进潜力和更高生产率的流程。业务流程控制阶段涉及测量业务流程的效率，以及实施内部控制系统以监控对法规的遵守情况。流程控制的基本目标是确保已实施的业务流程正在按照设计阶段的定义运行，并且所有流程控制步骤都已到位并正常工作。此外，还需要确保根据关键性能指标定义的目标来衡量和分析流程效率，以确定做出关闭流程管理优化循环的更改机会。这种改进潜力可以根据实际数据进行分析，例如，流程吞吐量时间、返工频率、流程效率等。此阶段需要回答的问题如下：

- 流程绩效是否符合计划？我们如何改进它们？
- 流程运行的差异在哪里？为什么流程运行不同？
- 转换后的应用程序和系统的性能如何？是否满足服务级别协议？
- 定义的角色和职责是否按照定义工作？
- 流程改进和反馈周期是否启动并运行？

第四章 流程管理设计：战略驱动

- 流程是否符合定义的框架？
- 如何持续改进和管理流程，并快速响应所需的更改？
- 瓶颈是否得到解决，延迟和错误是否得到调整？
- 所有资源是否顺利高效地工作？

6. 第六阶段：业务流程优化阶段

从监控阶段获得的信息可以判断"未来"流程是否真的能产生预期的结果。在流程管理生命周期的最后一步，优化流程以找到进一步改进的方法，并使组织更有效地工作。如上所述，流程从定义上讲是重复的，即使是小改进的持续实施也会真正影响整体性能。在优化阶段，会看到全局及分析结果，并建议对流程进行进一步的更改。为了使流程管理生命周期真正成功，需要以持续改进的心态来处理它。不能在优化阶段后停止，需要重新开始，以确保业务流程的持续改进。

针对如上的流程管理实施，流程管理方法如图 4-13 所示，包括流程规划、流程设计、流程优化、流程控制及流程管理能力。

流程规划	流程设计
- 流程变革规划 - 流程架构管理 - 流程需求管理 - 流程版本管理 - 关键流程优先级识别	- 流程建模 - 流程开发 - 流程分析 - 流程设计 - 流程试点 - 流程推行 - 流程项目管理 - 流程文件管理
流程优化	流程控制
- 流程问题 - 流程优化 - 流程变革	- 流程绩效监控 - 流程合规性 - 流程审计 - 流程执行质量测评 - 流程成熟度评估
流程管理能力	
- 流程培训 - 流程认证 - 流程所有者	- 流程执行人员 - 流程文化 - 流程工具

图 4-13 流程管理生命周期涉及的方法

二、流程变革生命周期

流程变革生命周期是业务流程管理专业协会(ABPMP)提出的流程管理实施方法,包括了战略和目标的对齐阶段、架构变更阶段、开发举措阶段、实施变更阶段和测量成功阶段,如图 4-14 所示。这个方法融合了变革管理、企业架构和流程改进的思想。

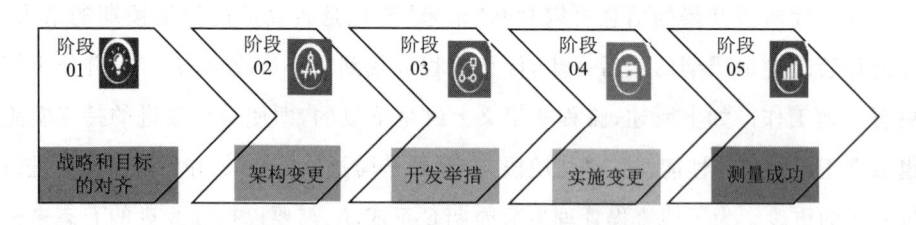

图 4-14 来自业务流程管理专业协会的流程管理实施方法

1. 第一阶段:战略和目标的对齐

此阶段的重点是使流程与战略目标保持一致。流程管理生命周期从组织制定的流程战略和计划开始。该阶段从理解组织战略和目标开始,旨在确保为客户提供引人注目的价值主张。该流程管理战略和计划为持续以客户为中心的流程管理提供了方向,也为整体流程管理方法奠定了基础,以确保流程管理与组织战略目标保持一致,实现了跨功能边界的战略、人员、流程和系统集成。这一阶段的关键是识别战略目标、识别客户目标,确定重点流程,将重点流程目标与组织和客户的目标关联并相一致。

2. 第二阶段:架构变更

此阶段包括流程分析、流程设计、评估差距与验证业务流程优化方案,以及决定流程变更实施的优先级。在预期目标和目的的背景下识别当前主要的跨职能组织流程,不仅分析现状流程的问题,还需要分析流程绩效。

在流程设计过程中,包括流程设计、绩效设计和 IT 设计,需要关注新角色如何为客户提供价值,比较现状流程和未来流程的差异,验证或者仿真未来流程设计方案是否可以满足业务目标。对于大型的流程变革,该阶段需要从企业架构的要素开展分析和设计,不仅包括流程的分析和设计,还需要包括数据、系统和技术的现状分析和未来设计。另外,此阶段可以吸收来自战略计划、流程模型、绩效衡量、环境变化和其他因素的信息,以便充分了解要在组织中实施的业务流程优先级。

3. 第三阶段:开发举措

此阶段主要是制订举措计划,包括变革集成计划和涵盖流程、IT、人员的各类子计划。主要的计划类型有:整合的项目集成计划,关注业务的流程变更培训计划,关注人的变革管理计划,关注技术的 IT 上线和变更计划,以及收益实现计划。其中,项目集成计划需要将其他子计划融在一起制订,关注项目的成果物输出;收益实现计划需要满足变革的组织和业务目标,关注业务价值的输出,并为后期流程变革绩效持续运营提供基准。

4. 第四阶段:实施变更

按照三阶段制定的计划实施项目。这一阶段需要为每个任务和活动制定一个结构化的项目实施时间表,包括流 IT 上线、流程适配、风险合规、目标运营等内容,每个阶段都有依赖项和前置项,并由项目发起人和项目经理协调和管理。该阶段不仅包括流程和 IT 的上线实施,也包括两者稳定实施的推广阶段。

5. 第五阶段:测量成功

该阶段根据原始的预计收益进行衡量及后期运营,包括对业务流程和技术的持续测量和监控。同时,这个阶段还为组织实现了永久性的企业级流程管理和治理模型。因为所有业务流程、变更管理、利益实现和技术计划都存储在流程文档存储库中。该阶段主要工作包括监控收益实现计划,监控流程绩效,实施流程文档版本控制及持续改进。一旦总体计划收益达到组织预期,项目结束,成果交予流程所有者接管。

聚焦于流程变革和改进,流程管理方法总结如图 4-15 所示,包括流程项目规划、流程项目执行、流程资产管理、流程资产应用。

另外,APQC 也可给出了流程管理方法如图 4-16 所示,流程组包括:建立和维护流程治理、定义和管理流程框架、定义流程,管理流程绩效和改进流程。

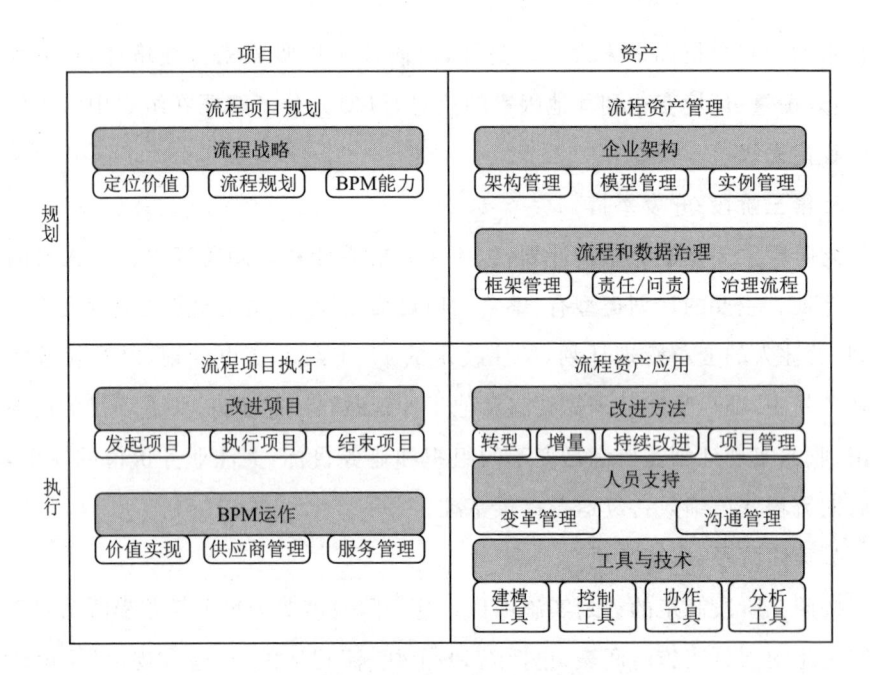

图 4-15 流程变革和改进管理方法

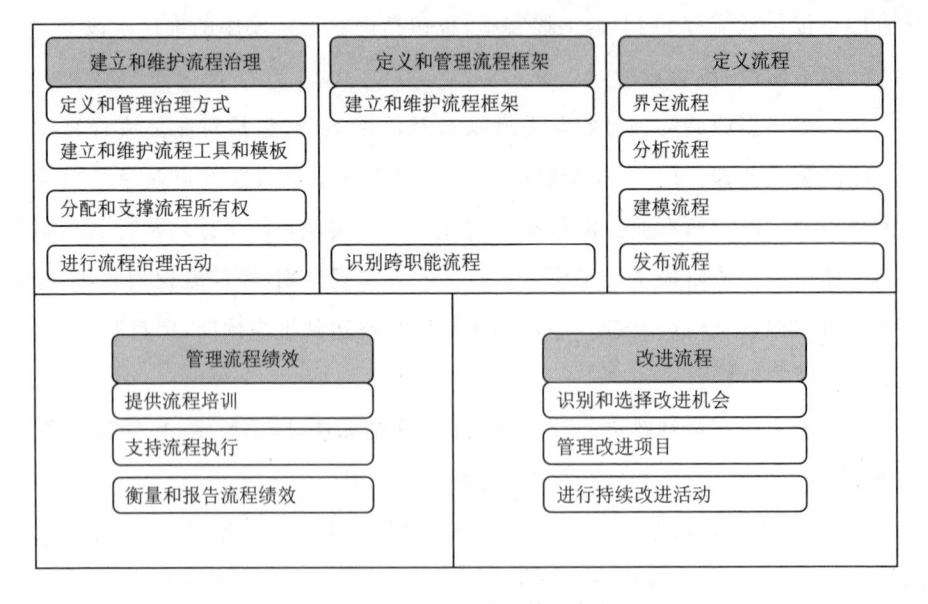

图 4-16 APQC 流程管理方法

第五节　流程管理技术

任何提倡流程管理方法的个人或者组织,都应该考虑等式的所有部分:流程管理＝组织＋人员＋信息技术。其中,信息技术作为实现流程管理方法的关键支柱,扮演着不可或缺的角色。流程管理的实施与运行依赖于高效的信息技术支持,包括软件、硬件以及信息系统的全方位启用与配合。这种技术支持贯穿流程管理的整个生命周期,确保其顺畅运作。

在流程管理的技术能力方面,不仅要求具备专门针对流程管理的技术和工具,还需要兼容并蓄各类支持业务流程执行的信息系统。随着技术的不断发展,市场上涌现出众多"有代码"和"无代码"的工具平台,这些平台为业务流程的持续改进和大规模敏捷转型提供了强有力的支撑。

流程管理大师罗斯曼在数字时代背景下对流程管理应具备的技术能力提出了独到见解。他认为,流程设计应具备多目标适应性,如客户导向、风险意识及灵活性等,并能实现个性化流程的规模化定制。他同时也提到,在数字化时代,流程上下文管理和流程治理的重要性日益凸显,流程上下文管理已逐渐成为一种基础能力。同时,流程数据分析与流程管理平台的集成也显得尤为关键。

此外,流程执行必须能够支持业务流程的动态重新设计,以及应对新兴流程和缺乏流程模型的场景。流程改进方面,应兼容敏捷模式,允许直观、迅速地重新设计业务流程,并能基于性能数据和客户反馈进行快速的数据评估。作为流程执行的重要体现,流程自动化必须能够处理非结构化任务,并通过利用认知自动化、社交机器人和智能设备等数字技术,实现新形式的人机交互,从而提升业务流程的效率和灵活性。

一、技术需求

流程管理技术的实施涵盖整个生命周期管理,技术的选择取决于组织的具体需求、技术能力以及所期望的自动化水平。以下是流程管理技术实施所涉及的关键方面:

(1)业务流程设计与建模:此环节包含多种类型的建模,例如,利用组织建模工具来分析企业战略、竞争对手、客户需求以及流程改进所面临的威胁和机遇;使用流程建模工具协助业务团队分析、建模和重新设计业务流程;支持特定类型框架的业务流程建模工具,如供应链委员会供应链运营参考框架。

(2)业务流程自动化执行:通过类似打包的ERP应用程序等软件应用程序,实现业务流程的自动化执行。这些应用程序包括企业资源规划、客户关系管理以及其他打包应用程序,能够有效推动业务流程的顺畅运作。

(3)业务流程监控与分析:创建测量系统,负责管理或实施新业务流程,并提供业务流程的实时绩效数据和相关信息。这一功能还包含预警机制,甚至能够展示战略目标、业务目标和流程目标之间的关联关系,为决策者提供全面、准确的数据支持。

(4)业务流程决策管理:协助业务团队明确定义决策,并将决策信息与业务流程分析和持续改进相关联。在系统中,决策信息和规则可以实现结构化关联,提高决策效率和准确性。

(5)业务流程持续改进:识别流程中的瓶颈、效率低下以及需要改进的领域,并提出改进方法以获得更好的结果。这一环节类似于业务教练的角色,持续推动业务流程的优化和提升。

二、流程管理系统

业务流程管理软件(BPMS),亦称流程管理系统或套件,是一种专为复杂业务流程设计的软件平台,具备建模、自动化、监控和优化功能。这类软件通常需要借助编码或脚本来创建符合特定需求的工作流。其核心在于为组织提供一套全面的工具,以数字化方式简化运营流程,进而提升效率和有效性。

BPMS的核心组件和功能包括以下内容:

(1)流程建模:此功能允许企业以直观的方式绘制其业务流程,类似于绘制路线图。通过设计流程的模块、逻辑、规则和执行角色,企业能够清晰地理解各项任务和活动是如何相互连接和流动的。BPMN建模便是其中的典型应用。

(2)流程自动化:在流程设计完成后,系统能够自动执行重复性的、基于规则的任务,从而大幅减少手动操作和人为错误的风险。这就像有个可靠的机器人在处理日常琐事一样高效。

(3)流程引擎:作为驱动流程运行的核心组件,流程引擎负责维护流程数据、管理流程状态以及实现流程的事务管理。对于分布式流程,它还能与其他流程引擎进行交互和协调,确保任务流能够自动化完成,同时支持管理员工和系统之间的任务、信息和审批流,使得工作能够顺畅地从一个环节转移到下一个环节。

(4)规则引擎:这是一种嵌入应用程序的组件,它将业务决策从应用程序代码中分离出来,并使用预定义的语义模块编写业务决策。规则引擎接受数据输入,解释业务规则,并根据这些规则做出决策,从而确保流程的一致性和合规性。更重要的是,业务规则引擎还允许最终用户自行更改业务规则,无须依赖程序员。

(5)流程监控:此模块负责对流程相关实例的执行过程进行全面监控,并通过实时仪表盘展示监控结果。它能够提供实时的流程数据和见解,帮助企业了解业务运行情况以及可能需要调整的流程环节。

(6)企业应用集成:BPMS还具备与组织内其他软件和系统连接的能力,以促进协作和数据交换。这种集成功能就像一个翻译器,使得不同的系统能够顺畅地进行通信和协作。

三、智能流程管理系统

随着科技的持续进步,业务流程管理软件的范围也在不断扩大。其中,智能流程管理系统(iBPMS)这一概念由Gartner公司首次提出,标志着行业的新发展方向。iBPMS产品不仅囊括了传统BPMS技术的所有核心功能,更融合了多项数字化技术,如移动流程管理、社交流程管理、基于云的流程管理、流程挖掘和机器人过程自动化(RPA)等。此外,它还集成了大数据、人工智能、物联网和区块链等尖端技术,以实现更高级别的分析应用,并配备了先进的社会协作功能。目前,众多流程管理供应商纷纷采用iBPMS,以突显其技术的先进性,具体内容如下:

(1)大数据技术:在大数据领域,利用复杂的技术和工具对数据进行自主查看，能够发掘更深层次的业务洞察、做出精准预测或生成有价值建议。大数据分析摒弃了随机抽样调查的方法，而是对全体数据进行处理。IBM 提出的大数据 5V 特点，即大量、高速、多样、低价值密度和真实性，为大数据的应用提供了指导。

（2）人工智能：人工智能是一门研究、开发能够模拟、延伸和扩展人类智能的新技术科学。它致力于创造一种能以类似人类智能的方式作出反应的智能机器。该领域的研究涵盖了机器人技术、语言识别、图像识别、自然语言处理和专家系统等。

（3）物联网：物联网通过信息传感设备，按照约定的协议，将任何物体与网络相连接。物体通过信息传播媒介进行信息交换和通信，从而实现智能化识别、定位、跟踪、监管等功能。

（4）区块链：区块链技术的智能合约功能基于可信且不可篡改的数据。它可以自动执行一些预先定义好的规则和条款，例如商务合同的执行，从而提高了透明度和信任度。

（5）流程挖掘：流程挖掘是一种基于事件日志的业务流程分析技术。它能够发现、展示和分析业务流程执行过程中的问题，根据实际数据对现有流程进行深入剖析，揭示瓶颈、效率低下和改进机会。

目前市场上流程挖掘工具以欧洲公司为主，其中 Celonis 提供的企业级流程挖掘平台尤为著名。相比之下，国内流程挖掘产业化起步较晚，但已有企业基于现有产品进行布局扩展，如杰成科技公司实现了从流程建模工具 EPROS 到流程挖掘工具 XPROS 的联动升级。

（6）数字流程自动化：数字流程自动化结合了流程管理、机器人流程自动化和其他自动化技术，创建了端到端的数字工作流。这种技术通常包含决策逻辑和与各种系统的集成，实现了流程的自动化和智能化。

（7）案例管理：案例管理专注于处理非结构化、知识密集型的流程。每个案例都可能遵循独特的路径，并能够对规则进行例外处理。这种灵活性使得在处理特殊工作负载时能够更快地实现智能决策。案例管理在医疗保健和法律等行业具有特别的应用价值。

(8)基于云的流程管理:基于云的流程管理将所有 BPMS 功能迁移到基于 Web 服务的平台上。这种托管在云中的流程管理提供了可扩展性、可访问性和协作功能,允许团队远程处理流程,从而提高了工作效率和灵活性。

(9)移动流程管理:移动流程管理通过移动设备提供流程访问和管理功能,满足了日益增长的移动执行需求。这种技术允许现场工作的技术人员通过访问专门的应用程序获得更完整的数据、更快的处理速度和减少冗余操作。

(10)社交流程管理:社交流程管理结合了社交协作功能,促进了流程参与者之间的沟通和协作。例如与微信应用程序的集成,使得组织能够倾听社交网络的聊天内容并作出响应。社交流程管理具有双刃剑效应,因为它既可以提供对产品或服务的正面反馈,也可能带来负面影响,迫使组织及时作出回应。

(11)自适应案例管理(ACM):与案例管理类似,但更强调适应和响应不断变化的条件的能力。它为复杂、动态的流程提供了灵活性,使得组织能够迅速应对市场变化和客户需求。

(12)低代码/无代码技术(LCNC):低代码/无代码技术的出现进一步降低了业务流程开发的难度。低代码平台提供了可视化界面和预构建组件,减少了对大量编码的需求。这种技术迎合了具有不同技术技能的用户,加快了流程开发的速度。无代码平台为几乎没有编码知识的用户设计了图形界面,使他们能够轻松地设计和自动化流程。

流程管理越来越多地使用低代码/无代码技术,这意味着企业不再完全依赖专业编码人员来优化业务流程。业务分析师甚至业务用户都可以与开发人员一起建模新的业务流程,从而提高了业务的响应速度和创新能力。

(13)机器人流程自动化(RPA):机器人流程自动化是一种基于软件机器人的业务流程自动化技术。它能够执行重复性的任务,与流程管理系统集成以简化流程。虽然 RPA 最初主要适用于自动化离散任务而不是复杂的业务流程,但随着软件技术的不断发展,这一局限性正在逐渐减小。

现在,RPA 已经能够处理更复杂的任务,并与流程管理系统更紧密地集成在一起,为企业提供更高效、更灵活的自动化解决方案。

如图 4-17 为某公司流程体系框架。

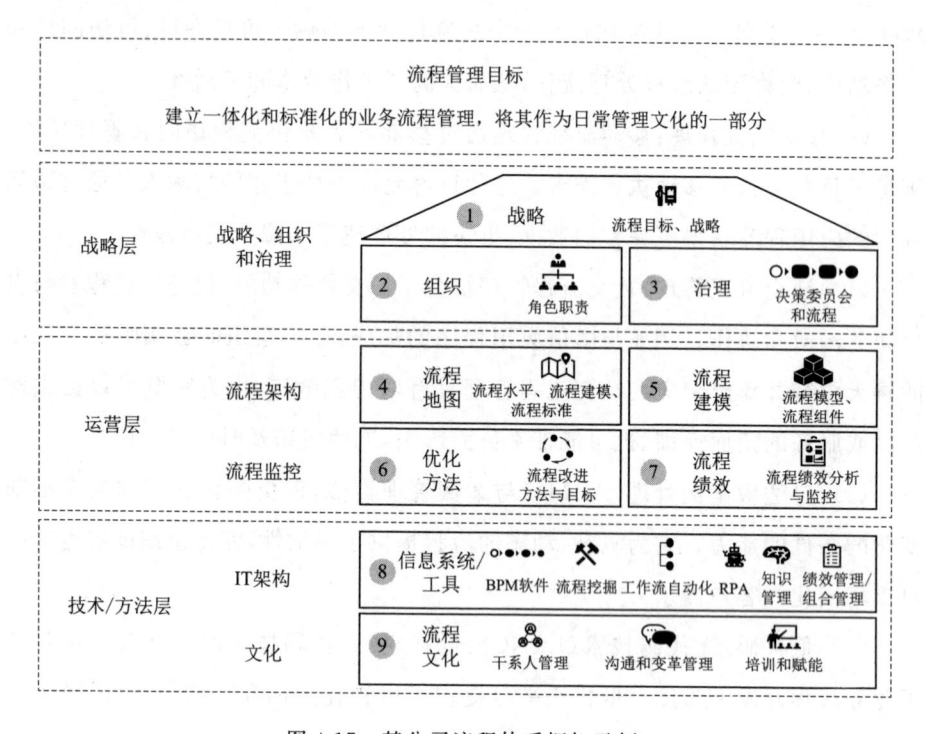

图 4-17 某公司流程体系框架示例

第五章

流程管理转型：变革管理

正如前文所述，流程管理的引入不仅涉及组织战略、架构和职责的重新规划，还意味着新方法、新工具和新技术的采纳与应用。因此，流程管理的导入过程应当被视为一场组织变革来加以对待。这一变革对组织原有的运营模式提出了新的要求，需要组织在各个方面进行相应的调整和改进。

在流程管理方法被引入组织的背景下，实际上构成了一种双重的变革：一方面是运营管理模式的变革，通过引入流程管理机制和方法来实现；另一方面是业务本身的变革，通过业务流程优化与项目管理相结合的方式来推动。这两种变革相互作用、相互支撑，共同推动着组织向更高效、更灵活的方向发展。通过运营管理模式的变革，组织能够提升自身的适应能力和响应速度；而通过业务流程的优化和变革，组织能够直接提升业务绩效，实现更好的市场表现和客户满意度。

第一节 变革方法

一、个人变革

变革管理的根本宗旨在于引导员工积极参与并鼓励他们采纳新的工作方式，以此获得变革的成效及成果。无论变革涉及的是流程、系统、工作角色、组织结构抑或这些因素的综合调整，其成功的关键在于员工能够改变日常行为并开始运用新的工作方法,这一点体现了变革管理的精髓所在。

变革的核心在于人的转变。虽然变革亦关涉流程、组织与技术的改革,但这些元素脱离人力无法独立运行。任何变革都会对个人和组织造成适应性困难和不确定性,有可能暂时降低工作效率。在变革管理过程中,伊丽莎白·库勒·罗斯的研究生动阐释了人们在应对组织变革与转型时所经历的情感、心理及行为变化,并以个人变革曲线加以形象描述。个人变革曲线的走向和深度存在显著差异,既可能是短期的轻微波动,也可能是持续几个月的剧烈震荡,其间甚至会出现被称作"绝望谷"的现象。如果不能从变革管理的视角出发正确应对"绝望谷",组织将难以摆脱变革的低潮,此时组织可能会经历损失,导致实际成果远低于预期效益。由此可见,缺乏有效的变革管理手段将导致变革效果欠佳。变革管理能够带来诸多收益,包括使组织对"绝望谷"有所准备,并提供积极的响应与应对策略。在此基础上,变革管理权威约翰·科特提出了著名的变革八步法,为商业领域中的变革和转型提供了宝贵的指导,具体如下:

(1)建立紧迫感;

(2)组建强大的指导联盟;

(3)创造愿景;

(4)传达愿景;

(5)授权他人根据愿景采取行动;

(6)计划并创造短期盈利;

(7)巩固改进并产生更多变化;

(8)使新方法制度化。

二、流程管理中的变革

在流程管理的实施过程中,尽管流程设计、流程建模、流程实施和该领域中的所有其他因素都不应被忽视,但变革方法应用的缺失和失败是直观的事实,即业务流程变革成功实施的主要障碍是经常采用糟糕的变革管理方法。因此,深入分析和理解变革对组织造成的影响应当是流程持续改进的关键组成部分。

在流程项目中识别流程并绘制流程图,然后发布,并不能实现变革。它可以

第五章　流程管理转型：变革管理

实现标准化，也可以实现整合，但不能实现变革。正如迈克尔·哈默在1993年所指出的，初步构想容易提出，难点却在于实现执行。若流程工作中的参与者不能成为变革的演进的一部分，那么流程管理的变革势必无法取得成功。

　　推行流程管理时，需要仔细考虑每个业务领域和团队的变革驱动因素，受影响的组织能力，以及那些跨职能的端到端业务流程对变革的反应。同时，还需明确各种流程变化对相关其他流程和业务职能的影响。如保罗·哈蒙所论述，流程管理与变革管理紧密相连。组织若能妥善处理变革并将之融入流程管理工作，其流程管理成功的概率将远高于其他组织。仅凭意愿和动机是不足的，因为即便面临生死存亡的挑战，变革的能力也是难以捉摸的。尽管组织明白需要做出哪些改变，但往往不清楚应如何着手执行。

　　为了避免在变革过程中进入"绝望谷"，制定一个有效的变革路线图至关重要。将这一路线图纳入流程管理生命周期以及流程管理卓越中心的变革和问题管理，对于提升变革成功率具有极其重要的作用。此外，对运营变革与流程变革进行区分是必要的。虽然它们相互补充，但两者各自追求不同的目标。

三、运营变革与流程变革

　　运营变革管理着重于从传统的功能式管理转变为以业务流程为中心的管理模式。这涵盖了将流程管理愿景、战略、项目组合以及流程责任等管理元素的综合应用，是一种影响组织运营模式的全面变革。这种变革通常涵盖公司整体，并通过流程管理卓越中心及相关委员会实施，目的是确保组织以整体的方式为客户创造价值。

　　流程变革关注与变革管理相关的特定活动、程序和流程集合。尽管由流程管理卓越中心支持，但此类变革更具有战术性和操作性，专注于特定的变革项目。例如，流程变革可能旨在响应客户需求的持续变化，目的是优化业务流程的价值最大化并减少事故、中断和返工。

　　不管是流程性组织变革还是流程项目变革，如非极小规模且孤立的项目，都必然面临文化变革的考验，特别是在涉及人员层面时尤为明显。然而，组织中的成员不应将文化作为阻碍变革的借口，错认为现有的工作方式或惯例就是不可改变的定律。文化的停滞不前往往反映了组织、流程、结构或人员管理系统(含领导层)中某些环节的失效:角色定义可能模糊或绩效衡量标准设定失当,可能存在管理报告结构的缺陷、技能或能力的不足、领导风格的不当,或外部环境施加的压力未能得到适当反馈,导致整体结构和管理体系的不协调。这些问题往往是文化挑战的深层原因,而表面上呈现的文化问题只是根源问题的一个结果。在流程管理变革中,不应忽视项目原定目标的重要性,必要的文化变革应当作为支持这些目标实现的基本要求,是成功实施项目的关键因素之一。

四、流程变革管理框架

虽然变革管理永不应僵化,但拥有一套既定方法会为变革管理提供一定的框架和策略,有助于企业更有信心地获得员工的支持并成功推行变革。根据经典的变革管理理论,变革管理过程通常包含"解冻""实施变革"和"重新冰冻"三个阶段,据此,推荐的流程型组织变革的实施步骤如图 5-1 所示,具体步骤内容如下:

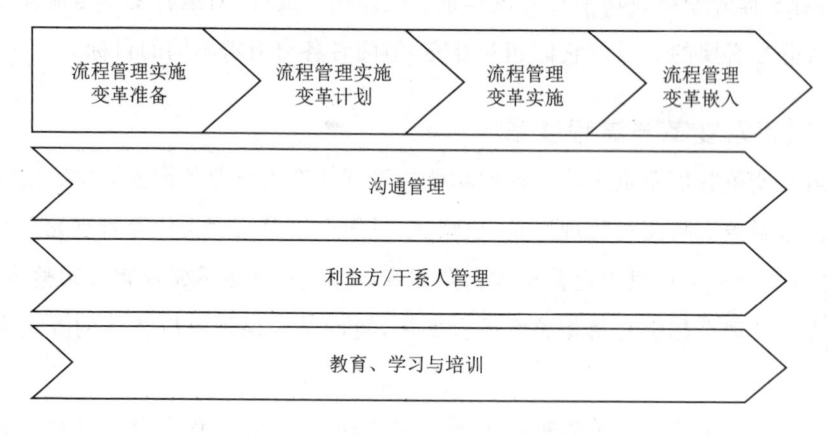

图 5-1 流程型组织变革的实施步骤

(1)流程管理实施变革准备:明确变革的愿景,发展支持变革的赞助人,组建变革团队并开展变革准确和影响及风险评估;

(2)流程管理实施变革计划:设定变革目标和成功的衡量标准,界定变革的影响范围,制定具体执行方法并计划如何应对潜在阻力;

(3)流程管理变革实施:保证项目的顺利交付,进行项目治理,积极管理阻力并建立起有效的变革代理网络；

（4）流程管理变革嵌入：复核绩效表现，制定持续性维护措施，将项目成果的所有权转移至业务本身并在组织内部巩固这些新制度和流程；

（5）沟通管理：有效沟通和参与是所有成功变革举措的核心，即便有周密的执行计划，最终也是受变革影响的个体必须准备接纳新的变革，沟通管理需要包含制定沟通策略和计划，明确沟通内容和频道，并且评估沟通成效；

（6）利益方/干系人管理：确保利益方/干系人的积极参与是整个变革过程的关键，管理者通过了解并优先考虑干系人的需求以及予以动员，从而获得并维持变革所需的动力，包括制定干系人管理策略，识别、分类和维护干系人关系，进行干系人沟通计划的实施与评估；

（7）教育、学习与培训：变革与学习是不可分割的，如同组织管理大师沙因所言，从"有计划的变革"理念演变为"有管理的学习"。变革管理者无须是培训与发展的专家，但在很多情况下需要与培训专业人员协作，利用他们的专长、经验和资源，这一步骤涉及识别学习需求，计划培训发展方案，制定培训内容以及执行培训或学习管理，并进行效果评估。

第二节 变革影响度评估与准备

一、变革阻力管理

成功的变革举措需获得受变革影响人员的承诺与动力。除非赢得他们的支持，否则他们可能缺乏参与变革所需要的积极性，从而使变革面临挑战。可以肯定的是，每个人对变革的反应都是独特的。这种反应可能介于全心全意接受变革和全身心抵抗变革之间。因此，管理个人变革成功的关键是：了解准备实施的变革如何影响人们的动机。

贝克哈德和哈里斯制定的变革公式被广泛用于评估个人变革的成功概率。

该公式阐述了加强个人对当前状况的不满、提升对于愿景的期待，以及减轻变革的成本和阻力，均可提升个人变革的成功率。变革的可能性增加的前提是，变革预期带来的收益必须超越其引发的阻力。因此，阻力管理是变革管理不可或缺的一部分。

阻力在变革中的存在既是常态也是预期之中的现象。重要的不是会遇到阻力，而是应该如何应对和管理这些阻力。探讨阻力是否可以完全消除，或至少能否减少一半，是变革过程中的一个关键议题。为此，支持受变革影响的员工和群体，采取措施减少阻力对组织和变革目标的不利影响，显得尤为重要。

1. 阻力表现

当前状态具有维持惯性的巨大力量，不确定性及对未知恐惧的存在往往会成为变革进程的阻碍，引发抵抗。事实上，变革本身能够激发焦虑和恐惧，这些生理和情绪上的反应足以形成对变革的阻力。然而，阻力不只是情绪上的展现。根据变革管理研究机构 Prosci 的分析，阻力可表现为恐惧、失落、焦虑等情绪性阻力；或者是对相关工作的不参与、不关心等心理性阻力；甚至有可能表现出破坏性行为，如散布谣言、庆祝失败等。

因此，阻力包含了个人对变革情感、心理和行为的各种反应。在变革管理中，识别造成员工抵抗变革的阻力原因尤为重要。这些原因包括：

- 恐惧：这是非常普遍且强烈的阻力原因，主要因为变革带来的不确定性、不适感、不可预测性和感觉不安全，通过有效的沟通和坚持诚信可以有效地应对这种恐惧；
- 无力感：当项目团队和业务管理层未能充分参与时，人们很可能会产生无力感，提供参与变革的机会可以帮助他们感到能够对变革过程产生影响；
- 需要付出的努力和痛苦：适应变革通常意味着要付出极大的努力和承受痛苦，而人们自然倾向于避免痛苦、寻求快乐，在这种情况下，维护当前状态等同于追寻快乐；
- 个人利益的考量：人们必须了解变革如何为他们带来益处，否则很难接受可能的损失。

因此，变革的个人利益必须得到清晰传达："为什么要改变？"

根据布里奇斯的变革三阶段模型，组织变革会经历三种状态：起始于当前状态，经过中间的过渡状态，最终达至预期的未来状态。在此过程中，阻力管理显得尤为关键。阻力的大小通常与项目类型及变革程度密切相关，这要求在整个项目生命周期中采取相应措施来减少变革阻力，从而确保个体能够按照预期的接受度和使用水平，顺利向未来状态转变。

倘若忽视阻力管理，受到变革影响的个体可能难以达到预期的未来状态，进而威胁到组织向未来状态过渡的整体能力。因此，项目发起人和项目团队必须认识到，即使在项目接近尾声时，阻力也并不会自然减少或消失；相反，随着更多信息的涌现，阻力可能还会增加。为应对这一挑战，制订周密的变革计划以应对阻力增加带来的风险和问题至关重要，表 5-1 为布里奇斯的变革三阶段阻力表现。

表 5-1 布里奇斯的变革三阶段阻力表现

阻力触发器	感觉或担忧	根本原因
离开当前状态	有些东西被拿走的感觉	对已知的事物感觉舒适
通过过渡状态	对未知变革环境的体验	不确定前方有什么
达到未来状态	做新事情的挑战	对未知的恐惧

2. 管理阻力

消除可预见的阻力是变革管理中的核心任务。就像预防性医疗保健一样，提前预测并处理阻力不仅可以降低变革过程中的成本，还能为整个组织带来更加积极的结果。在实际工作中，项目团队可以通过访谈、调查问卷等方式来尽可能准确地预测阻力。变革咨询机构 Prosci 公司在总结过往实践经验的基础上，提出了十大阻力管理策略，如图 5-2 所示，旨在帮助组织更有效地应对变革过程中的阻力挑战。

在确定变革的最佳速度时，以下四个情境因素至关重要，它们有助于决策者判断变革应以何种节奏推进。值得注意的是，虽然放缓变革步伐可能会减少阻力，但如果组织当前的绩效和生存面临重大风险，加速实施变革则变得尤为必要。这种情况下,对变革的认同感可能会降低,而重点将更多地放在"推动"变革上。

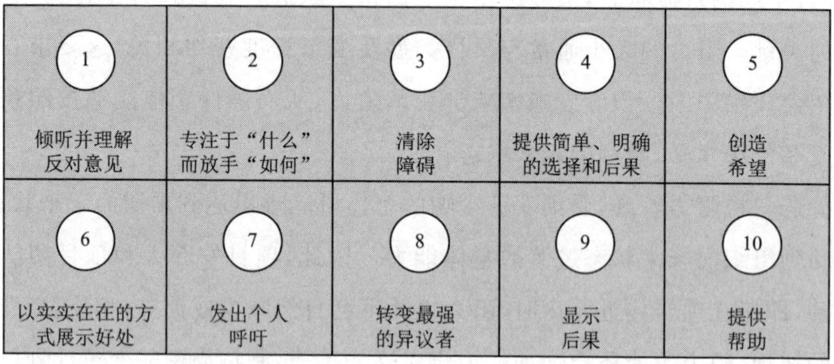

1 倾听并理解反对意见	2 专注于"什么"而放手"如何"	3 清除障碍	4 提供简单、明确的选择和后果	5 创造希望
6 以实实在在的方式展示好处	7 发出个人呼吁	8 转变最强的异议者	9 显示后果	10 提供帮助

图 5-2 十大阻力管理策略

- 预计阻力的规模和类型:对不同阻力的预测和分析能够为变革策略提供重要依据;
- 变革发起者与抵抗者的力量对比:了解双方的力量对比有助于制定更有效的变革策略;
- 变革的设计和实施能力掌握在哪些人手中:识别这些关键人物对于确保变革的顺利推进至关重要;
- 不进行变革对组织绩效和生存的风险:评估这种风险有助于明确变革的紧迫性和必要性。

在传统的流程管理转型中,变革的重点通常放在工作流程、新技术和新服务上,而很少关注必须实施变革的人。然而,"人"才是变革的守门人,他们在流程管理转型中往往是最令人困惑、恼怒、痛苦和混乱的因素。事实上,人是任何流程管理转型成功的关键部分。如果忽略了这个部分,转型可能会失败,或者只能取得有限的成功。即使团队能够创造出最好的流程和系统,但如果人们拒绝使用,或者使用不当,那么项目也不会成功。因此,提升变革准备至关重要,具体措施包括如下内容:

- 进行组织变革影响评估;

- 对干系人进行变革影响评估；
- 开展变革风险评估；
- 识别有效的流程管理赞助人；
- 引入或准备专业的流程管理变革人员；
- 确保中层管理人员的参与和使用；
- 建立流程管理变革代理网络；
- 制订全面的变革计划，包括沟通和干系人管理计划；
- 启动流程成熟度评估。

识别和分析变革影响是有效变革管理的关键环节之一。它有助于避免或至少最大限度地减少变革的破坏性影响，并支持变革的积极方面。此外，变革影响分析还需要关注组织未能从变革中获得预期收益的风险，以及变革与日常业务连续性之间的相互作用。因此，那些领导和参与变革的人，包括担任关键变革角色的人、业务经理和利益相关者，必须共同努力，以确定变革的全部和潜在影响。

二、变革收益管理

流程管理变革为组织带来了多方面的显著收益，主要体现在以下几个方面：

1. 流程管理变革助力实现高效的运营管理

成功采纳流程管理的组织通常能够缩短周期时间、降低成本，并在员工数量不增加的情况下处理更多工作，从而提高运营效率。业务流程的标准化降低了运营成本，同时保证了每次执行的一致性。此外，标准化的流程促进了自动化，这进一步带来显著的成本节约，提升了组织的盈利能力。借助高效的流程管理系统，业务领导者能够全面掌握流程状态，据此做出明智的决策，推动业务持续发展。

2. 流程管理提升了组织的透明度

它实现了端到端流程的可见性，让管理者和员工能够清晰地理解流程及其绩效情况。持续的流程性能监控使员工能够迅速响应，并及时地纠正任何浪费或存在的问题。

进一步，流程管理增强了业务的敏捷性，提高了组织对潜在机会或威胁的感知能力，帮助策划优先的响应策略。采纳流程管理的组织能灵活调整业务服务以适应不断变化的市场需求，加速产品上市时间。流程管理服务的灵活性，让组织能在"理想"与"现状"版本之间自如切换，更好地满足客户的多变需求。

在绩效衡量方面，流程管理也起着关键作用。它为整个组织提供了使用精益、六西格玛等方法进行绩效评估的机制。这些方法通过量化手段，如成本、吞吐量、周期时间、质量和客户满意度等维度，有效地确立了反馈机制，为管理层实现与业务战略目标关联提供了关键信息。

流程管理对有效的内部控制和风险管理也有所贡献。作为流程管理不可或缺的一部分，风险管理可以通过流程管理的框架，对文档化的流程进行审查评估，将有效的控制措施植入所有流程和员工行为。严格的流程管理有助于显著降低组织整体风险。

此外，流程管理有助于组织实现更好的合规性和监管治理。面对日益严格的政府法规，流程管理的成功实施在每一流程层面确立了有效且一致的控制。利用工具、程序、政策和业务指标，确保信息的准确性和一致性，帮助组织跟踪义务并确保遵守法规，有效规避了不合规行为的高昂成本。

3. 流程管理改善了运营问责制

通过建立流程负责人和客户驱动的绩效框架，流程管理提供了在组织各部门之间的问责机制。这一机制确保了业务流程的有效记录和监控，跟踪交付成果，并支持客户中心化的问责体系。同时，流程管理创造了持续改进的文化，强化了组织实施改进的能力。业务流程活动的详细记录有助于建立内部制衡制度，极大程度地减少了欺诈、差错或损失发生的可能性。

三、变革影响评估

1. 组织影响评估

变革组织影响评估常采用麦肯锡7S模型，该模型以其综合性框架，帮助理解组织内各要素的相互影响，并指出为维持组织各要素的高效运作需要进行的调整。如图5-3为麦肯锡7S模型，其囊括了以下维度：结构、制度、管理风格、员工、技能、战略和共享价值观。模型中，战略、结构和制度构成了企业成功的硬件部分，而管理风格、员工、技能和共享价值观则构建了企业成功的软件部分。在

第五章 流程管理转型：变革管理

变革实施过程中，软硬件要素缺一不可。

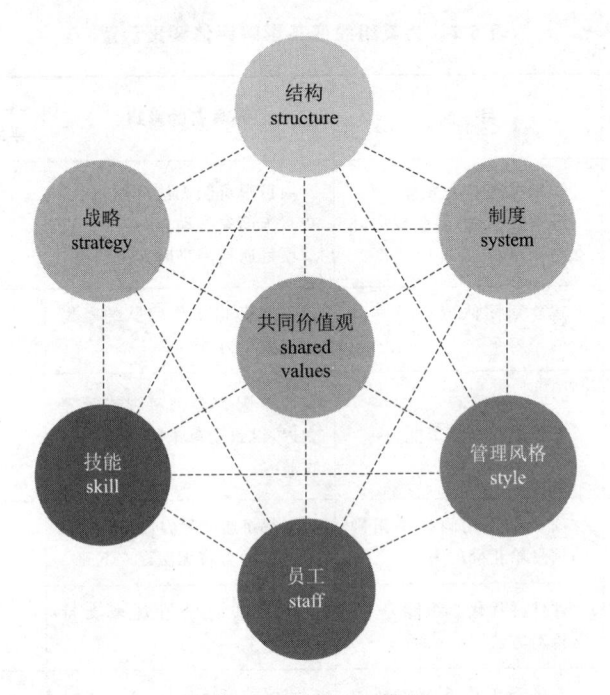

图 5-3 麦肯锡 7S 模型

通过对组织七个维度进行现状与理想状态的差距分析，可以揭示从当前状态（as-is）到预期的未来状态（to-be）所需的关键变化。识别这种差距有助于确定受影响的范围以及落实组织战略关键的项目或活动。变革活动必须针对这些"差异"和"障碍"予以支持和解决。采用这种正规化方法有助于识别可能被忽视的变革影响领域。

除 7S 模型外，组织亦可利用其他模型来评估变革影响，例如某些咨询公司提供的框架，涵盖流程、系统、工具、工作角色、关键行为、心态/态度/信念、报告结构、绩效、薪酬、地点等方面。在影响度评估中，评价各要素当前状态与未来预期状态也显得至关重要。

不论采用何种评估工具，两个状态间的差距越大，表明受到变革影响的程度越深，因而有必要制订相匹配的项目计划和变革策略。

表 5-2 为某组织变革影响评估要素。

表 5-2　为某组织变革影响评估要素示意

要　素	目　的	不具备的影响	现在态评估	未来态目标	差距表现
发展赞助人/领导层的支持能力	识别关键的决策者；理解变革，获得洞察力并参与变革	项目很可能无法开始，或者在实施前失去动力；项目遇到困难时无力解决			
项目组的发展	建立对团队成员及其技能的理解	不能获得工作团队的凝聚力与战斗力			
变革准备度	评估组织的变革能力	变革阻力会被忽视或管理太迟，以致变革未能获得既定收益			
沟通	项目存续期间提供正确的信息给正确的人	项目将遭受阻力，缺乏认同；项目动力将无法建立起来			
组织文化调整	评估并优化组织能力，以支持新方法	没有共同价值观来支持变革			
组织及职位重设计	明确新工作系统中新的责任和相互关系	将无法有效执行、支持重设计的业务流程和新技术			
教育及培训	建立使新流程运作所需的活动、角色和资源等	缺乏在新的环境中完成工作和取得进步所需的技能和知识			
绩效管理及奖励	奖励成员、鼓励变革参与者；衡量和监控新流程的绩效，维持成功	看不到改变的好处在哪里；怀疑领导层是否真的想变			

2. 利益干系人评估

组织内不同层级员工抵制变革的原因各有不同。高层管理人员可能因变革与自身的战略、财务目标或薪酬结构不符而有所顾虑；中层职能经理恐因变革而失去认同感、权力或控制力，或是当前责任的超负荷；基层员工常因不明白变革的动机、不理解变革对自身利益的正面影响、习惯于现状以及对未知的恐惧而保持抵触态度。

利益方/干系人评估着重于揭示变革的广泛影响,并鉴定需参与变革的核心人员。该评估既能继组织影响评估之后提供更精细的视角,也有助于辨识组织内外的关键干系人。随着更多信息的逐步揭露,影响的幅度往往超出最初的估计,不同群体对待变革的态度亦将根据变革的本质及影响程度而有所变化。评估步骤如下:

(1)评估初步影响。识别并界定各利益相关方或群体及可能面临的复杂性,这包括干系人数量、权力结构和利益影响等因素。

(2)确定对各利益相关方或群体的初步影响。运用评估工具,如麦肯锡7S模型,作为指导性检查表。

(3)分析各利益相关方或群体的深度影响。深入解析变革将带来的具体影响,以及为实现变革成功所需的条件。

(4)验证利益相关方的影响评估。利用变革文档、情景模拟和试点项目,协同相关群体检验利益相关方影响的评估结果并识别可能的意外后果。

(5)评估变革影响的严重程度。综合考量各干系人群体的复杂性、特定影响以及带来的风险,以确定变革影响的严重性。

遵循上述步骤,能够定量和定性地评估每个利益相关方或群体受到变革影响的程度。根据评估结果,可制定相应的干系人管理策略和风险缓解计划。

ADKAR模型,代表意识、渴望、知识、能力和巩固五个方面,是一种被广泛认可的干系人评估框架,旨在识别特定变革群体或团队可能遭遇的障碍。例如,对于即将启用的新型会计系统,财务团队可能会担忧失去原有偏爱的特定功能。ADKAR模型的评估结果能够提示哪些策略可用于减轻或避免阻力。表5-3为运用ADKAR模型进行的利益方/干系人评估。

表 5-3　ADKAR 利益方/干系人评估

差　距	行动项
意识 (awareness)	・高级领导关于变革的商业原因(不变革的风险、变革的驱动因素)的沟通; ・与直接主管面对面沟通,了解变革对他们的直接影响

续表

差　距	行动项
渴望 （desire）	• 使用阻力应对策略管理直接主观面临的阻力； • 寻找阻力区并确定根本原因
知识 （knowledge）	• 关于如何改变以及改变后所需技能的培训； • 人力资源小组参与培训并制定要求
能力 （ability）	• 实施在职培训和工作助手，以支持新的行为； • 由主管指导培训； • 建立用户社区； • 问题故障排除
巩固 （reinforcement）	• 高级管理者发出的信息表明变革将持续下去； • 针对个人能力差距开展课程辅导

3. 变革风险评估

变革必然带来风险，合理的评估模型有助于预判这种风险。一种常用的变革风险评估模型基于"变革特征"和"组织属性"两个关键维度来界定变革风险。其中，"变革特征"侧重于分析变革的影响程度，区分为渐进性变革与激进式变革；而"组织属性"则关注组织对变革的准备程度及潜在的抵抗力量。组织属性反映的因素包括变革能力、变革历史、组织凝聚力和变革管理能力等。

在这一模型中，通过综合评分规则可以得出变革风险的分级结果：高、中或低。具体而言，若组织面临较大的变革阻力，但变革的影响范围相对较小，或者变革的影响范围较大但组织具备较高的准备度，变革风险则被评估为"中"。在变革影响规模小且组织准备度高的情况下，变革风险被认为"低"。相反，若是激进式变革而且变革阻力也显著，风险评级则为"高"。对于评分特别低或风险评级为"高"的情况，采取特定策略来克服潜在的阻碍成为必要之举。

四、建立变革准备度

为了应对变革风险和变革阻力，变革准备工作是必要的。变革准备工作是多方面的，涵盖了评估变革影响、建立变革项目团队、制订变革计划及建立合理的基础设施等多个重要环节。在变革管理的核心，关键是赢得涉及人员的支持并在转型过程中为其指明方向。确保所有干系人不仅理解具体的变革战略,而且也确信并支持将变革理念付诸实践的过程。为此,建立一个有效的循环反馈机制至关重要,以便员工能够自由表达看法,获得应有的重视,而无须担心可能产生的不利后果。

1. 建立流程管理变革代理网络

所谓"变革代理",亦称为变革倡导者,指的是在组织内主动参与并促进变革的个人或集体。企业应当考虑寻找信誉良好且具有一定影响力的流程管理变革代理,帮助搭建一个安全、开放的沟通反馈平台,鼓励员工自由表达真实想法。选拔流程管理变革代理时,应从各层级筛选能够代表目标员工或受变革影响较大的员工群体,以保障员工意见的真实性。一个有效的变革代理网络可以提供以下好处:

- 为特定业务领域与变革团队之间提供沟通反馈的专职支持;
- 充分利用员工的信任和内部人士的视角,收集关于变革影响的真实反馈;
- 能够跨越部门界限,综合评估变革的整体影响并探讨各个部门可能的解决方案;
- 共同研发和测试创新想法、方法及解决策略;
- 培养一批对变革有深刻理解的内部用户,他们能够对自己的工作领域质疑、建设性批评,并提出应对变革的最佳实践方式。

2. 中层管理人员的卷入和使用

众多研究表明,在变革过程中最可能出现抵抗的管理层级是中层。中层管理人员在接到高层的变革指令后需理解并达成共识,同时制定具体的执行策略以确保变革成效。这一责任增加了中层管理人员的变革阻力。他们在变革成功中扮演着至关重要的角色。因此,关键在于将中层管理人员视为重要的干系人,确保其在变革中的有效参与,管理并降低其对变革的抵抗力,并激励其发挥倡导者的角色,这也是变革筹备的重要组成部分。

3. 引入流程管理和变革专业人员

在流程管理变革中,领域专家分为变革管理专家和流程管理专家。不论是何种类型的专家,引入过程都可能采取内部招聘、外部招聘或与外部合作伙伴联手等多种方式。内部招聘的优点是对企业文化和实际业务运作有深度了解,但可能缺乏客观性,难以从第三方视角出发提供中立建议。此外,原有的人际网可能导致内部招聘效果打折,尤其是当熟悉的同事表现出抵抗时,进行变革的难度会加大。内部招聘的另一个不足是可能缺少专业的变革管理技能。而从外部引入资源可以补齐组织在专业技能上的短板,但融入并适应企业文化可能需要较长时间。通过外部合作可以弥补这两种方式的不足,但在此过程中内部专业人员与外部顾问之间的职责分配和协作方式是需要特别考虑的关键要素。

4. 流程管理成熟度评估

流程管理成熟度评估是流程管理变革准备的关键环节,也是唯一与流程管理专业领域直接相关的维度。该评估有助于企业识别当前运营水平,设定未来的流程管理愿景和目标,并明确需要进行的改进。尤其是在企业首次引入流程管理的情境中,流程成熟度评估发挥着尤为重要的作用。一方面,评估能够引导企业初次关注那些在实施流程管理时需明确的管理维度,为企业就流程管理提供全面的视角;另一方面,它能够帮助量化组织当前的成熟度水平,为企业规划未来改进的方向打下坚实的基础。

成熟度水平的评定是通过将组织目前的操作实践与流程成熟度模型中定义的标杆特征和能力相比较而确定的。通过对流程管理成熟度的评估,组织能够更清晰地把握自身的运营状况,并以此为基点规划未来的流程管理战略。常见的成熟度评估模型包括 PEMM(process and enterprise maturity model,流程与企业成熟度模型)和 APQC 提供的评估模型。特别需要提到的是 PEMM 是迈克尔·哈默晚年的研究成果,它评估了流程和企业两个维度的成熟程度,是目前较为广泛应用的模型之一。

5. 识别强有力的流程管理赞助人

推行流程管理的首要且关键的步骤是确立一位强有力的流程管理赞助人。强有力的流程管理赞助人对于流程管理转型至关重要,意味着为组织引入一种新的愿景和文化,这是一笔值得长期投资的资源。流程管理转型成功的关键之一在于获得最高管理层的认可,因此,高层管理人员的赞助需明确无误,并应公开表示。

在启动第一个流程项目之前,需确保业务高层的支持,保证他们提供适当的支持和组织参与度,并帮助规划流程项目的范围。例如,首席执行官应出席项目启动仪式;项目结束时,流程所有者应向业务赞助人报告项目取得的成功及为组织带来的价值。业务赞助人的参与,明确了流程项目在竞争激烈的优先级清单中的地位,并与流程管理赞助人共同在组织最高层展示流程管理变革的信号。

理想的流程管理赞助人应具备以下特质:
- 提出清晰而富有吸引力的变革愿景,并阐明其与组织战略的关联;
- 培养高层管理团队和直线管理层的承诺与参与,通过一贯的互动和影响力积极推动项目;
- 引领变革,建立并维持变革的紧迫感和优先地位;
- 与反对变革者会面,排除变革成功路上的障碍;
- 成为新行为模式的典范,做到言行一致;
- 持续进行沟通更新,利用各种传播媒介,确保双向沟通的渠道畅通无阻;
- 对一线管理人员进行培训和指导,始终为他们提供支持;
- 保证提供变革所需的资源,尤其是人力和培训,并为专门的变革管理资源提供必要的资金支持;
- 确保组织的基础设施、环境以及奖励系统与变革举措一致,特别是在绩效衡量和管理方式上;
- 确保特定的倡议与其他组织活动以及组织更广泛的战略目标相互一致。

第三节 变革定义与计划

要确保变革真正体现其价值,关键促使高管、职能经理及员工积极参与变革过程,并在变革成功后继续为组织贡献力量。若员工缺乏企业归属感,一旦变革领导者离职且技术转型告一段落,员工的参与热情和动力便可能逐渐衰退。因此，企业在变革计划启动之初，就需确保员工与变革愿景的紧密契合，更需在变革全程中不断强化这种契合度。

一、定义流程管理使命、愿景和目标

在变革的背景下，变革倡议的核心在于愿景的塑造。这一愿景通过文字、图像或二者的结合得以体现，在变革愿景声明中占据显著位置。针对实施流程管理转型组织建设而言，明确其组织愿景、使命、目标及核心至关重要。流程管理战略需与组织整体战略协调一致，这就要求明确流程管理的价值观及其在各级别——企业级、流程级、实施级的目标。同时，识别组织实施流程管理的关键成功因素也是不可或缺的环节。

为确保流程管理愿景、使命和目标的有效实施，必须在所有相关方/干系人中达成共识。只有当所有参与者对新运营模式的理解达成一致时，才能为后续的流程项目和工作提供明确的指导方向。例如，若高层管理者将流程管理视为驱动和关联战略的关键工具，而执行层却普遍认为流程管理仅限于管控和审批功能，这种认知上的鸿沟便可能阻碍流程管理的有效实施。因此，共识的达成是确保流程管理成功实施的前提条件。

二、确认转型实施策略

1. 策略类型

在制定流程管理转型策略时，应综合考虑流程管理成熟度、变革影响因素以及关键成功因素的识别，同时参考行业最佳实践以发现存在的关键差距。具体策略如下：

关于流程管理组织的战略定位，必须确保与公司整体战略保持高度一致。不同的战略方向会蕴含不同的流程管理价值观。在实施流程管理时，需要明确关注点是放在流程层级和项目层级的流程生命周期上，还是提升到全公司范围，强调流程责任和企业文化的融合。

在流程管理卓越中心的设置策略上，要决定组织的设计是集权型还是分散型，并考虑是否需要构建多层次的流程管理组织架构。如果决定实施多层次结构，

第五章　流程管理转型：变革管理

那么每层组织的管理策略、层级间的协作方式以及人员能力定位都需要细致规划。

流程管理的资金投入策略涵盖了卓越中心自身的资金运作模式，包括共享基础设施的投资，以及卓越中心所管辖的流程项目的资金分配策略。

在流程管理运作机制的策略上，需要明确治理结构的设置方式，选择集中模式还是分散模式，并确定是否需要分层管理。同时，分层授权机制和绩效机制的设定也是关键环节。

技术策略方面，要评估当前是否适合引入流程管理技术工具。如果决定引入，那么如何开展试点工作和后续推广，以及如何让技术工作与首个流程项目协同进行，都是需要考虑的问题。

服务策略上，要确定组织应提供哪些流程管理服务以满足当前和未来的业务需求，并探索这些服务能力的获取途径。同时，需要引导业务对流程管理的需求，确保需求与服务能力能够完美匹配，并考虑如何将流程管理提供的关键服务与整体战略相联结。

最后，在项目实施策略上，选择第一个流程项目至关重要。需要权衡是选择增量改进项目还是根本性改进项目，并决定项目实施是采用瀑布模式还是敏捷模式。此外，还需明确是通过优化项目的方式来优化流程并建立责任制，还是先建立流程责任制再进行流程的建设和优化。

2. 项目实施策略

在流程项目实施策略上，注意以下关键方面，确保流程管理业务变革的成效。

效率：变革的总体目标是在流程项目中取得成功，实现成功的方式则是致力于提升业务流程的效率。

效果：需要确保所有可用资源和变革热情得到最优配置，以实现预期成果，促使团队发挥最高水平。在流程项目中，目标是确保每个参与者都能为实现预期成果作出最大的贡献。

平衡：保证变革进程的平稳，避免其因偏颇而失效。这需要仔细平衡所有参与者的力量、才能和经验。在流程项目中，实施解决方案时要全面考虑管理、流程、人员、项目管理、资源和信息等所有要素。

凝聚力：保障团队成员团结协作，共同遵循相同的步调和方法以达成一致的进展。在流程项目中，流程应是引领者，而技术和人员则应相互配合、协同前进。

管理：项目经理、首席流程官、项目发起人应确保项目直达目标，避免偏离既定的航线或遇险。若流程项目过度侧重于 IT 的资源和信息管理，或人员与流程，就可能导致其他关键要素被忽视，从而影响项目的整体均衡。

三、明确转型实施流程

企业在整体流程管理转型策略的指引下，应执行如下流程管理实施流程。

1. 流程管理变革准备和计划阶段

选定适宜的流程管理赞助人作为与高层管理者沟通的桥梁，并构建倡导流程管理的核心团队。同时，须深入理解流程管理在组织历史中的角色，充分把握关键干系人和流程管理变革引擎，识别可能的障碍；持续与高层管理交流，并通过简报、讨论会和展示，提高对流程管理的认识。赞助人与核心团队需共同传达流程管理的价值和愿景，激发高层管理的兴趣，建立改革的紧迫感并赢得承诺。

2. 流程管理变革管理和实施阶段

着手管理流程项目，确保首个流程项目能带来真正的益处。流程项目变革不仅是提出建议的举措，更是注重过程的文化，需全面管理变革过程。具体步骤包括以下内容：

- 挑选高价值流程，如订单管理流程；
- 确定预期收益，包括有形与无形收益；
- 获取赞助，并得到商业论证的认可；
- 评估流程管理平台的供应商；
- 选定流程建模和自动化平台工具；
- 实施首个流程项目，形成变革代理人网络；
- 促进首个项目的成果，其有时代表特定领域的变革；
- 奖励流程管理的成功和创新实践；
- 为其他业务领域提供流程管理培训课程。

3. 流程管理变革推广阶段

选取新的流程项目候选，并确立组织结构以保障流程管理变革项目管理。必要步骤包括以下内容：

- 设立流程卓越中心和委员会，负责流程项目管理，设计组织的愿景、使命、职责、目标及治理机制，制订能力开发计划并确定实施路线图；
- 采纳企业级的流程建模和自动化工具平台，作为流程管理共享基础设施；
- 发展内部流程管理能力，创建流程框架，建立组织的流程管理框架体系；
- 选定其他流程项目候选，优先考虑具有强烈商业论证的前四项，确保项目为组织战略和目标增添价值；
- 展示流程改进成效，将流程管理理念实践化，展现业务绩效提升；
- 汇总经验教训，反思流程治理实施和项目管理的经验。

4. 流程管理运营阶段

注重流程持续改进方法，证明流程管理在整个组织的合理性，并促进其深入各环节，逐步培养成为组织文化。持续管理流程绩效与流程项目价值，累积组织最佳实践，扶持业务目标达成。这一阶段包括以下内容：

- 监控流程管理变革及其持续改进项目；
- 演示和评估流程绩效及组织流程管理能力；
- 加强流程责任者能力建设，提供专业流程管理课程、培训和认证；
- 创建内部流程管理社群，促进流程责任者和执行者间的交流，加强流程文化建设；
- 实践流程治理，确保变革成果的可持续性。

四、规划流程管理方法、产品与服务

如图5-4所示的模型阐述了流程管理方法、产品与服务引入过程，涵盖了战略、设计、实施和控制四个阶段。此模型概括了构建组织级流程管理的全部必要步骤，其中包含定义和管理流程、建立流程管理卓越中心以及明确组织内必要的角色和职责。为落实流程管理方法，组织及其企业文化应作为一个整体，依据前文所述内容，首先进行变革影响度评估。

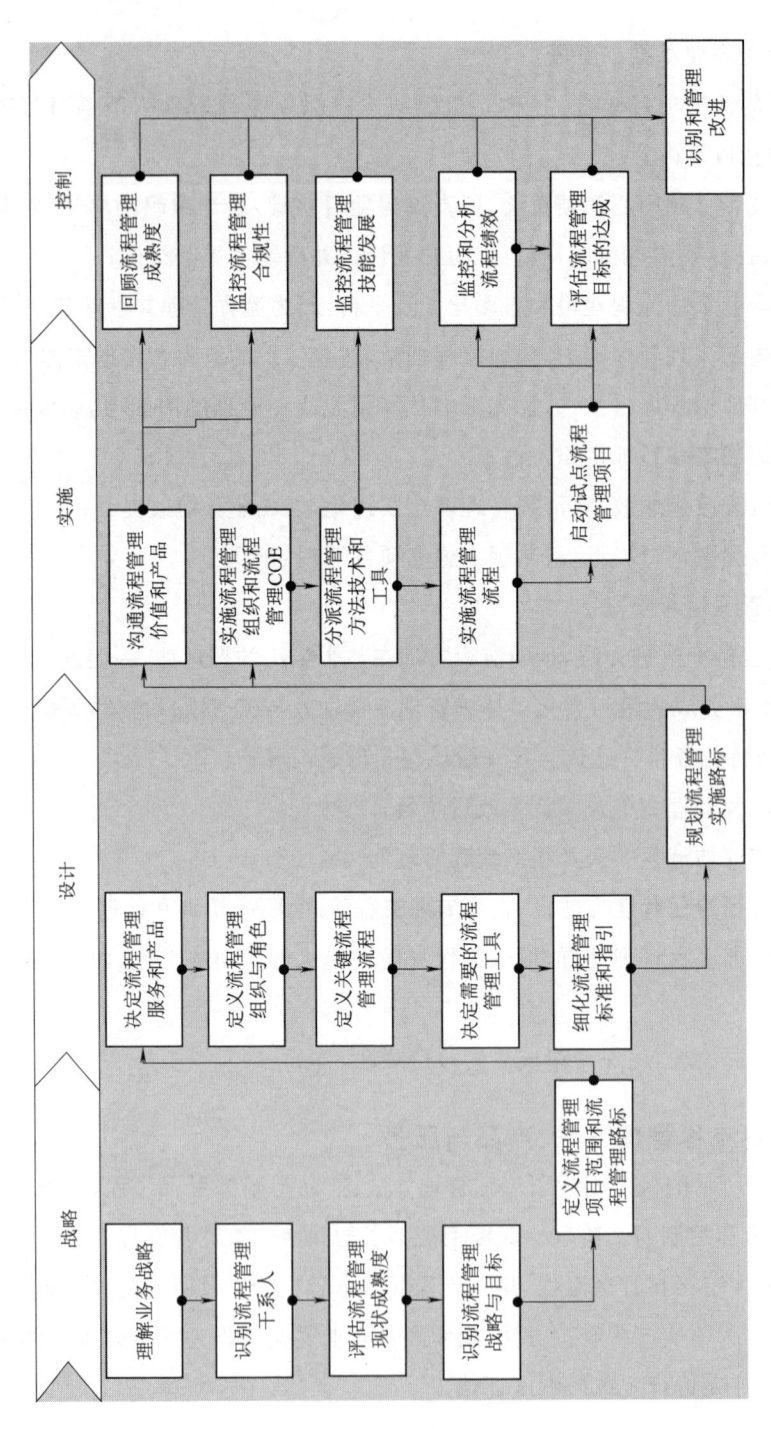

图 5-4 流程管理方法、产品与服务引入过程

在流程管理引入的战略阶段，应深入理解业务战略，并严格评估流程成熟度。此外，还需要识别流程管理战略与目标、定义流程项目的范围及里程碑。重要的是要识别并说服干系人认可流程管理的价值，尤其是其对解决组织战略中紧迫问题的重大意义。

设计阶段的主要任务是确定组织层面的流程管理的方法、服务和产品，明确流程管理的角色和职责，设定流程管理技术实现的架构标准和框架，以及制订相应的流程管理实施计划。同时，该阶段还应详尽地描述集成所有任务、职责、工具支持及方法的流程管理框架。

实施阶段标志着流程管理框架在组织内逐步建立之时。在此阶段，通过传达流程管理方法、服务与产品的价值、激活流程管理流程、定义合适的角色和职责，以及建立一个专门单位以提升流程管理的效率（例如流程管理卓越中心），流程管理的影响及价值对部门经理和执行管理团队逐渐显著。与此同时，公司内部开展的流程管理试点项目得以启动，通过变革管理和项目管理的培训，使得控制流程管理实施变得更为顺畅。

在控制阶段，需对流程管理的专业团队、产品服务、卓越中心、技术工具乃至流程项目进行持续的监控和评估。这包括复查流程管理的成熟度、监督流程合规性、评估使用流程管理工具的技能，以及分析试点项目的流程绩效，确保流程管理运营框架在战略、组织和流程层面价值的实现。

五、设计举措和路标

在设计和实施流程管理转型的变革过程中，至关重要的一步是识别哪些流程将产生高影响力，同时确保这些流程与业务战略保持一致。在制定流程项目路线图的过程中，应深入分析现有流程及其与目标流程间的差距，这有助于确定改进举措的优先级并加以制定。这些措施应结合战略、组织、技术、工具、方法和人员等多方面因素，在设计和实施阶段充分考虑综合影响。

流程项目路线须与流程管理能力领域中各项举措相互支持，它们不应被孤立地看待，以确保流程变革与流程能力变革之间的同步与和谐。流程管理转型举措旨在推广流程管理方法、服务和产品在组织中的应用，并提升流程管理能力。

图 5-5 是某公司流程管理产品与服务实施路线图。

图 5-5 流程管理产品与服务实施路线图

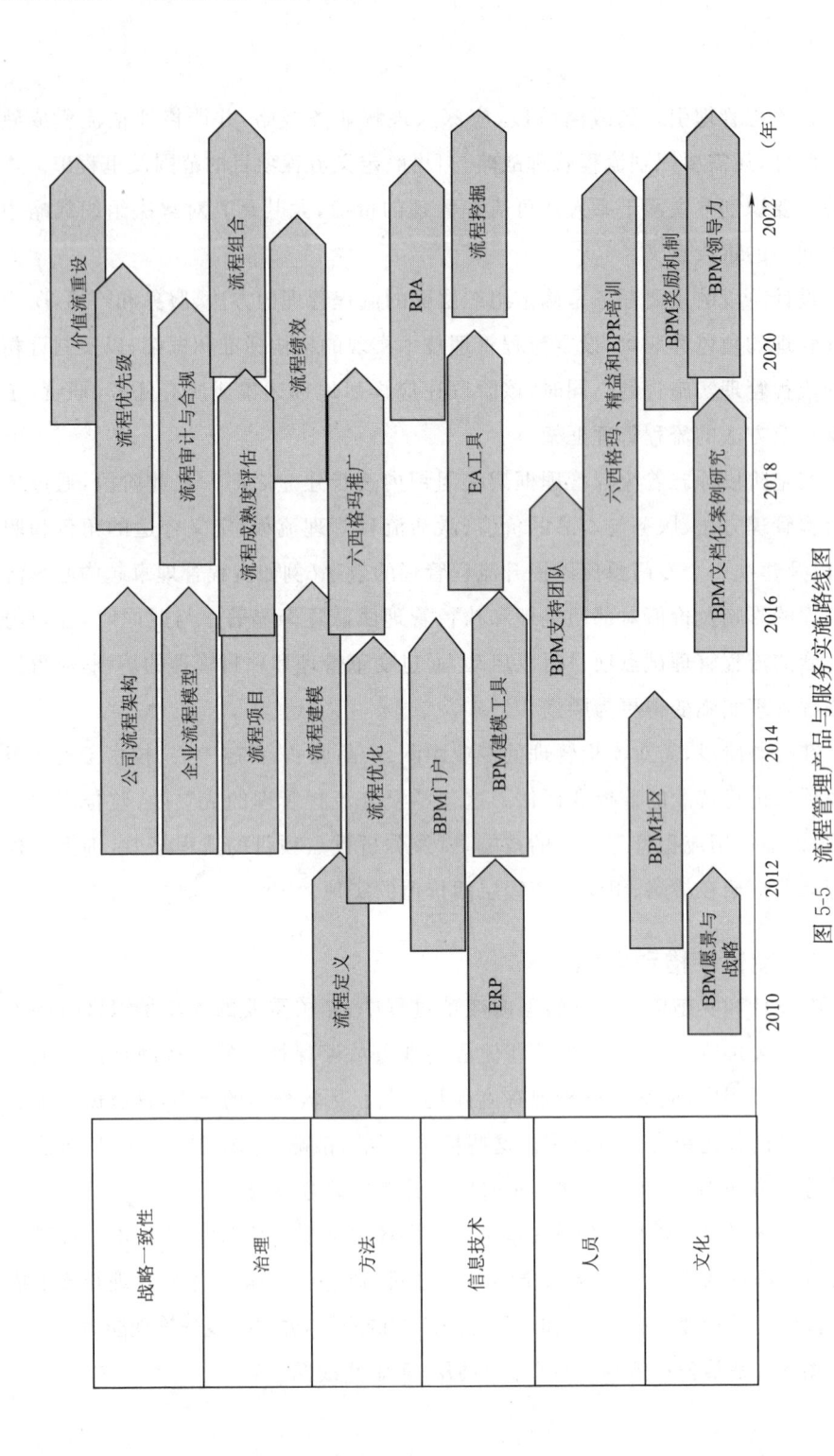

六、制订项目和变革管理计划

业务流程的优化是以项目管理的方式开展的。既然以项目的形式开展，就需要建立项目管理计划。同时，引入新的运营模式和机制，必须伴随全面的变革管理计划。因此，流程项目的计划管理分为两大块：项目管理计划和变革管理计划。

在流程项目中，采取项目管理的方法来执行变革计划，这要求变革管理计划与项目计划在关键的里程碑时刻实现有效融合。项目计划和变革管计划在很大程度上受制于变革准备阶段的影响度分析结果，该结果为计划的制订设定了框架和边界。

项目管理计划可根据具体情况，采取不同的开发方法。其中包括传统的瀑布式开发方法、灵活的敏捷开发方法，或结合两者的混合模式。选择适当的开发方法是确保项目成功实施的决定因素之一，必须符合项目本身的特点及组织的需求。

有效且持续的变革管理计划是变革管理的核心环节，其制订需与整体项目计划紧密相连并保持一致性。主要元素包括：

- 利益方/干系人计划：明确哪些关键干系人参与流程项目，如赞助人和中层管理者，以及他们参与的原因、时机和方式；
- 沟通计划：制定针对不同受众的沟通策略，明确沟通的渠道、内容和时机；
- 培训计划：支持赞助人、变革团队、变革代理人、中层管理者及基层员工开发新技能；
- 建立支持计划：规划活动以传递变革需求并提升干系人支持度；
- 阻力管理计划：预测阻力的可能类型和原因，并制定应对策略；
- 反馈跟进：确保关键干系人，包括最终用户，能够反馈对变革及其实施方法的看法，并将这些反馈整合进变革计划中；
- 衡量标准：制定评估变革管理绩效的标准，从而监测变革干预措施的成效。

在实施流程管理的开始，显性化的流程方法通常已经具备，但这种方法强调"流程本身"的设计与优化，对于流程执行"组织和人"的设计往往却隐含在流程解决方案的背后，这会导致流程解决方案设计不完整、不充分或者后续在流程执行中的不采纳的问题，以至于流程优化的价值在最后没有体现出来。这种现象的出现有一部分原因是流程经理或者流程专业人员默认为"组织和人"的因素已经默认解决或者在后续实施过程中解决。一种应对的方式是单独显性化"组织和人员方案"及其计划，包括：设计组织和人员战略、角色设计、人员能力差距分析、设计组织结构、绩效管理与测量、更新变革管理策略、更新人力资源政策、开发技能培训和沟通管理。实际开展流程项目过程中，这部分内容可以和变革管理的内容结合起来。

第四节　商　业　论　证

流程管理的成败取决于第一个流程项目的商业论证。它既是获得和维护管理支持的手段，也是验证项目成功的机制。即使有项目赞助人，也有必要通过在组织层级正式来呈现和解释预期的收益。接下来的问题是：用什么来说明和证明流程管理的好处？答案是商业论证。简单地说，为流程管理开发商业论证需要阐明目前的工作方式如何可以做得更好，以及从"现状态"到"未来态"的成本和收益。更具体地说，一个成功的商业论证需要开发一个基于步骤的商业价值框架，该框架遵循一系列核心活动和目标。

一、验证起点

在着手开发商业论证之前，首要任务是确定流程项目将涵盖的首个流程或流程组合，并确保相关各方对此达成共识。不论赞助情况如何，都需要有一个清晰的流程作为项目的起点。鉴于这是流程管理转型的初始验证环节，所选流程应具备较高的成功潜力。因此，建议优先选择那些能够迅速显现成效的流程，而避免涉及过于复杂、政治敏感或高度分散的流程。同时，初步阶段最好回避那些已经严格定义的流程，因为这类流程相较于临时性流程更难进行改动和优化。

此外，应着重寻找那些给业务带来直接痛点的流程。这些流程不仅能够凸显出迅速采取行动的紧迫性，而且通常已有明确的支持者，可以借此获得对项目的支持与资助。成功识别并改进这类流程，将实现流程管理业务价值的提升，同时解决已知问题并赢得业务用户的满意,从而达到双赢的局面。

通常,符合上述标准的流程实例包括新客户准入、合同管理、采购流程、产品变更审查以及人力资源流程等。这些流程往往具有手动操作多、工作密集、临时性强、不一致性高和效率低下等特点,也是导致相关人员产生挫败感的根源。正是这些特征,使它们成为流程项目优化的理想选择。

二、确定当前流程状态的基准

一旦确定了流程领域,接下来的关键步骤是建立流程的"当前状态"基准。这一过程并非旨在全面重新设计流程,而是提供一个深入理解流程的机会。通过探究工作的"内容""时间""地点""执行者"等要素,可以更好地把握流程的现状。采集并记录这些信息的有效途径之一是采访关键的利益相关者和流程参与者。这一环节同时也开启了一扇了解利益相关者动机和流程潜在问题的窗口。

每个流程都有其独特的历史脉络,这些历史可能在当前业务环境中得到体现,也可能并未得到体现,但它们通常都蕴含着改进的契机。然而,在初始阶段,过度的审查可能会引发政治纷争,或使利益相关者产生戒备心理。因此,应避免陷入政治纠葛,而是从实际出发,简单地记录当前的操作方式,包括具体的步骤、活动的频率、单项活动的持续时间,并特别关注明显的瓶颈、问题或可改进的领域。

随后,需要从各个角色的视角出发,识别活动之间的相互依赖性和联系,审视每个人在流程中所扮演的角色。使用可视化建模工具在此过程中具有显著优势,它能够展示流程活动和组织资源的可视化模型,使利益相关者有机会从全局角度审视业务流程,获得跨越整个运营范围的横向视角,而非局限于单一的功能领域。这一转变带来了重要的好处:它让流程参与者能够验证自己的角色和其他假设,并为他们提供了纠正和参与项目的机会。这为赢得了关键利益相关者的支持创造了有利条件,并构建了一种先发制人的策略来克服文化阻力,而后者往往是任何重大流程变革中最大的障碍。

在定义流程"步骤"时,目标是将流程定义和建模为一组相互关联但各自独立的活动,这些活动围绕着流程步骤展开,而非简单地定义一系列松散的动作。这样的做法有助于我们更准确地理解流程的本质和运行方式。

三、定义绩效指标和成功标准

在捕捉流程的"当前状态"时，必须投入时间，以便就描述流程的通用词汇和标准术语达成共识。这不仅对于最终的实施环节至关重要，而且对于流程的精确验证以及赢得利益相关者和项目赞助商的支持也具有关键作用。此外，还应包括确立衡量项目成功的具体目标和指标。这些目标和指标是构成每个流程项目的要素，理应在流程定义的起始阶段就予以明确。无法衡量的内容自然无法改进，因此，明确定义的指标和成功标准对于商业论证以及整个流程管理的成功都是不可或缺的。

商业论证必须始终涵盖以下要素：经过验证并得到明确理解的项目目标、所有利益相关者一致认同的成功标准、展示如何及何时衡量成功的里程碑，以及将流程指标与公司目标相对应的高层次框架。将流程目标与公司目标相映射的过程极为重要，因为它使得流程目标能够随着公司目标的变化而调整。保持这两者之间的一致性，是理解如何不断优化流程和资源，从而最有效地为组织的整体目标作出贡献的关键所在。这种相互关联性是推动流程持续改进的基石。

持续的流程改进需要一种能够支持迭代流程生命周期的灵活性。这意味着流程项目永远不会真正"完成"，而是通过不断的迭代分析和调整来支持流程的逐步优化。因此，项目成功的评估和确认应当基于里程碑和可衡量的目标，而非主观的结项通知。尽管商业论证需要结构性，但它同时也应具备流畅性和适应性。业务绩效始终处于动态变化之中，因此衡量绩效的标准必须保持灵活，特别是在商业论证的形成阶段。确保指标既包含定量元素（如时间和成本变量），又包含定性元素（如业务开展的便利性、可见性的提高或员工生产力的提升），是实现这种灵活性的有效方法之一。

大多数组织都有现有的绩效目标，这些可以明确定义为目标管理（MBO）或平衡记分卡（BSC）。例如，"将客户投诉电话减少30%"或"将新客户收入增加25%"。但在大多数情况下，这些目标没有和任何特定的流程关联。这就代表了一个机会：通过确定直接影响这些目标的流程，并展示如何改进这些流程来提高整体业务的成功率。尽管流程管理不应强制适应目标，但将流程改进直接与公司目标相结合的能力为展示业务价值和获得高管赞助提供了一个清晰有效的框架,如图 5-6 为流程管理商业论证框架。

验证起点 → 确定当前流程状态的基准 → 定义绩效指标和成功标准 → 针对未来流程状态进行优化 → 建立投资回报模型

图 5-6 流程管理商业论证框架

四、针对未来流程状态进行优化

一旦在"当前状态"下捕获了流程并明确了相关的目标和度量标准,便可着手构建更加优化的"未来状态"模型。流程的改进在一定程度上可以通过建模和模拟来实现,但最大的改进机遇往往源自全面部署流程管理套件。这样的套件不仅提供建模和模拟功能,还集成了自动化、管理以及深入分析的能力,这些都是实现真正流程管理潜力的关键要素。

一个完备的流程管理套件能够自动收集流程绩效信息,并生成有价值的跟踪和审计报告,进而在以人为中心和基于系统的活动中推动改进。由于系统中一个领域的变化可能会波及其他领域,因此,能够在同一解决方案中对面向系统和面向用户的活动进行建模和模拟的能力,相较于那些仅关注以人为中心的流程或系统间集成的专业工具,具有显著的优势。

通过组合视图维度的流程设计模拟,可以在整个流程中识别出效率低下、设计缺陷以及潜在的应用程序改进点,所有这些都将在分析阶段得到处理。然而,在呈现商业论证时,应避免过度渲染动画模拟,而应更加注重数据的质量和支撑"假设"的分析。此外,不必过分追求完美流程设计。即使在"当前状态"下,也可以通过流程自动化和部署来迅速实现成本节约和生产力的提升。最佳策略是尽快实现这些节约,然后转而专注于分析未来的流程改进机会。

五、建立投资回报模型

投资回报率(ROI)模型能够量化前四个步骤中产生的所有收益,并与预期成本相对应,进而精确测定潜在的节约空间。该模型的主要功能在于对流程管理部署的预期增值进行量化评估,特别是估算预期的成本和收益。同时,它也为流程项目的规划和设计提供了预期标准,尤其在涉及流程管理软件采购决策时。在商业论证的语境下,基础投资回报率计算公式为利润除以投资,即流程管理计划预期回报的总值减去所需预期投资,再除以投资总额。对于首个流程项目的商业论证,由于需要对软件进行新的投资,因此 ROI 成为一个更为贴切的衡量指标。当净收益超过投资成本并以正百分比表示时,即意味着实现了正投资回报率。由于回报是在一定时间段内逐渐实现的,而投资通常在一年内完成,因此商业论证通常基于三到五年的时间范围来计算投资回报率,这需要依据净现值或贴现现金流来进行调整。

在向管理层展示商业论证时,最常遇到的问题便是"这需要多少成本?"在项目初期,这个问题尤为棘手,特别是在首个流程项目中,因为此时尚未选定软件解决方案,也缺乏评估咨询服务成本的经验基准。然而,为了构建商业论证,必须进行成本估算。事实上,这仅是一个初步估计,因为成本是在项目开发和审计过程中需要持续调整的关键变量之一。流程分析师和流程管理供应商可以成为建立项目成本估算的重要信息来源。值得注意的是,流程管理的最大成本往往不在于软件许可证和维护费用,而在于所需的业务资源或咨询服务。在评估流程管理计划成本时,必须牢记的一个重要警示是,"免费"的流程管理技术往往最终成为最昂贵的选择。与其他基础设施一起免费提供的流程管理技术可能会给项目带来巨大的运营风险,首要问题便是业务和 IT 之间的沟通障碍。业务逻辑和应用程序之间的过渡环节通常是故障高发区。为了避免这种情况,关键在于在项目早期就在业务用户和 IT 之间建立强有力的沟通机制。流程设计环境为此提供了有力的工具,它们在流程管理的成功实施中发挥着至关重要的作用。一个优秀的图形化流程设计工具不仅能够使流程更易于理解、简化定义过程、缩短流程定义所需的时间,还能降低误解的风险和避免项目后期高昂的返工成本。

第五节 变革实施

一、利益方/干系人管理

虽然信息技术通常是推动流程变革的关键因素,流程管理变革举措的成功与否,在很大程度上取决于人为因素。这就引出了几个关键问题:流程管理知识体系究竟包含哪些内容?如何确保人们能够积极推动并接受流程变革?为了实现流程变革的最大效率和效果,需要关注哪些人为因素?以及,为了确保组织文化成为流程变革的助力而非阻碍,需要领导者具备哪些技能?人员要素,被定义为"不断增强和应用其流程技能和知识以提高业务绩效的个人和团体",已被公认为是流程管理成功的核心要素。众多关于流程管理关键成功因素的研究都充分证明了人员在流程管理成功与失败中的决定性作用。

干系人的识别可以从简单的步骤开始,例如采用头脑风暴的方式,从内部和外部两个角度来发现哪些人是利益相关者。这里的外部利益相关者不仅包括业务部门之外但在组织内部的其他部门,可能会受到相关举措和项目的影响,还包括组织之外的利益相关者,如客户、合作伙伴和供应商。完成干系人识别后,就可以正式确定哪些利益相关者需要为项目作出贡献,其中重要的利益相关者不仅需要被告知项目的相关信息,更需要积极参与并致力于项目的推进。

干系人管理是一个动态持续的过程。随着项目的推进和时间的推移,干系人清单可能会发生变化,同时干系人对变革的影响和看法也会有所改变。在干系人管理中,有许多成熟的工具可供使用,如干系人雷达图、权力利益影响矩阵等。在流程管理的初期阶段,实时维护一个干系人清单是非常有帮助的。然而,仅动态维护干系人清单并不足够,还需要采取一系列措施来吸引干系人的参与。例如,可以为不同的干系人设计各种活动,如发表演讲、出席会议、担任评审专家等,以保持与他们的关系并收集他们的意见。

在鼓励干系人参与时,需要注意以下几个因素:首先,不要等到获得完整的信息后才进行沟通；其次，在需要更多参与时，应注重双向的面对面互动，并考虑变革对个人可能产生的影响；此外，应根据目标受众的特点细分信息，以避免信息过载；最后，应留出充足的时间进行沟通。罗杰斯大师的"创新采用模型"为我们提供了在有大量利益干系人的情况下如何有效管理干系人的策略。该策略的核心是确定并瞄准那些早期的采用者，并努力招募他们中的一些意见领袖或倡导者。例如，可以将其中一些人纳入利益相关者研讨会，并邀请他们参与关键的沟通活动。同时，还应瞄准并跟踪那些早期的多数人，确保变革团队不会被后期多数人的冷漠或抵抗所分散注意力。通过这种方式使用该模型，可以全面制定参与策略，建立变革的势头，并让关键利益干系人对变革的进展保持信心。

在流程管理计划和实施的整个过程中，鼓励反馈并采取相应行动是让干系人持续参与的必要沟通要求，尤其是在变革的初期阶段。对于变革初期的干系人参与策略，可以采取类似"提线木偶"的方法，即围绕干系人开展沟通，明确他们的职责和目标，然后按照预期计划和设计，有规律地完成变革活动，而不是临时或随机的闪现式变革。对于重要的干系人，如项目赞助人，需要确保他们在整个项目周期内保持随时或规律性的可见性，以确保他们的持续支持和参与。

二、沟通与寻求支持

要改变业务运营模式，获得最高管理层的支持至关重要。因此，必须积极寻求高层管理盟友的加入，并通过有效解决他们的个人关切来赢得他们的支持。在流程管理实施过程中，自上而下的决策对于推动进展具有举足轻重的作用。成功的转型离不开至少一名 C 级高管对流程管理转型和计划的积极、持续支持。例如，某家领先的全球制药公司中，流程管理委员会作为流程管理的官方赞助商，其 CEO 通过参与流程委员会等活动，积极投身流程管理的推广与实施。这不仅确保了公司对流程管理工具的充分重视，还为其赢得了广泛的认可。另一家全球公司则通过正式任命一位高级管理人员为首席流程官，进一步彰显了新流程管理方法的重要性。

在流程项目启动之前，组织内部成员应充分了解项目目标、初步范围或可能涉及的范围，以及项目的时间表和计划。鉴于某些组织中流程项目仍带有 BPR

(业务流程重组)时代的负面印记,如人们普遍认为 BPR 等同于缩减规模、裁员等,这个问题需要在流程项目初期就通过恰当的沟通予以解决。应向员工阐明流程管理与 BPR 的本质区别及其带来的积极影响。随着项目的逐步推进和计划的细化,持续的沟通至关重要。这种沟通应涵盖以下方面的不断更新:

- 项目对员工的影响;
- 员工对管理层自我管理的期望;
- 员工将如何适应变革;
- 信息的共享方式和频率;
- 对问题和反对意见的预测、倾听及积极应对;
- 对目标群体进行深入分析,并根据其特点量身定制沟通策略,确保信息的一致性。

沟通渠道的设计同样不容忽视,可以采用推送式和拉取式两种方式。推送式渠道如公告板等,能够单向地向所有员工发布信息;而拉取式渠道如知识共享库等,则允许员工在需要时随时访问或提取信息。无论是哪种方式,沟通媒介既可以是"精益"的,也可以是"丰富"的,具体取决于互动水平、信息线索数量以及信息的多样性。选择合适的沟通方式对于干系人沟通至关重要。使用"精益"媒介可能提供的信息过于简略,导致误解和混乱;而使用"丰富"媒介传达过于简单的信息则可能分散对关键点的注意力。

制订一个有效的沟通计划是一项至关重要的最佳实践。这一计划需要明确沟通负责人或变革管理负责人,由其专门负责沟通任务的执行。该负责人应在项目早期阶段就参与进来,起草沟通计划并付诸实施。沟通计划应根据不同干系人的特点进行分类制订,并结合项目实施过程中的助力管理计划共同推进。

三、教练与培训

当公司意识到员工对流程管理在日常工作中的含义、方法及其工具缺乏理解时,流程技能培训就显得尤为重要。为了有效解决这一问题,可以采用混合学习概念,即一种模块化的培训方法。根据员工在流程组织中的不同角色,培训模块被划分为强制性和可选性两种。例如,初级员工必须完成基础流程管理概念的培训，而高级管理人员则需要在此基础上接受更高级别的培训。

在流程管理的初期阶段，公司可能会选择引入咨询顾问来合作开展流程管理技能和知识的培训。然而，从长远的角度来看，为了确保组织的连续性和接受度，流程管理的专业角色建议逐渐由内部人员来承担。在项目初期或者当流程管理成熟度还处于初始阶段时，组织可以聘请外部流程管理专家来协助将流程管理的经验和知识转移给内部员工。随着组织流程管理成熟度的提升，外部专家的角色也会发生转变，开始承担更多不同的职责，如下：

（1）建立项目或业务流程卓越中心，利用他们在多个组织中的丰富经验提供指导，确保活动范围既不过于庞大也不过于狭窄，从而实现务实的改变并满足期望；

（2）监控项目或业务流程卓越中心的进展，避免过分关注细节而忽视整体目标，提出关键和棘手的问题以保持关注点的集中；

（3）监控业务绩效并确定需要改进的领域，定期审查业务和员工的绩效，与直线经理讨论并采取纠正措施以持续提升效率；

（4）解决冲突和重启项目，当原始项目或业务流程卓越中心未能达到预期结果时，外部顾问可以协助解决冲突并重新启动项目以恢复动力；

（5）支持流程管理经理，特别是在组织发生重大变化时，外部顾问可以作为流程管理经理的得力助手或顾问提供支持，协助分析和监督各项活动以确保顺利进行；

（6）评估或审计流程项目，在项目结束时对项目成果进行全面评估，总结经验教训并为下一个流程项目提供有价值的反馈和改进建议。

鉴于流程项目的复杂性，现在越来越流行向内部业务项目经理和流程管理经理提供流程管理教练服务。这些教练通常由经验丰富的流程管理顾问担任，他们定期就主要挑战和应对策略向流程管理经理和项目经理提供指导。这种指导方式也适用于希望员工具备流程思维以实现持续改进的业务部门经理。指导活动通常以研讨会开始，随后是持续的流程管理专业课程以深化理解和应用能力。

随着新流程的设计和开发，需要明确这些变化对组织结构、工作角色和职位

第五章　流程管理转型：变革管理

描述的影响。此时应开展针对性的培训活动以确保员工能够执行这些新流程。培训材料应基于新流程的流程文档来制定，并采用正式课程或现场培训的形式进行传授。在业务测试、试点步骤和初始实施过程中应继续提供指导和辅导以确保平稳过渡和有效执行。

为了确保培训效果的最大化，建议采取以下措施：设计符合业务紧急需求的小剂量及时培训以避免知识流失；为个人定制建立信心和包容性的培训课程以确保员工清楚自己的学习计划；在培训后实施能力测试并在一段时间后监控工作绩效以衡量培训成果并持续改进。通过这些培训步骤可以培养和开发新流程中的"超级用户"或"种子人员"，这些人在流程执行中发挥着关键作用。此外培训的重点除了流程、关键活动或任何自动化解决方案之外还应包括拟议解决方案的影响、将解决的现有瓶颈、预计在实施期间会出现的新瓶颈以及拟议解决方案的益处和可能性等方面。

四、宣传与激励

不幸的是，在组织内部，流程改进和流程管理改进的回报往往不尽如人意，甚至毫无回报。为了更有效地提供回报，最佳的方式应基于结果来设定奖励，而这种回报不应仅限财务和数量指标。在流程管理实施的初期阶段，鼓励员工的主动性是至关重要的，因此，建议在此阶段主要奖励员工的积极参与。随着流程管理的深入实施，管理层可以逐渐转向更加基于结果的绩效奖励系统。

成功的流程管理举措需要包含对相关人员的合理奖励。然而，所采用的奖励制度应避免过度关注短期目标，如本月或本季度的奖金。相反，应鼓励员工采取必要的行动，为实现长期持久的结果奠定坚实基础。例如，通用电气的杰克·韦尔奇曾将其经理的大部分奖金与他们在实施六西格玛方面的成就挂钩，而其他组织则将流程培训或认证作为员工晋升的必备条件。

某电信组织曾多次尝试改进流程和相关系统，但遗憾的是，这些尝试均未达到预期效果。对流程项目的评估显示，实施这些建议和方法的方向是正确的。然而，进一步的审查揭示了一个问题：管理层在项目启动阶段虽有参与，但未能持续跟进实施。在项目执行过程中，那些从事"例行"工作的员工被纳入项目成员,但他们的绩效评估和奖励与流程管理改进项目的成果并无直接关联。尽管希望这些员工能基于个人意愿为项目提供支持,但实际上,支持流程改进项目的人员数量在迅速减少。

为了解决这个问题,该组织为每个业务部门都配备了一名流程教练,并重新调整了奖金制度。新的制度规定,员工的工作表现将主要取决于流程改进的成功与否,而其余部分则基于他们的"例行"工作表现。这一变革不仅使项目成员得以继续参与项目,而且实际上增强了他们对项目结果的承诺。这个案例清楚地表明,通过实施有意义的奖励制度来激励员工能够取得显著的成果。

图 5-7 是某公司在变革管理方面实施的一个示例。

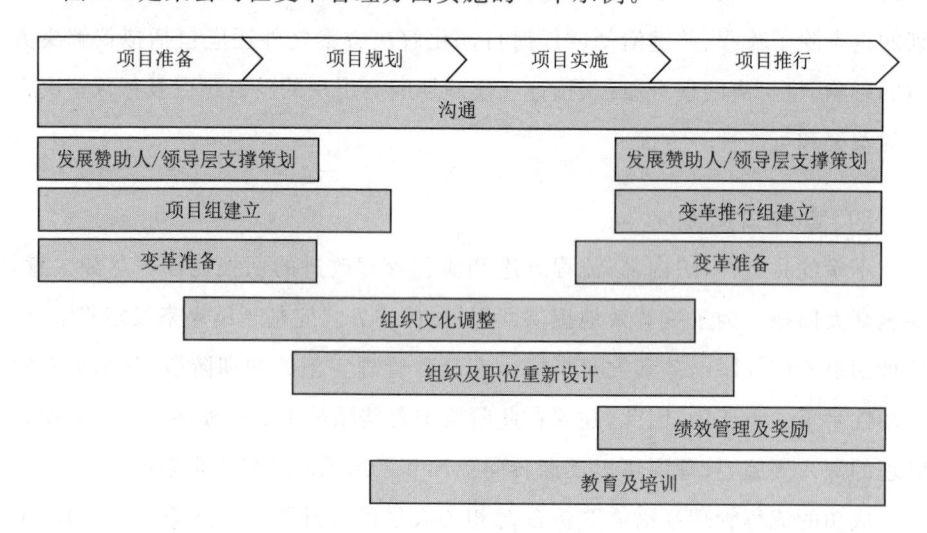

图 5-7 变革管理示例

第六章

流程管理实施：关键举措

变革是所有组织普遍面临的挑战，它深刻影响着组织的战略定位、商业模式选择、员工队伍构建以及技术应用方式。同时，外部环境的变革也在不断地考验着组织对自身活动的掌控能力。在面对变革时，组织必须积极应对，有效管理其业务流程的调整与优化。组织变革涵盖了从战略规划到文化建设再到绩效管理的诸多方面，是一个复杂而系统的过程。

第一节　建立流程管理卓越中心

对于许多组织而言，尽管对流程管理的期望颇高，但实际成效与期望之间仍存在一定差距。这些组织在积极寻求流程管理理念的支持时，进展却往往缓慢。为了激发员工的兴趣和行动，并为众多流程举措提供有效的控制与支持机制，建立流程管理卓越中心显得尤为重要。

实现流程管理的组织目标，流程管理卓越中心的实施是流程管理成功的关键组成部分。正如"罗马非一日建成"，组织的流程管理也不是一蹴而就的短期行为，而是一项需要长期关注与投入的持续过程。流程管理必须被确立为组织内部的一致原则，既要防止组织和流程的倒退，又要专注于组织流程的不断优化，同时还需要为各利益相关者的目标提供切实可行的执行手段。流程管理卓越中心既是组织推行流程管理的起始点，也是流程所有者实施管理的起点。它负责确保流程管理的可持续性、成熟度、治理、协调一致，以及衡量、报告和推动流程管理成功相关的所有方面。

鉴于组织普遍面临改善客户服务、消除浪费、减少延误和返工以及抓住新机遇的迫切需求，尽早建立流程管理卓越中心无疑是一项明智的战略举措。通过这一中心的建立与运营，组织将能够更好地实现流程管理的目标，进而提升整体运营效率和市场竞争力。

在构建流程管理卓越中心时，资金模式、人员管理模式和组织定位是三个核心要素。以下是针对这些要素的详细展开。

一、流程管理卓越中心资金模式

流程管理的资金模式分为两个层面：一是流程管理卓越中心本身的资金模式，涵盖战略、交付和共享的信息基础设施；二是流程管理卓越中心管辖的流程项目的资金模式。

为流程管理卓越中心提供资金的一种直接方法是从首席信息官或首席运营官的办公室获取资金，他们通常被视为流程管理的赞助人。这种方式能够明确组织的使命、重点和预期结果。随着组织的增长和需要治理的项目数量的增加，可能需要首席信息官或首席运营官的办公室提供固定成本，而后期由项目数量引起的可变成本则直接向各个业务部门收取部分费用。这种混合模式可以使业务部门意识到各项目通过使用治理组织的资源而获得利益，这些资源可能包括共同可重复使用的技术、指导、审查、最佳实践和共享基础设施等。这实际上可以被视为一种流程管理的"税"，以换取参与流程管理生态系统的权益。

对于流程项目的资金模式，最初大多数流程项目由需要流程管理解决方案的业务部门直接资助，并由服务于该业务部门的特定IT组织使用。第一个项目可能会全额资助流程管理的初始交付和基础设施，因此必须严格遵守具有巨大和明显商业价值的公司战略。然而，随着流程管理组织的成熟和在企业范围内的采用，将点对点的资金模式与用于访问企业范围内流程管理生态系统的通用资金模式相结合会更有益。这种访问的目的是在战略流程管理目标的背景下推动每个项目投资回报率的一致性。随着时间的推移和共享生态系统的发展，点对点资金模式的需求减少，单一的资金融资模式出现。这个集中式模型将超越提供监督和交付的角色,并演变为一个项目资金管理办公室,没有资金的项目可以提出商业论证并申请资金。

尽管不同组织的资金模式实施可能存在差异,但中央资金模式的主要目的是推动一致性和协调性,并为寻求资金的流程管理实施提供资金来源。

二、流程管理卓越中心人员管理模式

流程管理卓越中心的人员管理模式可以分为集中型、协作型和松散型三种。

(1)集中型模式将流程管理卓越中心作为整个组织的能力中心,按照业务领域或项目来配置人员。这种模式有助于统一推广流程管理标准,确保一致性和可复用性。随着流程管理卓越中心资源需求的增长,这些资源可能会被用于多个项目,跨项目的资源分配是集中式流程管理组织的主要价值所在。然而,这种方法对于流程管理人员的数量配置提出了挑战,需要越来越多的流程管理人员来应对项目增多或业务需求增多的情况。在集中型模式下,流程管理专业人员的招聘、使用和配置调整都由流程管理卓越中心负责管理。

(2)协作型模式需要流程管理卓越中心和业务领域通过协作来达成。这种模式要求双方共同配置人员以完成流程管理计划和项目,在一定程度上解决了流程管理卓越中心人员数量配置的瓶颈,并增加了流程管理在业务领域实施的灵活性。明确的协作分工和价值定位是这种模式的核心。无论是流程管理卓越中心还是业务领域的流程管理从业人员都需要有明确的职责和目标来指导其在实践中开展工作。为了平衡双方由于关注不同价值和目标带来的冲突,可以实施双方绩效考核。

(3)松散型模式则是一种按需开展流程管理计划的机制。业务领域根据自身成熟度和业务目标提出流程管理需求,流程管理卓越中心调度人员参与其中。这种模式体现了供需平衡,关键是作为需求方的业务部门的诉求和作为供应方流程管理卓越中心能力的匹配。只有当双方匹配"完美"时才能看到流程管理的成效。当然这种方式也可以和集中式的流程管理配置结合让业务部门在有限的范围内实现"需求自由"。松散型人员配置的目标主要以流程管理卓越中心达成的业务满意度或者服务水平来体现。

人员配备模型是一种参与机制，通过该机制单个项目或流程管理工作可以请求资源来实施。无论采用哪种人员配备模型，其目的都是为了实现流程管理的组织和战略目标。因此人员配备模型的目的不应限于提供为单个解决方案添加离散功能所需的战术技能而应负责流程管理解决方案的整体成功。任何流程项目的人员配备模型都应考虑到可扩展性的需求以跟上整个企业采用流程管理的步伐。这种可扩展性可以通过了解成功实施流程项目所涉及的各种角色的专业化以及这些角色在每个项目中建议的参与程度来实现。

三、流程管理卓越中心的运作

有效实施流程管理的一个核心要素是确立共同的愿景，自流程管理卓越中心成立之初，就必须慎重考虑其使命、愿景和价值观，以确保与组织整体战略的最大协同效应。流程管理的使命、愿景和价值观不仅应融入组织的整体使命、愿景和价值观中，还必须与之保持高度一致。

然而，在实践中，每个企业的情况都是独一无二的。例如，如果企业的战略目标是实现客户亲密度，那么流程管理的战略重心就应聚焦于敏捷性和体验等流程管理的主导原则上。这意味着，进行流程管控的价值观可能与这一战略目标和整体价值观产生冲突，需要谨慎调和。此外，流程管理卓越中心的组织定位并非一成不变，它随着组织战略和业务成熟度的演变而调整，因此需要持续关注和适应这些变化，这也是流程管理卓越中心所体现的重要价值之一。

对于大多数组织而言，成功建立并维护流程管理卓越中心是一项颇具挑战性的任务，这一过程往往伴随着多种复杂挑战。在实施过程中，重要的是要认识到，当流程管理卓越中心未能有效指导和管理整体流程管理实施时，可能会引发一系列问题。因此，对高层管理者来说，深入理解导致流程管理实施失败的原因及其潜在后果变得十分关键。

一个突出问题是流程管理卓越中心在资源配备上不足，这直接妨碍了其完成任务的质量和效率。例如，各项目分配的业务分析师技能不够成熟，导致工作质量下降，并可能严重拖延依赖于业务流程的信息化等项目的实施。这种情况增加了项目成本，并对时间进度造成了压力。

此外，流程管理卓越中心的管理能力尚未全面涵盖所有业务流程领域。在组织内部，仅部分业务领域完成了详细的流程映射、分析及优化，导致企业的流程集成欠缺协调与统一管理。因此，流程在部门间、业务线或其他业务单位的边界处存在阻碍，造成服务和信息流转不畅，角色重叠并降低了整体效率。

更严重的问题是，流程管理卓越中心缺乏一套统一的基准和最佳实践指南。未能为业务流程的建模、编排或优化定下明确的标准，使得流程管理在企业内部的质量参差不齐。此外，流程经常在分散的流程管理存储库和工具中记录，并缺乏这些系统间有效的互联互通。这进一步加剧了组织内部业务流程的不连贯性。

在小型企业中，启动流程管理卓越中心通常被视为可能降低投资回报且耗时的任务。实际上，小型企业无须投入大量资源即可建立卓效的流程管理卓越中心。它们可以在预算范围内，采用精益和敏捷的方法，在流程管理的特定领域实现收益。为了在项目初期交付成功案例，可以考虑组建两到三人的团队，负责绘制流程图并在组织范围内建立流程所有权。如此，在项目最终阶段，流程管理办公室的人力配置可以很小，甚至不必专设人员。这种策略下，业务团队将成为流程领导者，而非仅仅跟随流程管理卓越中心指引。

与大企业相比，小企业在项目建设上的时间和金钱投入有限。若与大企业项目相同的方式管理，项目面临的失败概率极高。因此，制定固定的时间表和尽早绘制项目路线图至关重要，确保及时处理流程项目的关键节点，包括改进目标、流程图建模、流程文件编制以及绩效报告。

第二节　建立可视化的组织流程框架

流程框架通过分层分类构建企业的流程地图，实现对企业全部流程的全面管理。这一框架的重要性不只在于提供企业流程资产管理的宏观视图，更关键的是其背后的流程所有者的问责机制。因此，许多组织在推行流程管理时，将建立流程框架作为初始重点措施,并随着流程框架的逐步完善,利用流程所有者责任制推进流程管理的持续改进,如图 6-1 所示。

运营流程

| 1.0 构建愿景和战略 | 2.0 开发和管理产品和服务 | 3.0 上市和销售产品和服务 | 4.0 交付实物产品 | 5.0 交付服务 | 6.0 管理客户服务 |

管理和支撑服务

7.0 开发和管理人力资本

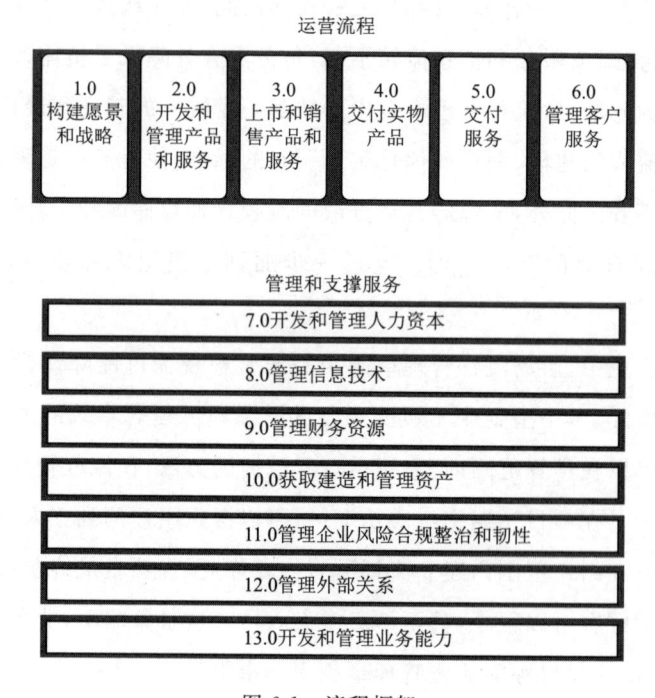

8.0 管理信息技术

9.0 管理财务资源

10.0 获取建造和管理资产

11.0 管理企业风险合规整治和韧性

12.0 管理外部关系

13.0 开发和管理业务能力

图 6-1　流程框架

在讨论流程框架时不得不提到 APQC 组织。美国生产力与质量中心（APQC）自 1977 年成立以来,在"业务对标、卓越实践和知识管理研究"领域享有盛誉。该机构汇集了美国各行业的业务数据,开发了一套普适的企业业务流程模型,即"流程分类框架（PCF）"。PCF 作为一个不断更新的公开标准,在一方面坚持通用性原则,着重促进跨行业交流、打破业务流程通用性被专业术语遮蔽的壁垒;另一方面,考虑到行业特定性,推出了不同行业的 PCF 版本,如制造与服务业、健康医疗产业、政府行业、教育行业等。

该流程分类框架为客户创造价值的结构提供了清晰的表述,从宏观到微观,将流程细分为五个层级:流程类、流程组、流程、活动以及任务。

（1）流程类,它代表着企业中较高层次的流程。例如,制定愿景与战略、交付产品和服务、开发和管理人力资本以及管理财务资源等。这一层级的流程所有者通常由企业的副总裁或高层管理者担任,他们负责监督和指导整个流程类的运行。

(2)流程组作为流程类的下一层级,它代表了一组相关的流程。以流程类"制定愿景与战略"为例,其中制定企业战略、管理战略行动等就属于流程组。流程组也需设立相应的流程所有者,有时也称为流程经理,他们负责确保流程组内的流程能够按照既定的目标和要求顺畅运行。

(3)流程层级,它代表着一系列相互关联的活动,这些活动共同将投入转换为产出或成果。这一层级的内容可以通过流程图来直观呈现。例如,在制定愿景的流程中,包括评估外部环境、调查市场并确定客户需求和愿望、实施内部分析、建立战略愿景以及沟通发布战略愿景等活动。流程经理负责该流程的具体运作,并向流程所有者报告工作进展和结果。

(4)活动层级,它指的是在执行流程时所需履行的关键活动。以分析评估竞争环境为例,其中可能包括分析确定经济趋势、确定政治和监管问题、评估新的科技创新、分析人口统计、确定社会与文化变更以及确定生态问题等一系列活动。这些活动共同构成了分析评估竞争环境流程的核心内容。

(5)任务层级,它代表着活动后的下一等级分解,通常更加具体和细致。任务在不同行业间可能存在较大的差异,因为它们需要根据具体的业务需求和操作环境来定制和执行。任务是流程执行中的最小单元,它们的完成直接关系到整个流程的顺利推进和最终成果的实现。

第三节　建立强大的流程所有者责任制

建立流程框架在企业管理中具有多重作用,其中,流程所有权的建立和应用尤为关键。这种所有权以流程框架为基础,旨在提升流程导向和流程成熟度。尽管在实际工作中,流程所有权的重要性常被忽视,但其对于推动基于明确定义指标的流程优化至关重要。

越来越多的公司开始认识到流程所有权的重要性。具体地讲，流程所有者负责管理流程绩效、制订流程优化计划、明确流程策略和目标，并选择与组织战略一致的关键绩效指标及衡量标准。依据这些KPI，流程所有者监控流程执行的健康状况，并汇报流程绩效情况。他们还参与协调流程改进计划，与其他流程所有者的流程界面同步。流程所有者旨在不断提升流程的成熟度，并维持各个成熟度级别。例如，某公司正在寻找一位全球流程负责人，以全面负责差旅和费用流程的设计与管理。在理想情况下，流程的所有环节，包括设计、执行、绩效评估以及相关员工的纪律领导，都应由同一位流程所有者负责。这种集中式的责任分配有助于确保流程的顺畅运行和持续优化。

在实践中，流程所有者角色的实施存在或多或少的问题。在流程文化尚未成熟的组织中，流程所有者的初步定位往往是流程改进工作的项目经理。然而，这样的角色分配往往忽略了流程所有者所需的管理能力和广泛的影响力。项目经理虽然对项目成果负有责任，能够在多个团队间协调合作，定义并遵循项目交付方法，设计并实施流程，以及管理变更以推动整体流程优化，但项目的本质决定了其临时性、结果的离散性和有限性。因此，这类流程所有者在日常业务流程改进中，对于资源、政策和预算的直接控制力有限。

相比之下，流程文化更为成熟的组织深知流程管理需要持续地支持、维护和培育。它们将流程所有者视为企业组织结构中不可或缺且长期存在的关键角色。在这样的组织中，流程所有者通常被赋予更高的管理层次，如中层管理职位，但其职责往往限于局部流程，而非端到端的流程执行。这种情况反映出对流程所有者角色的理解仍不够全面。

此外，有些组织在流程所有者的培训和教育方面也存在不足。流程所有者未能得到充分且持续的培养，导致其在履行职责时可能力不从心。更为严重的是，流程所有者的角色往往与组织的基本管理框架脱节，这进一步削弱了其在决策过程中的影响力。例如，当涉及资源和优先级的决策时，流程所有者往往缺乏明确的话语权，这对其推动流程改进工作构成了严重障碍。

然而，要实现向流程导向的转变并非易事。除了需要明确的外在动机和指导外,还需要考虑提供基于流程绩效的补偿机制。这种机制可以加速组织文化的转变,增强流程所有者的承诺,并进一步强化流程责任的重要性。具体的实施方法应根据公司流程绩效控制的成熟度水平来定制。

有效跟踪流程关键绩效指标(KPI)是将流程绩效与薪酬模型相结合的重要前提。如果公司缺乏可靠的流程 KPI,那么实现基于流程绩效的补偿就会面临诸多限制。为了解决这个问题,公司可以将流程绩效与原有的业务绩效相结合,利用平衡计分卡等工具将组织和各部门的绩效与流程绩效关联起来。同时,通过流程框架设置不同层级的流程绩效,可以确保各层级的目标与整体战略保持一致。

第四节　选择赢得变革信心的试点项目

流程管理推行的成败取决于试点项目的成功与否,而选择合适的首个流程则是试点项目的关键。流程试点项目是组织流程管理转型的初始证明点。在展示"大局"的潜力方面,所有试点项目都有"一座山"要爬。流程试点项目面临着一些概念挑战。其中最核心的是建立流程管理文化。为了确保成功,首个流程项目必须克服各种障碍,包括怀疑论者的短视和用户对新流程接受度的不足。因此,了解项目评审者和受众的期望至关重要,他们会在流程项目试点完成后向上或向下竖起大拇指。

通过试点项目来启动流程管理具有两大优势。首先,它允许组织逐步引入变革,使员工能够逐步适应新的工作方式,从而减少变革的阻力。其次,试点项目提供了一个在全面推广之前识别和纠正错误的机会,从而降低了新系统实施的风险。任何新系统都会遇到问题和成长的痛苦,在较小的规模上工作会更容易发现和解决这些问题。

鉴于流程管理涉及深远的文化变革,试点项目应遵循以下关键原则:

(1)战略关联性:确保试点项目与组织的战略目标紧密相连。通过精心选择能够展示和衡量流程管理成功的领域,可以获得管理层对更广泛推广的支持。

(2)可衡量性:明确的关键绩效指标(KPI)对于衡量试点项目的成功和进一步投资的合理性至关重要。一个具有高可见度且KPI明确的流程更有可能获得成功。

(3)沟通性:有效的沟通对于确保员工的参与和广泛的用户采用至关重要。通过持续的沟通和参与,可以增强员工对流程项目的认同感和投入度。

(4)可执行性:解决员工的实际痛点并确保新流程为团队、部门和整个组织带来实际好处是确保项目成功的关键。一个能够迅速、轻松地解决员工问题的流程将更受欢迎并被广泛采用。

(5)内部关注:试点项目的作用是引起火苗,专注于内部流程而非外部受众可以避免不必要的复杂性。通过集中精力处理内部流程,可以更有效地展示流程管理的潜力和价值。

一、可关联战略:获得管理层对更广泛推广的批准

许多组织在实施流程项目时,常犯一个典型错误:未能将这些项目与企业的核心战略目标紧密相连。为确保流程管理的成功并展示其成效,组织应精心挑选试点项目,这些项目应直接关联到关键的业务领域或部门。通过试点,组织不仅能够衡量流程管理的效果,还能为在企业全面推广战略提供有力依据。

在选择试点领域时,务必确保其直接支撑组织的核心战略目标,无论是提升客户服务质量、加速新产品的上市速度,还是缩减流程周期以获取竞争优势。以抵押贷款处理公司为例,该公司以抵押贷款发放作为流程管理试点,旨在缩短发放周期,从而强化其竞争策略。同样,一家汽车制造商选择简化其应付账款流程作为试点,这有助于实现其提供一流服务的整体业务目标。

这些试点项目的选择标准并非快速实现投资回报,而是它们对组织业务战略中的关键流程具有潜在的改进作用。因此,对"流程效率"的追求应当与更宏大的战略目标相结合。为确保项目选择的合理性和一致性,各业务部门的重要利益相关者需就项目的优先级达成共识。理想的项目应不仅能直接惠及单个部门,还能为多个部门乃至整个组织带来实际利益。

为达成这种共识,最有效的方法是召开项目优选讨论会。会议应邀请所有

利益相关者以及中立的协调者参与,如执行发起人或外部顾问。一旦确定了流程项目的优先级,组织应选择针对特定部门的项目作为试点,为全面实施流程管理做好准备。

二、可衡量:通过明确的关键绩效指标进行衡量,证明进一步投资的合理性

衡量是任何流程项目的出发点。了解哪些领域存在改进空间、可能产生更优的改进想法,以及它们能如何从流程管理方案中获益,对组织确定关注重点至关重要。

一个拥有明确定义的关键绩效指标且高度可见的试点流程,相较于那些缺乏高层关注或难以衡量与量化的流程,更有可能取得成功。尽管从表面上看,一个理想的候选流程可能是那些能显著节约运营成本的流程,但不能仅被直接成本节约所吸引,因为它们可能需要漫长的组织变革。鉴于新手流程项目赞助者的注意力持续时间有限,耗时过长的试点项目可能会错失良机。因此,在选择首个试点时,除了硬成本节约外,还应综合考虑其他绩效指标。例如,可以考虑那些改善现金流、提高收款效率、缩短投诉解决时间或提升客户满意度的措施,这些都能间接转化为收入增加或成本降低。

流程项目的目标应该是可衡量的,并且明确支持整体愿景。建议遵循SMART原则,这是制定目标的行业标准。然而,需要注意的是,指标只是起点。许多新的流程项目之所以失败,是因为实施团队过分关注数字,而忽略了更重要的因素。为了更有效地利用绩效指标数据,必须结合对公司的了解、当前业务方式以及将使用流程管理工具的人员来进行考虑。

流程试点项目还需要构建一个期望结果的愿景,这个愿景应与流程管理愿景保持一致。该愿景应阐明当前组织对流程管理的需求,通过流程项目必须克服的高层挑战,以及挑战克服后组织的预期形态。需要理解的关键一点是,愿景、目标和战略的制定本身并不会给组织带来实际利益。要实现利益,需要积极参与各个流程项目,并利用这些项目作为推动战略的工具,将想法转化为具有战术深度的实际行动。这些项目的直接成果将创造利益,而绩效指标通常由流程

管理部门根据战略要素预先确定，作为收集战略进展证据的框架。

> **流程举措愿景宣言精选：**
> - 缩减客户的"决策时间"，以从核心竞争对手处夺取更大的市场份额；
> - 通过集中各项活动，提高关键绩效指标（KPI）的透明度，使公司在市场中更加灵活应变；
> - 致力于简化所有相关行政流程，有效降低销售成本；
> - 在客户交互过程中，力求减少返工次数，进而提升客户满意度。
>
> **流程管理目标：**
> - 在全价值链中，致力于将与流程返工相关的成本降低75%；
> - 为各项运营流程制定统一的标准流程可视性指标；
> - 努力将客户联系的响应时间缩短50%，以提供更加迅速的服务。
>
> **评估战略成效的流程管理关键绩效指标（KPI）：**
> - 年度发布的流程优化数量，以衡量流程优化的频率和效率；
> - 每个流程步骤的开发成本，用于分析流程开发的经济效益；
> - 每个流程的投资回报率（ROI）或收支平衡时间，以评估流程投资的盈利能力；
> - 再利用收益，即因可重用资产而节省的时间或成本，需注意单独考虑再利用而不计成本可能会产生误导；
> - 项目评估后的健康检查得分，包括集成方法、记录系统、遗留流程管理和决策管理系统的数量，以综合评估流程管理的成熟度；
> - 每个发布的业务投资百分比（除IT外完成的工作量），以衡量非IT部门在流程优化中的贡献。

三、可沟通：让员工参与进来，引发广泛的用户采用

一旦试点项目经过赞助人和关键项目利益相关者的评审并获得一致通过，就应当将流程策略、策略依赖性分析以及整体部署计划传达给行政管理团队、各部门和业务单位负责人、IT管理人员以及参与"现状"评估的各方人士。这一过程应通

第六章　流程管理实施：关键举措

过针对各部门的优先项目和需求进行的一系列演示报告来有效推进。流程管理卓越中心将负责沟通工作，并在最初的试点项目完成后继续承担这一职责。此外，建议成立一个由初期项目利益相关者组成的流程管理指导委员会，该委员会应定期（如每月或每季度）召开会议，以评审策略并向组织内其他部门传达最新进展。

流程管理是一个高度复杂且要求严格的领域，非经广泛培训和具备丰富经验者难以设计出高效的流程系统。因此，开发团队中需要纳入流程专家。然而，这并不意味着团队应完全由流程专家构成，或者团队应与公司其他部门隔绝、仅关注流程而忽视流程的实际使用者。实际上，至少应当征求将采用这些新流程的一线员工的意见，了解他们的需求以及他们认为当前方法存在的不足之处。在理想情况下，一线员工将持续参与流程的制定和实施过程。这样做不仅能确保新流程的设计符合实际使用者的真实需求，还能带来额外的好处：增强员工对流程项目的归属感和个人投入度。一旦新流程得以实施，这种主人翁意识将有助于提高流程的采用率和使用率，从而确保新流程的成功实施并得到广泛应用。

四、可执行：解决员工的痛点，使团队、部门和流程都能感受到好处

员工的认同在流程项目中是至关重要的，却往往被忽视。流程并非高级管理层单方面的"施行"，而是一种企业文化的转变，需要员工的自觉接纳而非被动接受。一个成功的业务流程改进必须为其所有参与者带来显著且迅速的好处，如此才能激发员工的积极参与，使流程管理成为他们乐于参与的一部分。

流程解决方案的真正价值在于用户的广泛接纳。因此，首个业务流程应着重确保高的用户采用率。那么，如何达成这一崇高目标呢？关键在于解决员工普遍认为的"问题"流程。找到那些能够显著减轻员工痛点、提升工作效率或加速工作进程的流程，员工便会自然而然地爱上流程。这些早期采纳者的满足感和热情将成为推动未来项目的重要力量，进而启动更广泛的流程项目计划。

五、专注于内部受众：试点项目的作用是引起火苗

在试点项目的实施过程中，专注于内部受众是至关重要的。尽管让客户和供应商参与可能会增加项目的影响力和收益，但这同时也会带来额外的复杂性

和成本。例如,更多的决策者参与可能导致决策过程变得冗长和复杂,更多的教育用户需要投入更多的时间和资源,而潜在的更多合同义务则可能增加法律和商业风险。这些额外负担与试点项目追求快速展示成果的初衷相悖。因此,建议在首个流程项目中专注于内部流程,以确保项目的简洁和高效。

有人可能会质疑,这是否浪费了与外部受众合作的机会?客户和供应商的接受度和满意度是否不重要?需要明确的是,这是试点项目,是变革过程中的初步尝试。持续的管理支持和不断增加的员工采用率是流程项目计划持续发展的关键。试点项目的成功将为启动更多流程项目提供所需的动力,并为流程项目的长期成功奠定坚实基础。通过专注于内部受众,可以在确保项目简洁高效的同时,逐步推动企业文化的转变和员工的积极参与,从而为未来的流程项目计划奠定坚实基础。

流程管理项目选择自检表如图 6-2 所示,其他建议具体参考如下:

(1)领导力支持:尽管有观点认为,除非获得首席执行官的全力支持,否则不应尝试任何流程项目。但现实情况中,鲜有首席执行官能将其组织完全转变为以流程为中心的业务模式。领导力并不仅限于首席执行官,组织内部存在众多领导者,其中一些正致力于推动流程项目。在这样的背景下,领导力体现为参与流程项目的领导所给予的关注、支持、资金、承诺和时间。显然,这些因素的具体程度会因组织和领导在流程管理方面的成熟度而异。

(2)经验丰富的业务项目经理:这个角色在某种程度上被视为项目团队及周边人员、利益相关者和活动的引领者。因此,项目经理必须拥有人员变革管理和利益相关者管理方面的卓越技能。

(3)流程架构:当组织将流程管理作为战略方向,或正在进行/实施多个流程项目时,流程架构有助于在组织内部实现协同方法和一致性,从而确保获得最大的利益。

(4)结构化的流程管理实施方法:考虑到组织的战略、执行方式及实施的重要方面,如果没有一个商定的、结构化和系统化的方法来实施流程项目,项目可能会陷入混乱,并伴随高风险。

第六章 流程管理实施：关键举措

流程项目选择自检表

避免哪些：

无法展示结果：
× 没有明确的KPI：如果不能衡量BPM试点，就无法证明对BPM计划的需求
× 政治色彩或高度分散：无满政治冷色或高度冲突各方的共识可能会成为障碍
× 太简单了：改进它们的影响不会为未来阶段产生足够的动力
× 被严格定义：难以改进，潜在效益低
× 任务标准：利益方/干系人不愿意用不熟悉的方法
× 核心系统：有ERP、CRM等系统的支持，已经相当高效了，所以增量改进的成本效益不是很明显

放慢进度：
× 没有决策明确的所有者：如果缺乏来自统一来源的快速清晰的决策，将会使BPM试点陷入无休止的多方利益相关者争论中
× 完全未被发现的流程：有12周的时间来提供完整的结果，而不是输出分析报告
× 太复杂了：概念验证阶段英雄们的试错阶段，所以寻找那些有10~20个活动的流程
× 数据集成：与公司现有多个系统的集成需要付出额外的工作，而且项目计划受到严格的"变更窗口"的限制

寻找哪些：

给出一个令人信服的开始理由：
√ 与企业目标挂钩，会很容易获得赞助
√ 来自业务的直接痛点，会表现出快速出行动力及跟踪、预测和控制的强烈需求
√ 高度手动：将允许快速提高生产力以及跟踪、预测和控制
√ 集中使用纸质文档、电子邮件、电话和电子表格：可以快速节省开支，是繁重体力工作释放的一个重要指标
√ 质量控制：能够快速改进端到端质量不准确或难以提供状态：能够快速改进端到端
√ 有多个决策步骤：可以通过促进交接和工作在项目中嵌入说明来加快工作速度并减少错误

快速交付：
√ 单一流程负责人（或小型集权团队）：可以快速决定范围、预算和交付
√ 特设流程：易于修改和改进
√ 非标准项目在核心系统之外：需要较少的与现有系统的集成，从而实现变更的交付
√ 拥有一个移动组件，用户会喜欢并轻松使用它们
√ 只有内部受众：因为外部利益相关者才能缓解决策进度

图 6-2 流程管理项目选择自检表

173

(5)人员变革管理：流程是由人执行的，或者是由技术支持的人来执行的。在流程项目中，人员会受到重大影响，因为随着任务和活动的变化，他们的角色可能会发生显著改变。

(6)项目启动与收尾：组织内的所有流程项目必须相互协调，且在项目实施后必须进行审查，以确保从一个项目中汲取的经验教训能够应用到后续项目中。

(7)可持续绩效：项目具有明确的生命周期，而流程如果得到适当的维护、衡量和管理，将在项目生命周期结束后继续在日常业务环境中运行。

(8)实现价值：项目存在的根本原因是为了提供和创造有助于组织战略的价值。只有当项目目标得以实现，并以一种企业能够维持其成果的方式移交给企业时，项目才算真正完成。

第五节　设计合适的流程服务组合

一、流程服务：持续、利润和创新

流程服务可分为三大类别。首先是"持续服务"，这类服务包括流程资产的管理等，它们为组织提供稳定的支持，但对当前或未来的商业模式、客户体验或整体收入的影响较为有限。其次是"利润服务"，这类服务对于与外部利益相关者互动的质量具有关键重要性，例如流程改进等。最后是"创新服务"，即使目前无法明确其商业论证，也需要分配特定的创新基金来开发这些服务，例如流程组合管理。之前在流程管理与数字化的章节中也阐述了类似的观点。

引入的流程服务的组合管理可以根据特定需求来填充。尽管这些服务列表因组织不同而有所差异，且并非详尽无遗，但它们至少可以作为识别流程管理服务的起点。在这里，需要关注的是那些可能由集中式流程管理卓越中心提供的服务。然而，必须承认的是，许多服务也可能由其他部门提供，如IT、公司治理、业务改进、合规管理、项目管理、人力资本管理、外部供应商等，并且服务所有权可能会随着时间的推移而发生变化。

二、流程服务的标准化

以下是一些具体的流程服务描述：

(1)流程建模：包括流程模型和基于存储库的流程文档。除了对业务流程进行建模和管理外，流程存储库还需要维护许多相关工件，如数据、知识、风险、服务和应用程序的补充概念模型，以及为业务流程模型提供更广泛背景的政策、业务规则描述、最佳实践等。

(2)业务绩效测量：衡量业务流程的绩效是另一项具有潜在高价值的服务。许多组织对基于流程的绩效管理或流程分析表现出极大的兴趣，但接受程度有限。

(3)业务流程合规性：组织越来越认识到业务流程和业务流程模型在向合规实体转移中的作用。流程管理卓越中心的相关挑战将是建立对相关合规标准的足够了解，以定制流程管理方法、工具和技术。这通常需要与外部合规专家和审计员进行合作。

(4)业务流程诊断：致力于确定流程失败的原因。虽然彻底的流程治理将努力避免这种情况，但永远无法完全排除。流程诊断作为一种服务，明确表明组织致力于发现业务流程执行中过去错误的原因。这项服务需要与组织中的其他诊断活动密切合作，通常会因流程绩效或合规性不足而触发。甚至可以设想，流程诊断可以与其他事后分析方法相结合，例如流程挖掘等工具。

(5)流程改进：超越了简单的流程建模，专注于推导出一个流程的改进版本。

(6)设计流程执行的信息系统：在许多情况下，改进业务流程至少需要流程自动化或通过现有或未来的IT基础设施提供支持。

(7)业务流程自动化：这将是典型的系统开发工作，通常由IT部门或外部服务提供商提供。流程自动化是一种快速发展的流程管理服务，需要掌握面向服务的架构和各种其他类型的中间件和社交软件等主题。

(8)流程变革管理：除了与IT相关的实施挑战外，变革管理也是确保组织各方面顺利过渡的关键服务。这项丰富的服务涵盖了组织重新设计、文化评估、工作绩效、政策等。虽然这是向改进流程转型的核心行为，但集中式流程管理组织往往在这项服务中扮演着次要角色,其重点是确保与概念流程蓝图的一致性、所需的修订和扩展以及为变革经理提供支持服务。在任何情况下,将现有的流程管理和变革管理方法整合到组织中都是一项很重要的工作。

(9)流程项目管理:除了与流程项目倡议的各个步骤相关的服务外,流程服务还可能专门用于管理项目。注重流程的项目经理将确保在整个项目期间重点关注流程。强大的流程技能必须辅以对企业特定项目管理方法的深入了解,例如 PRINCE2、PMBOK 等。提供项目管理服务的流程管理卓越组织将对项目产生更大的影响,从而更有机会强调流程设计的关键作用。在此背景下,将流程管理、项目管理和变革管理方法相结合将是一个主要挑战。

(10)流程治理:涵盖角色、责任、职责和决策过程。虽然流程管理本身的治理是一个更内部的活动,但核心流程服务可以围绕特定流程的治理而发展。这项服务包括对流程所有者的责任、相应决策权力和程序的实施以及业务领域中与流程相关任务的制度化的建议。它通常涉及与人力资源管理的密切合作。

(11)战略一致性:在启动任何流程管理活动之前,应进行评估以确定其与公司战略和使命的一致性。这项服务的价值主张是双重的:首先,它将有助于根据战略一致性为流程分配优先级;其次,它将确保所有与流程相关的工作都有助于实现公司目标。这项服务基于对组织战略及其对流程运作方式的深入理解,战略地图工具可用于此目的。它还需要定期收集相关流程绩效数据的能力以量化一致性而不会使数据收集本身成为一个大型项目。这项服务的交付成果最显著地体现在潜在的商业论证中并实现了流程再设计等流程管理活动的目标。

(12)流程组合管理:需要一个企业流程框架来识别那些对流程管理具有最高优先级的业务流程如合规管理、即将推出的企业系统等。

(13)流程教育和培训:流程管理卓越中心还可以提供与流程教育相关的服务即教授特定流程方法或实践这种服务可以被人力资本管理部作为新员工入职培训的一部分。

(14)流程管理成熟度评估:对组织不同部分的流程管理成熟度进行持续评估是一项基本服务。如今有许多流程管理成熟度模型可供选择和应用。

部分流程服务说明见表 6-1。

表 6-1　流程服务说明示例

流程服务	描述	服务客户逻辑	利益相关者
流程建模	通过访谈技巧,在组织内部建模和发布流程	按需或由流程管理卓越中心对特定流程的改进感知触发	业务领域
流程分析和重新设计	识别和分析建模过程中的问题和改进机会	通过由流程管理卓越中心成员和组织员工组成的工作组提供服务	最高管理层和业务经理
流程改进、实施和监控	监控和报告流程改进的实施状态	通过由流程管理卓越中心成员和组织员工组成的工作组提供服务	最高管理层和业务经理
流程设计和维护	根据设计的流程,对内部流程进行阐述、维护、修订、发布和沟通	按需或由流程管理卓越中心对特定流程的改进感知触发	业务领域
流程审计和合规性	验证流程模型是否符合实际	按照频率对员工进行采访,并进行不引人注目的观察	业务经理
基于流程能力的建模	每个职位基于流程的能力(知识、能力和态度)的建模	每年对员工进行访谈	人力资源领域和业务经理
关键绩效指标监控	定义并实施监控流程 KPI,还包括绩效仪表板的维护,以实现决策	每月一次	管理人员
流程培训	在流程方法、工具和实践方面的培训,展示传播流程意识文化	按需或由流程管理卓越中心对特定流程的改进感知触发	业务领域
流程风险分析	分析流程中最相关的操作风险,并提出减轻这些风险的内部控制建议	每两年一次,对员工进行访谈	最高管理层

第六节　流程管理软件的选择与实施

流程管理软件旨在支持企业改进并自动化其业务流程。其核心功能在于对业务流程和工作流进行建模,进而推动这些流程的优化,从而助力企业达成预定目标。当企业察觉到某些任务重复且耗时、流程未能达标或员工报告流程中异常频发时,便可能是引入流程管理工具的契机。此类软件能协助企业定位问题根源并寻求有效的解决方案。

寻找适合的流程管理软件可能颇具挑战,因为每家企业的需求都独一无二,需要量身定制的解决方案。一个恰当的流程管理软件能够强化流程与方法的标准化及维护,进而提升企业绩效。对于多数组织而言,保持业务与 IT 的一致性至关重要。经验显示,成功运用流程管理技术的组织往往首先针对特定的业务问题入手,并追求明确的短期投资回报率。

在流程管理软件的范畴内,可以广泛地将其分为 BPA、EBPA 或 BPMS 工具。BPA(业务流程分析)如同为组织业务流程提供的细致入微的放大镜,帮助企业洞察当前业务运作状况及潜在的改进空间。使用 BPA,企业能够精准地识别出需要优化的环节,类似于在交通拥堵中准确找到并疏通瓶颈,以保持交通流畅。

相较于 BPA 的局部观察,EBPA(企业业务流程分析)则着眼于全局。它致力于分析组织内不同部分的协同工作方式,确保各部门和团队步调一致,共同推动业务发展。这就像了解一个城市中所有道路如何相互连接,以确保整个交通系统的顺畅运行。

最后,BPMS(流程管理系统)作为一体化指挥中心,在流程管理中发挥着至关重要的作用。它不仅助力企业设计和管理流程,还能实时监控流程执行情况,确保一切高效运转。这类似于拥有一个中央控制室,能够自动化各项任务,保持整体秩序,并确保企业运营如同一台润滑良好的机器般顺畅。

一、了解组织的需求

在选择软件及其实施合作伙伴时,核心考量应围绕组织的实际需求和准备状态。简而言之,即"实事求是"。若组织尚未具备处理多学科、多系统、全企业范围内工作流程的能力,那么购买复杂平台便显得不切实际。这不仅因为高昂的价格,更因为使用过于复杂的系统解决简单工作流会导致管理成本激增。

在决定采用流程管理工具之前,有几个关键问题需要深思。首先,要明确组织希望通过流程管理工作实现哪些目标,以及这些目标的重要性。这有助于聚焦战略,并确立以流程为中心的方法。其次,必须深入了解组织的当前状况和流程成熟度,包括现有的流程管理方式以及可用于推动和支持流程改进的资源。最后,预测和了解未来的开发需求同样至关重要,因为这将直接影响平台的选择标准。

选择流程管理工具并非一蹴而就的过程。全面、清晰地了解组织需求可能需要时间,尤其是在涉及多个利益相关者且意见不一时。因此,进行彻底的需求分析并记录以获得组织内部的共识是非常关键的。只有明确了组织的现状和发展方向后,才能进入评估潜在流程管理工具的阶段。

在引入流程管理工具时,以下几个因素值得考虑:

(1) 组织的流程管理战略:明确使用流程管理工具的目的,以及期望从中获得的具体好处和成果。这些工具应如何增强组织的能力和实现其目标?当前的主要目标是监控和优化一组关键流程,还是进行更广泛的企业级流程分析和优化?

(2) 流程管理的附加目标:除了核心流程管理目标外,组织还希望通过流程管理实现哪些其他目标?例如,是否希望实现流程自动化、在整个组织中部署流程管理,并将其无缝集成到核心运营中?

(3) 使用范围:不同的使用范围对应着不同类型的流程管理工具。组织需要的是针对特定业务流程的详细放大镜,还是对整个系统有更广阔视角的企业级流程管理?

(4) 流程工具符号的选择:符号和标准的选择对流程管理计划的有效性有显著影响。广泛认可的符号(如 BPMN)可以促进复杂流程的清晰可视化和团队间的无缝沟通。

(5) 预期的用户群体:是仅供流程专业人员使用,还是用于全公司的流程管理和改进?流程管理软件应能为业务分析师提供信息,支持他们实现流程精益,并帮助他们使用六西格玛和改善等工具进行持续改进。

(6) 预算限制:虽然一些工具可能拥有组织所需的所有功能,但如果其价格超出预算,则可能不值得投资。因此,找到一个既合适又具有成本效益的工具至关重要。此外,还需验证组织是否具备实施解决方案所需的基础架构。

二、明确流程管理软件性能

并不存在一种流程管理工具适合所有组织。在评估投资哪种流程管理软件以实现流程改进目标时，需要考虑以下性能需求。

首先是可用性。一个优秀的流程管理工具必须能够简化流程执行，确保所有利益相关者都能轻松理解。由于该系统将由不同领域的员工使用，他们对软件和技术的熟悉程度各不相同，因此界面设计应直观易用。避免过于技术化的界面，以免妨碍普通用户的使用。理想的功能包括基于用户文本输入自动生成流程图，以及便捷的搜索功能，这些都能提高易用性，减少用户挫折感。同时，考虑到流程的动态性，良好的变更管理也是必不可少的，例如通过仪表板显示自动通知，使用户和管理者能够随时了解流程状态。

其次是集成性。选择流程管理工具时，与其他技术资源的本地集成能力至关重要，如企业内容管理（ECM）、电子文档管理（EDM）、企业资源规划（ERP）等。通过将所有数据管理整合在一个工具中，企业可以更加高效地在流程中使用数据。例如，在采购申请过程中，可以更容易、更自动地注册和选择供应商，系统中的所有数据都可以在需要时随时调用。这种集成不仅有助于提高流程的敏捷性，还能为决策提供重要数据和报告。如果组织存在多个支持流程的后端软件工具，这一点尤为重要。缺乏适当的集成可能导致大量手动数据传输，从而抵消自动化带来的好处。

响应能力也不容忽视。随着移动设备的普及，用户界面质量对于支持更好的用户体验至关重要。用户体验的质量往往取决于用户的设备和浏览器，因此需要一个能够适应各种设备的动态流程管理解决方案。响应式网页设计的理念是一个设计应能够自动适应多个设备的查看需求，而不是为每个设备单独编写设计。许多流程管理工具都内置了移动功能，通过一次部署即可提供响应式、移动式和 Web 用户体验。

此外，可扩展性也是一个关键因素。随着业务的不断发展和变化，流程管理软件需要能够与组织一同成长。除了技术方面的考虑外，还应评估实施和嵌入技术所需的资源数量和类型，并确保该工具支持的技术与现有 IT 基础架构兼容。

在保障性方面，要考虑供应商是否能够提供使用该系统所必需的支持。这包括评估获得 IT 支持的难易程度、是否外包或由供应商直接提供以及是否存

第六章　流程管理实施：关键举措

在服务级别协议(SLA)。同时,理想的系统应该易于学习使用,使组织能够在不依赖供应商的情况下处理流程。

文件和信息的可用性也是评估流程管理工具时需要考虑的因素之一。应检查供应商提供的介绍性资源、培训材料和支持文档的可用性。这些资源应包括视频课程、使用示例和教程等,以帮助用户自主使用系统而无须过度依赖 IT 支持。

与公司文化的兼容性同样重要。基于流程的管理不仅是一种管理模式,也是一种必须融入公司文化的现实。同时,选择的工具也必须适应企业中已经存在的文化,否则可能会面临员工的抵制。

托管方式也是需要考虑的因素之一。流程管理工具通常提供云和现场托管服务。在选择时,需要考虑组织是否有人力和技术资源来支持现场托管以及云托管是否更有利。当前的趋势是向云转移,因为云托管通常提供较低的前期投资、降低的风险和更多的可扩展性选项。然而,出于安全考虑,某些组织可能更适合选择现场托管。

最后,成本自然是决策过程中的一个重要因素。流程管理软件的价格因功能、用户规模、自定义需求以及是现场软件还是云软件等因素而异。企业云流程管理解决方案通常按照用户订阅收费,而本地流程管理软件则需要购买昂贵的许可证并支付年度维护费。在评估成本时,需要仔细检查定价模型和许可选项以确定最具成本效益的解决方案。然而需要注意的是,成本不应是唯一的决策标准。无论成本如何如果在短时间内没有看到明显的效益就应该对投资回报产生怀疑。

三、确认流程管理软件功能

确认流程管理软件功能时,需从多个维度进行全面评估：

(1)流程建模:评估该工具是否具备强大的建模能力,能否提供一个直观易用的界面,以便于高效地创建和自定义复杂的流程模型,从而准确反映工作流和业务逻辑。

(2)流程文档:关注工具在流程文档方面的表现,是否支持详细流程信息的全面记录、版本控制以及自动生成文档等功能,以便知识共享和参考。

(3)流程部署与发布:在此环节,需考虑软件的易用性及其目标用户。对于大型流程管理平台,技术用户可能占据主导,而许多工作流自动化工具则更侧重于业务分析师或终端用户的设计需求。因此,明确工具是以业务为导向还是以IT为导向至关重要。同时,流程设计作为一项团队工作,强调业务部门与IT部门间的紧密合作,最新流程管理理念——无编程流程的实现也值得关注。

(4)流程分析:评估工具是否具备高级报告和数据可视化等分析能力,以便深入剖析流程性能、识别瓶颈并挖掘优化机会。同时,考查工具在特定流程中能否提供洞察力和最佳实践指导,以及如何帮助执行相关标准和最佳实践。

(5)流程仿真:寻找具备强大仿真能力的工具,以便在各种场景下测试流程模型,及早发现并验证潜在问题,确保流程设计的顺利实施。

(6)业务规则管理:对于更复杂的流程需求,业务规则引擎将发挥重要作用。然而,这类工具通常成本较高且需要专业知识才能正确使用。因此,在评估时需权衡其成本与收益。

(7)流程管理报告:关注报告如何助力确定持续改进计划、是否建立持续反馈循环以及如何处理异常和基于规则的报告等问题。同时,考察报告是否仅停留在平均处理时间的展示层面,还是能够达到真正的流程管理报告级别。

(8)用户管理:评估工具在用户管理、访问控制和配置选项等方面的表现,确保提供一个用户友好的管理界面和强大的安全措施,以维护数据完整性和保障组织内的平稳运行。

四、选择流程管理工具的十个步骤

(1)设定目标:基于企业的战略规划,明确引入流程管理工具的具体目标。

(2)指定任务负责人:在选定工具前,需确定内部负责该系统的实施与管理的主体,无论是流程管理部门还是信息技术部门。通常,建议双方协作,以确保系统平稳运行并符合商业策略。

(3)细化工具需求:明确业务对工具的具体需求和优先级,例如哪些业务流程需要自动化、与何种系统和框架集成,以及文档和数据管理方式等。

(4)初步筛选:根据步骤3中的需求,缩小选择范围,初步选定候选工具。

(5)信息收集:向供应商发出需求清单,收集其产品相关信息。

(6)产品演示:邀请入围的供应商进行产品功能和特点展示。

(7)测试与验证:对选定的产品进行概念验证测试,确保其适应组织的实际需求。

(8)基准分析:考察竞争对手所使用的系统,以消除疑虑并确保所选工具在市场竞争中具备优势。

(9)商务谈判:与供应商就价格、付款条件和支持服务进行谈判,完成采购流程。

(10)合同签订:最终确定合作,准备部署流程管理工具。

在选择流程管理工具时,除了上述传统软件采购流程外,还应特别关注供应商和产品的验证环节。供应商的背景、信誉和实施历史等因素至关重要。建议选择那些在市场上享有良好声誉、拥有成功实施案例和强大支持系统的供应商。同时,评估流程管理工具对各种应用场景的支持能力也必不可少。一个优秀的流程管理工具应能适应不同行业的需求,有效处理各种用例,实现组织内部各部门和职能之间的无缝集成。更进一步,一些先进的流程管理工具已超越传统领域,集成了风险管理、战略和性能管理等附加功能,为组织提供了更加全面和高效的方法。

第七节　流程管理实施的陷阱

尽管实施流程管理时存在一些基本的成功要素,但同时也伴随着可能严重阻碍其在组织内持续发展的重大误区。这些误区不仅阻止了管理者充分实现流程管理带来的所有益处,还可能对整个组织造成负面影响。幸运的是,有学者和实践者已经识别出这些误区和隐患,为组织在实施流程管理过程中提高成功率提供了指导。

(1)首当其冲的是未获得高管支持的问题。高管的支持对于成功实施流程管理至关重要。无论是来自IT部门还是业务部门，组织中的高层管理人员都必须全身心投入该项目。在项目早期确定高管支持者是关键，因为缺乏这样的支持者将导致一系列问题，进而增加项目风险。没有高层管理层的明确授权，项目经理将难以满足所有受影响的业务经理的需求，最终可能导致组织对该项目失去兴趣或将资源转移至其他计划。高管的支持还有助于在高层传达关切，并催化未来流程项目的创新。建立指导小组是获得高管支持的另一种有效途径。这样的小组通常有能力克服政治障碍，并推动组织变革，克服大部分阻力。首席信息官或IT总监也应成为指导小组的一部分，以确保为该项目提供正确的技术资源。

（2）另一个常见误区是**未建立商业论证**。许多流程管理计划的失败都源于缺乏坚实的商业论证。商业论证有助于阐明预期收益、所需的工作和成本支出，以及成功的衡量标准。它还有助于在项目实施过程中跟踪实现的收益。一些组织错误地优先考虑购买流程管理工具，而不是从业务改进的角度明确此类举措的需求，这是一个严重的错误。流程管理是构建在现有IT应用程序和基础设施之上的管理层，如果没有适当的业务理由支持其目的，该工具可能无法满足实际的业务需求和要求。

（3）**不投资于员工**也是许多组织常犯的错误。流程项目需要具备专业技能、知识和经验的人员。流程分析并非易事，需要具备正确思维模式和能够找出问题并就成本效益改进提供咨询的人员。此外，雇佣具有强大社交技能和高度情商的人也是至关重要的。流程分析师需要经常与组织内的高层客户接触，因此选择合适的人选对于流程管理的成功至关重要。组织可以通过提供适当的培训和流程管理认证来解决技能差距问题。

（4）**缺乏持续可见性**是另一个需要解决的问题。流程管理不能仅仅保持在项目模式中，而需要持续地在组织中得到体现。通过在组织结构中明确定义流程管理角色，可以实现持续可视化流程管理。设计流程管理角色时，应注意执行、支持和监督角色之间的平衡。此外，找到适合组织结构的流程管理角色位置也是关键。大型公司通常在CEO附近设立中央流程管理功能，而较小的公司可能需要根据其规模在不同部门或业务单元中启动分散的流程管理单元。

第六章 流程管理实施：关键举措

（5）**不任命流程经理**也是一个常见错误。在许多管理不善的流程管理实施中，更多的重点被放在了流程建模上，而不是采取行动来改进流程。这通常是由于没有任命流程经理造成的。流程经理负责确保流程管理运营和治理模型在各自业务部门中得到实施，并促进流程改进文化的形成。

（6）**措施成功定义不佳**也是导致流程项目失败的一个重要原因。在启动任何流程改进计划之前，必须衡量当前的绩效和预期收益，并以此作为衡量流程项目为组织提供的实施后价值的基线。在项目结束时，管理层还应进行成本和收益的核算以确定是否继续进行其他流程项目。此外为了方便高层管理人员理解，流程项目应该有易于消化的报告、仪表板和措施。

（7）**未制定路线图**也是组织在实施流程管理时常常忽视的问题。由于缺乏适当的路线图，组织往往难以从其流程管理战略中获得预期的收益。所有流程管理活动都应被标识出来并附上相关的实施时间表，同时每个活动还应有一个受影响利益相关者的列表以及项目实施的估计成本。更重要的是流程管理路线图必须与组织的长期战略保持一致，拥有流程管理路线图有助于建立持续衡量和改进流程有效性的所有权和治理结构。

（8）**实施IT主导的流程管理**是一个需要避免的陷阱。由IT主导的流程管理计划很可能失败，因为流程管理是一种以业务为导向的管理纪律，涉及人员、流程、信息和工作环境的变化。尽管IT可以通过使用自动化工具来支持这一目标，但不能被视为流程管理倡议的所有者。组织需要采用以业务为导向的方法来实现流程管理，确保实际完成业务工作的人员被视为流程所有者或推动者并有权促进流程改进。

（9）同样**实施精益或六西格玛主导的流程管理**也是一个潜在的误区。一些组织可能错误地委派精益或六西格玛员工来实施流程管理。虽然这些员工擅长通过"流程测量"的角度来看待世界，但他们往往缺乏管理流程所需的培训和技能。精益和六西格玛是流程管理的子功能，在流程分析师完成模型开发后才能参与流程改进。此外他们也更倾向于从组织的战术/运营层面思考，而不是专注于战略层面的目标。

(10)最后需要警惕的是**被错误的建议,其他方法分心**。当组织开始实施流程管理时可能会遇到各种"专家"试图提供建议或抢夺主导权。这些人可能对流程管理知之甚少,但他们的建议或行为可能会干扰流程管理的实施。此外,一些管理者可能基于过去的经验(如六西格玛课程)认为自己是流程管理专家,并试图主导流程管理方向。这种情况需要特别警惕,以确保流程管理的正确实施。表 6-2 为流程管理实践评估自检表。

表6-2 流程管理最佳实践评估自检表

16种流程管理最佳实践	没有使用	一定程度上使用	坚持使用并获得收益
组建一支由不同人员组成的流程管理协作管理团队			
建立流程管理卓越中心			
控制管理层期望			
使用正式但可定制的流程管理方法			
创建流程项目跨学科团队			
确保模型中主要信息和辅助信息的质量			
使用准确的"当前状态"或"原样"业务模型			
使用模拟建模			
标准化您的模型,包括其内容、形式、符号和技术			
明确定义工作流的KPI以实现度量			
确定所有应用程序的使用和交互			
为团队成员提供持续的培训			
随着时间的推移,使业务模型和支持信息保持最新			
以客户为中心			

第七章

流程管理推广:转移成果

流程管理推广属于变革成果的嵌入阶段,此阶段是变革管理过程中非常关键的一个阶段,主要包括复核和管理绩效表现,制定变革持续性措施,将项目成果的所有权转移至业务本身,并在组织内部巩固这些新制度和流程。

第一节 验收结果:组织与个人

一、变革绩效度量

在验收成果阶段,企业必须对流程项目的进度和成果进行定期评估,因此,确立恰当的度量标准显得尤为关键。一般来说,企业可以从以下四个主要类别来选择合适的度量标准:组织绩效、项目绩效、变革绩效和个人绩效。

- 关于组织绩效,核心问题在于评估流程管理举措是否达到了预期目标,以及其收益是否已经实现。这些收益既包括有形的财务收益,也涵盖无形的收益,主要聚焦在客户、收入、成本以及风险合规等方面。例如,客户满意度的提升、成本的降低、收入的增加以及风险审计问题的减少等,都是组织绩效的具体体现。
- 在项目绩效方面,需要审视流程管理举措所定义的项目目标和交付成果是否已经达成。例如,成功实现IT系统的上线运行,减少索赔数量和处理时间,以及提升工作满意度等,都是评估项目绩效的重要指标。

- 变革绩效的评估则侧重于管理变革计划中利益方/干系人的表现，以及培训教育、沟通和阻力等具体工作的开展结果和成效。例如，变革计划的完成率就是一个重要的变革绩效指标。
- 至于个人绩效，主要关注受变革影响的个人是否能够有效地采纳和使用新的方法、流程和信息系统，并评估其熟练程度。例如，变革的采用率以及个人对新方法和流程的掌握程度，都是衡量个人绩效的关键因素。

上述的组织、项目、变革和个人目标共同构成了评价流程项目的度量体系。商业论证作为判断流程项目目标是否达成的重要依据之一，流程管理委员会、项目赞助人和其他干系人往往会根据最初的商业论证来评估实际的收益回报。值得注意的是，由于项目收益可能需要长时间的运营才能充分体现，因此在此阶段的收益回报往往是过程性的。然而，这些过程性的收益回报仍然可以作为项目结项和目标判定的有力依据。

在新的运营状态下，如果员工的工作绩效表现为低错误率、少量问题、未出现与项目相关的新问题、非特定的使用率和员工总体满意度的提升，那么可以认为个人变革绩效目标已经达到了预期。一旦设定的项目和变革目标基线得到满足，这在很大程度上意味着流程项目已经取得了预期成果，同时也标志着流程项目即将进入结项和经验学习阶段。

二、流程的可持续性绩效

流程的可持续性绩效是推广流程管理过程中的一个至关重要的指标。缺乏可持续性的流程改进可能会得不偿失，因为随着业务的不断发展和变化，改进后的实践可能会迅速失效。此外，与利益相关者建立的期望也可能无法得到长期满足，这反过来又会使未来项目的承诺和信任更加难以获得。因此，这一阶段的核心目标是确保流程改进的可持续性，并将其作为组织日常运营的一部分。对于任何项目的大量投资，都必须随着时间的推移得到维护和加强，而不是减少或贬值。组织必须明白流程的生命周期是有限的，在实现项目目标改进后还可以根据新设定的目标继续进行改进。

可持续性取决于组织持续为所有利益相关者创造和提供价值的能力。必须深入理解客户当前和未来的价值需求,这将影响组织的战略制定、设计思路和行动号召。流程必须不断改进和重新设计以响应这种行动号召。如果不这样做,组织将只能以次优的方式运行其流程。换句话说,流程的可持续性要求对流程绩效进行持续管理以实现特定的目标。

三、流程所有者的变革绩效

在推行流程管理的过程中,对流程所有者的变革表现也需要进行度量和评估。流程管理的最终生命力需要延伸到业务领域中,并依赖于业务流程所有者对该流程的有效监控和管理来持续体现其价值。然而,由于组织流程成熟度的差异,业务流程所有者在不同阶段对流程管理的态度可能会有所不同。尤其是当组织首次推行流程项目、引入流程管理概念或者流程所有者首次承担流程管理职责时,这种态度的转变尤其值得关注。这种转变实际上反映了组织流程管理运营模式变革过程中的状态变化。

变革管理研究学者凯尔曼提出了态度变化过程的三阶段理论,即合规、同化和内化。表7-1通过这三个阶段的描述,可以洞察流程所有者对待流程管理——这一新兴运营模式的态度,进而评估他们对流程管理和流程项目的理解程度,以及判断相关业务流程是否能够独立地进行流程管理活动。

表7-1 凯尔曼态度过程变化的三阶段

采纳水平	需求	承诺周期	需求举措水平	巩固方式	承诺水平
合规阶段	需要别人告诉做什么后会遵从执行	短期	低	奖励和惩罚	接受
同化阶段	需要理解为什么这么做的原因,以及不改变带来的结果	中期	中	赋予意义	愿意
内化阶段	深刻理解为什么这么做的原因,为自己的行为作出决定,并且可以负责地独立开展工作	长期	高	价值观一致性	承诺

(1)合规阶段,这是态度转变的初级阶段。在此期间,流程所有者和执行者可能会展现出顺从的行为,但这些行为往往是出于被迫而非自觉。例如,当流程工作与绩效、奖惩等利益相关时,相关人员可能会表现出服从的姿态,按照公司

流程管理的原则和要求开展工作,但这种服从缺乏内在的认同和动力。

（2）同化阶段,这一阶段的特点是从被动接受转变为主动接纳。流程所有者开始自愿地接受组织或其他人的观点、信念、态度和行为,并使自己的态度逐渐与他人的态度相契合。以先前的例子来说,当流程所有者通过总部的流程教育和其他流程所有者的帮助,目睹流程项目取得的成果时,他们会真正意识到作为流程所有者应当自觉遵守流程管理原则和纪律。在这一阶段,同化不再是外界压力下的产物,而是发自内心的自愿选择。

（3）内化阶段,这是态度转变的最高境界。在这一阶段,流程所有者从内心深处真正相信并接受组织对于流程管理的观点和原则,从而实现了态度的彻底转变。这些新的思想和观点被纳入他们的工作和价值体系,成为其态度体系中不可或缺的一部分。达到这一阶段后,流程所有者能够积极、独立地开展流程管理工作,无须外界的监督或推动。

第二节　机制:转移所有权

一旦流程项目启动结项程序,流程管理的模式即从项目模式平稳过渡到日常流程的运作模式。此时,临时性的项目组织逐步由永久性的部门和角色替代,承担起后续的运营职责。这一转变不仅意味着从流程项目负责制向流程运营负责制的转换,还代表了管理责任主体的转换:由"项目经理"转向"流程所有者",实现了所有权的移交。所有权的转移标志着变革所涉及的业务已正式融入日常工作,项目成果已经显现并为员工所接受,员工能够在新状态下轻松工作,不再试图恢复到原有的工作模式,如图7-1所示。

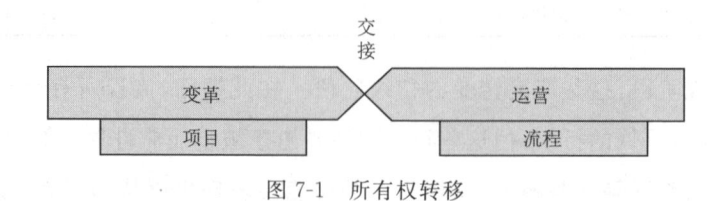

图 7-1　所有权转移

第七章 流程管理推广：转移成果

在流程管理的框架内，流程所有者主要聚焦于两个方面：流程的常规运作和流程的变革管理。这里可以通过两种管理体系机制来详细阐述：流程管理机制和变革管理机制。流程管理机制以流程为导向，注重稳定性、标准化、流程绩效、最佳实践以及持续改进，构成组织日常运营的坚实基础，支持业务的常规运作并支撑管理体系的持续改进。相对而言，变革管理机制则以变革项目为载体，强调创新、转型和变革，体现组织的动态适应能力。

流程管理体系借鉴了业界领先的流程运作管理最佳实践，通常涵盖以下几个方面：

（1）愿景与使命：为流程所有者（PO）提供有效运作和管理流程的指导，支持流程绩效的不断提升。

（2）基本原则：包括流程所有者（PO）的设置原则、分权管理原则、分层授权管理原则、流程指导原则以及流程规范遵从原则。

（3）组织、角色与职责：明确流程运作相关的组织结构、角色定位及各自职责。

（4）管控机制：确立各种角色和团队的考核汇报关系、管控机制以及跨流程协调机制等。

（5）流程例行运作方法：规定流程例行运作管理的基本内容、关键活动及应遵循的规则。

变革管理体系则是一套能够直接支撑公司业务战略、推动内部变革实施的综合管理体系，涵盖规划、项目执行、实施和生命周期管理等多个方面。它通常包括以下几个要点：

（1）变革管理体系明确定义了变革的流程、管控团队、管控规则和管控机制。

（2）变革管理体系建立了业务变革项目的评审机制和决策机制。

（3）变革管理体系要求各模块流程所有者在不同阶段承担不同的工作。

（4）变革管理体系中的管控团队需要流程所有者参与，并承担评审、决策等不同的职责。

随着流程项目的圆满完成，责任和所有权的转移还伴随着其他重要成果的移交和工作交接，具体包括：

（1）项目方案和交付成果的移交，包括流程方案、流程模型、流程文件、流程培训资料、信息系统等关键资产。

（2）流程正式进入监控和持续改进阶段，流程文件得到正式发布，流程绩效得到明确，并确认唯一的流程所有者，同时开展相应的培训活动。

（3）新组织或角色开始履行职责，这需要与人力资源系统相关联，更新人力资源政策、部门职责说明、角色说明等，并配套进行相应的培训。

（4）信息系统进入生命周期的新阶段和运维状态，确保系统的稳定性和持续支持。

（5）需求管理责任的转移，当变革项目范围内的需求以解决方案实现并完成闭环后，进入业务运营阶段的需求管理责任将由流程所有者全面承担。

第三节　文化：转型与固化

推广巩固阶段是变革的关键环节。在这一阶段，变革管理计划常面临夭折的风险。当企业丧失持续推进变革的动力和活力时，采取强制措施成为推动企业继续变革的关键所在。唯有通过实践与强化，企业才能逐步适应变革带来的变化，转变思维方式、习惯和流程，进而确保变革的常态化。除了所有权的转移和固化，组织文化也发挥着强制转移的重要作用。

流程管理的核心在于在整个企业中培育和提升流程管理的文化意识。简而言之，这意味着在尚未接受流程管理的组织或领域中引入流程管理。这可能是流程管理卓越中心仅次于"愿景、使命和战略"的最重要职责。若未能将流程管理的影响力扩展至各个业务领域和范围，卓越中心引导企业级流程管理计划的主要使命将无法达成。而如果这种扩展源于解决实际业务问题的愿望和信心，而非仅仅基于公司授权，那么其成功的可能性将大大增加。

以下是文化变革步骤的一般性指导：

第七章　流程管理推广：转移成果

- 定义一组期望值和行为标准；
- 确保文化与战略和流程保持一致；
- 将文化与问责制紧密结合；
- 争取明显的支持者；
- 设定不可转让的原则或底线红线；
- 使文化与品牌形象相契合；
- 对文化进行量化评估；
- 持续加强，须知文化的改变可能需要数月甚至数年的时间。

在多数情况下，文化的改变是可行的。根据组织管理大师沙因的阐释，文化体现在三个层面：首先是表面层，包括可见的人工制品和产品，如办公室布局和家具；其次是更深层次的规范和价值观；最后是最深层次的基本假设前提，例如"人人平等"的观念。

因此，文化的塑造可以通过行为、符号和机制来实现。例如，将参与流程管理变革的人员行为与所产生的文化相联系；讲述组织经历的"决定性时刻"或变革故事；在组织结构、流程和信息系统中嵌入流程管理要求。

为支持流程管理文化的建设，还可以开展一系列活动，包括审查、教育和外包任务。以下是推动文化宣传、教育和流程管理意识的支持活动示例：

- 对项目业务估值进行审查，以确保关键绩效指标（KPI）与企业价值链保持一致；
- 定期举办开放式流程管理教育论坛；
- 通过众包方式收集流程清单，并由专家进行后续改进；
- 奖励和鼓励流程管理相关的活动。

此外，在战略管理中明确一个重要目标：提高流程管理的采用率。这一目标可以通过KPI来衡量，这些指标旨在评估企业价值链中使用流程管理作为主要驱动因素的数量。

衡量成功的流程管理文化采用的KPI示例如下：

- 流程发现与定义的独特贡献者数量;
- 评审流程的出席率,包括赞助商、流程所有者、最终用户等;
- 每个项目每个单位时间的流程管理方法使用范围;
- 每个项目每个单位时间发布的流程项目或者文件数量;
- 业务与企业价值链相关的流程的库存完成百分比;
- 在确定的流程中,根据库存指南完成分类的百分比。

第三篇
维护流程管理：持续维护成功

第八章

流程管理运营：持续改进

流程管理体系的持续建设可以根据组织需求和变化来调整和优化，以提高其适应性和灵活性。持续地沟通、宣传和教育是必不可少的，不仅仅是在变革初期需要，在变革后期同样需要。通过设置适当的流程管理指标，可以不断提高流程管理的效率和效果，促进组织持续改进和提升绩效。

第一节 流程管理教育

一、经验技能要求

深信流程管理价值的人士所面临的挑战是双重的。首要之务在于普及流程改进的理念和实践。倘若一个组织无法持续优化其业务流程，那么它便难以吸引外界的关注。除此之外，还必须不遗余力地向高层管理人员阐述流程观念的重要性。需要让高管们认识到，借助流程概念来描绘组织，将帮助他们更透彻地理解自己的组织，并作出更为明智的决策。

因此，在实现高效的流程管理时，人力资源扮演着举足轻重的角色。组织内部往往存在高度的劳动分工和专业细化，导致流程知识仅集中在少数员工手中。对组织进行流程管理教育将是一项持续性的服务，也是确保流程管理不断取得成功的关键所在。随着企业更广泛地推广流程管理，教育和培训的需求也会相应增加。虽然许多组织利用专业流程管理培训合作伙伴的外部产品，但也有一些组织开始将这项服务内部化。例如,通过采用内部培训师的方法来实现流程管理技能的传授。除了提供流程改进等技能外,流程管理卓越中心还可以开发与流程教育相关的服务。即教授特定流程概念的细分领域,这种服务可以被人力资本管理部门纳入新员工入职培训的一部分。

在罗斯曼提出的数字化流程管理能力框架中,衍生了更多的数字化能力要求。首先,员工仍需要掌握大量的流程管理方法和工具,以及相关流程领域的知识。其次,为了在数字时代立足和发展,员工还必须熟悉数据分析、数据隐私和数据安全技术。最后,创新技术如设计思维、客户分析技术如客户旅程映射,以及关于数字经济的商业模式知识,也都是不可或缺的。这些要素共同构成了数字化流程管理能力框架的核心内容。表 8-6 为流程管理重要角色需要的技能列举:

表 8-6 流程管理重要角色的技能

角 色	需要技能和经验(中级示例)
流程管理赞助人	• 被视为组织中的高级领导者 • 了解组织的战略方向 • 对组织当前的治理委员会和流程有直接影响 • 具有支持广泛组织变革的经验 • 需要有高级领导经验
流程管理负责人	• 具有企业级变革管理的经验 • 具有软件开发的领导经验 • 具有迭代和敏捷方法或其他类似的方法的经验 • 需要具备详细的流程知识、方法 • 需要具备良好的谈判和沟通技能
业务架构师	• 具有 3～5 年及以上企业级流程改进经验,可以分析、范围界定、优化和确定商业案例、关键机会、优先路线图和投资回报率 • 具有支持广泛组织变革的经验 • 具有战略意识和企业视角管理的相关工作经验 • 具有 3～5 年流程架构设计的经验 • 具有 3～5 年企业架构的经验 • 具有 3～5 年大型项目的管理经验 • 具有组合分析和财务分析经验 • 具备六西格玛和精益方法技能 • 具有需求管理经验 • 具有使用批判性分析和报告技能

续表

角 色	需要技能和经验（中级示例）
流程技术架构师	• 具有流程设计和变革管理的经验； • 被视为组织中的高级技术领导者； • 具有基于快速应用程序开发的迭代和敏捷方法或其他类似方法的经验； • 了解并直接影响整体企业IT战略； • 具有支持企业技术变革的经验
流程项目经理	• 具有大型项目的管理经验； • 具有流程项目实施经验； • 3～5年及以上迭代（或其他类似）方法的实践经验； • 3～5年及以上的软件开发项目领导经验； • Microsoft Office、Microsoft Project、流程设计工具用户； • 流程挖掘工具的熟练用户
流程分析人员	• 具有3～5年及以上流程改进经验，可以分析、范围界定、优化和确定优化机会； • 具有3～5年及以上的流程设计、需求管理经验，具备识别和捕获现有和未来的流程信息的技能； • 可以组织引导大型工作坊，具备良好的沟通技能； • 可以确定KPI、SLA等目标并执行交付； • 会使用流程架构工作，具备流程分解技巧； • 具有使用批判性分析和报告技能； • 接触过六西格玛或精益方法； • 会使用数据分析工具； • 接触过变革管理； • 流程管理工具的高级用户； • 熟悉流程管理工具中的流程图
流程设计与开发人员	• 具有3～5年及以上流程改进经验，可以分析、范围界定、优化和确定商业论证、关键机会、优先路线图和投资回报率； • 3～5年及以上的流程设计、需求管理经验，具备识别和捕获现有和未来的流程信息的技能； • 具备在流程管理产品中依据KPI、SLA等推动解决方案的业务讨论； • 3～5年及以上商业或企业项目技术解决方案开发经验，具备在流程管理产品中实现流程流、服务、业务逻辑和用户界面； • 具有JavaScript、基本SQL、XML、HTML的实践经验； • 对工作流模式和基本逻辑流程、用户界面开发有经验，是业务解决方案中流程管理产品功能的专家； • 流程管理产品专家

二、流程管理课程

流程管理课程关乎业务流程专业人员的培育。为弥补流程管理培训和教育的不足,业务流程管理专业协会(ABPMP)、BP Trends 协会和流程管理学院等专业机构已引入了流程管理认证。2008 年,ABPMP 率先为流程管理专业人员设计了一般模型课程,这标志着对流程管理实践全面教育要求的初步探索。

随着业务流程学科的演进,对业务流程专业人员的渴求也日益加剧。流程管理的定义已从单纯的工具和技术,拓展为一门涵盖广泛组织实践的学科。其实践范畴已从最初的业务流程再造,即通过剔除非增值流程步骤以提升绩效,延伸至整合 IT 与业务实践。

然而,在高等教育领域,流程管理内容的融入仍显不足。一些大学在有限的课程中纳入了流程管理内容,另一些则仅在现有的信息系统课程中增设了流程主题,或试图在一门课程中囊括诸多流程管理主题。鲜有大学提供从业务和 IT 视角全面覆盖流程管理成功所需的战略、技术和人际交往等多元技能的课程。

目前,大多数流程管理培训和教育可通过现场、在线或两者结合的方式进行。值得一提的是,业务流程管理专业协会(ABPMP)为流程管理课程提供了初步框架,这为企业和行业定制培训课程奠定了基础,具体如图 8-1 所示。

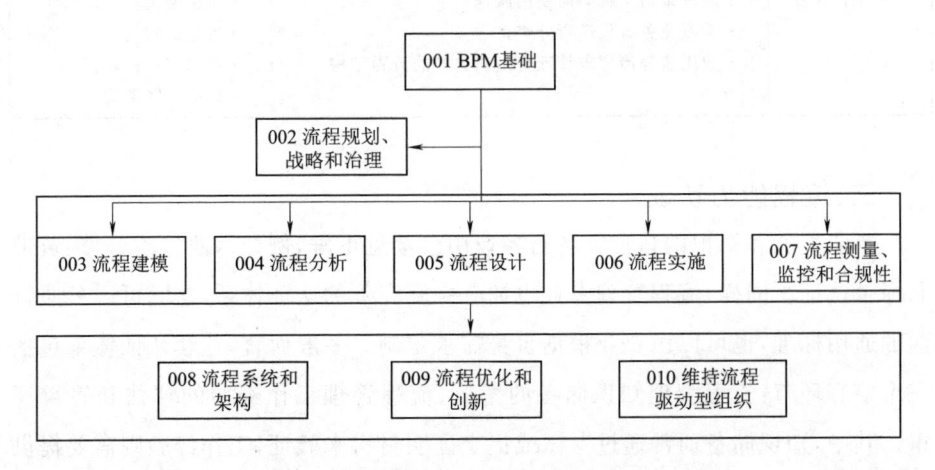

图 8-1 流程管理课程初步框架(业务流程管理专业协会)

表 8-2 为某企业的流程管理课程开发例子：

表 8-2　某企业的流程管理课程

课程分类	学习目标	学习主题
流程工程课程	• 学习使用流程需求管理，了解流程分解和组合； • 学习流程分析与设计方法； • 流程变更管理如何运作； • 学习流程项目管理方法； • 体验如何识别、分析和重新设计业务流程变体； • 学习使用基于证据的流程管理； • 体验如何使用敏捷流程管理方法； • 学习如何通过流程管理测量和绩效管理取得业务成果； • 学习如何保证流程质量； • 体验流程自动化，寻找流程与信息模型之间的联系	• 流程战略与规划； • 流程设计； • 流程测试； • 流程集成； • 流程质量； • 绩效管理； • 流程检查
流程建模课程	• 学习流程管理 N(包括 X-流程管理 N)； • 学习如何在流程图、矩阵和模型中捕获元对象； • 使用面向价值的流程建模； • 使用面向可持续性的流程建模； • 学习数据分析建模	• 流程语言； • 业务建模； • 流程建模； • 信息建模； • 服务建模； • 流程规则； • 流程测量建模
流程架构课程	• 学习如何跨组织边界调整流程组合、计划和项目； • 学习流程管理组合管理； • 通过架构了解如何使用流程； • 学习业务流程进行分类； • 使用流程治理来管理跨组织边界的流程结构	• 业务架构； • 数据架构； • 服务架构； • 价值架构； • 信息架构； • 技术架构； • 解决方案架构

三、流程能力认证

专业技能和知识的认证在各行各业中已屡见不鲜，例如六西格玛黑带、黄带和绿带认证。同样，流程管理专业也拥有一套完善的认证体系，这既可以参照行业的通用标准，也可以由企业根据自身需求定制。一般而言，这套认证体系包括三个核心环节：流程管理知识储备的考核、流程管理工作经验的评估和答辩评审。其中，知识储备通常通过考试或提交证明材料来验证，工作经验则需要提供相关材料并接受专家团队的严格评审。若设有答辩环节，那么答辩表现也将成

第八章　流程管理运营：持续改进

为评估的一部分。

专业能力认证被视为一种持续教育过程，它要求持证人员在实践中不断学习、进步。以 ABPMP 的认证为例，它细分为流程管理领导者认证、专业认证和分析师认证等多个层级，且每种认证均设有有效期。在有效期内，认证人员必须积累足够的专业实践并经过审核，以保持认证的有效性；否则，他们将需要重新参加认证评审。这种机制确保了流程管理从业人员能够紧跟行业发展步伐，不断更新自身知识储备，从而更好地服务于实际业务。

流程所有者作为业务所有者的细化角色，在流程管理中承担着至关重要的职责。他们负责定义流程战略和目标、管理流程执行、评估流程价值和绩效以及推动流程转型和创新。因此，在组织中开展流程所有者认证工作对于提升流程管理意识、技能储备和文化倡导具有深远意义。

流程所有者认证计划通常分为三个级别，每个级别关注的主题内容各有侧重：战略流程所有者认证强调流程创新思维和价值导向的流程思维，要求具备战略规划、目标设定等知识技能；战术流程所有者认证注重流程目标咨询、绩效指标设计等方面的能力；运营流程所有者认证侧重流程治理、运营规划等实际操作经验。

无论何种形式的流程管理认证，其最终目的都是帮助以流程为导向的组织运用专业知识为企业带来实际、实用的成果和经验。这不仅确保了组织在流程管理领域的领先水平，也满足了当今组织对跨学科能力要求的日益增长。

业务流程管理专业协会（ABPMP）培训课程节选：

001：流程管理基础
课程描述： 本课程旨在为学员提供流程管理的全面介绍与概述，涵盖管理整体端到端业务流程所需的核心概念、基础原理、方法及策略
目标受众： 课程适用于所有涉及业务流程的角色。无论您是流程管理的新手，还是近年来较少涉足流程管理实践的人士，本课程都将是您了解流程管理实践与维持相关的概念、术语及问题的基石。更重要的是，它为后续课程奠定了共同的语言基础

续表

学习目标： • 掌握流程的基本原则及各类流程的特点 • 理解流程管理的基本概念及其所面临的问题 • 认识到流程管理作为价值驱动因素的重要性 • 区分面向流程的组织、以流程为中心的组织与传统组织之间的差异 • 明确流程管理实践中流程管理、战略、流程变更、流程分析、流程设计、流程改进、流程架构和流程管理系统的各自作用： • 熟悉流程管理的最佳实践与方法 • 深入理解流程管理的核心原则 • 了解流程管理的成熟度评估因素及其水平划分 • 掌握基本的流程管理技术与测量方法 • 认识流程管理实践中可能遇到的问题、风险及成功的关键因素
建议的主题： 流程管理概览与基础概念： • 业务流程的定义及其重要性 • 流程管理的核心理念和功能 • 流程管理系统的构成与作用 • 流程管理在组织中的价值体现 • 流程管理的关键参与者及其角色 • "以流程为中心的组织"的解读 • 业务流程自动化的意义与实践 • 业务规则在流程中的应用 • 流程管理所面临的管理挑战与成功要素 • 流程管理中需警惕的风险因素 流程管理的指导原则： • 制定流程管理战略的关键要点 • 识别利益相关者与流程所有者的方法 • 变革管理在流程管理中的核心地位 • 流程管理与项目管理的相互关系 • 流程治理体系在组织管理中的作用 流程管理的实践与成功之道： • 初探流程管理实践的起点 • 端到端流程在组织中的识别与优化 • 流程绩效的控制与度量标准 • 流程审计的重要性及其实施方式 • 评估流程管理的成熟度与提升路径 流程管理的实施策略： • 确立流程管理的标准与框架 • 解决流程管理中的人员问题与挑战 • 系统、架构、工具的选择趋势及其在流程管理中的应用 流程管理组织中的角色与职责： • 组织的结构与流程管理的关系 • 流程管理中各角色的职责与协作方式

第八章 流程管理运营：持续改进

002：流程规划、战略与治理

课程描述：
组织借助端到端业务流程的优化绩效，能够为客户创造持续的价值。这些流程是组织设计、制造、销售、交付及服务其产品的核心。本课程旨在概述管理和治理业务流程的策略与方法

目标受众：
鉴于其主要活动与支持战略活动紧密相关，业务流程主管、业务流程顾问和业务流程架构师强烈推荐参与本课程。同时，业务流程分析师也应了解本课程的内容，以便在组织的战略框架内更加高效地设计和实施流程

学习目标：
- 深入了解流程驱动的组织结构、战略定位、领导力模式、管理方法及治理体系
- 探讨如何确保战略、结构、文化、治理体系、人力资源管理系统与IT需求之间的协同一致
- 掌握将流程与公司整体战略紧密结合的方法
- 认识流程治理委员会在监督流程中的关键作用
- 区分管理职能与管理流程的基本概念
- 构建流程愿景，促进业务与IT目标的协调统一
- 奠定流程团队建设与领导力的基础，解决沟通、协调和协作中的实际问题
- 确定并应用适当的项目管理方法，以有效地管理流程计划
- 剖析流程管理中的组织挑战，强调以客户为中心的流程设计理念
- 学会将公司战略与业务流程紧密相连，为流程管理部署制定坚实的业务案例

建议主题：
- 流程管理战略问题的全面概述
- 深入剖析流程管理的价值所在
- 理解与设计以流程为核心的组织模式
- 流程愿景的构建与实施
- 业务流程战略的制定与执行
- 基于流程的变革管理方法的探讨
- 战略、战术和运营在流程管理框架中的综合考量
- 规划跨组织的接受与实施策略
- 流程管理框架的构建与完善
- 伙伴关系和业务流程外包的战略思考
- 打造以流程为导向的组织文化
- 明确流程所有权与监管责任
- 流程经理的领导力与沟通技巧培训
- 流程变革的战略规划与实践
- 深入了解流程改进方法，如六西格玛、平衡记分卡等
- 流程管理关键绩效指标（KPI）的理解与规划

003：流程建模

课程描述：
本课程旨在深入介绍流程建模的各种方法和技巧，为业务和IT领域的专业人员提供对流程模型的全面理解。流程建模作为流程管理实践中的核心环节，贯穿于各个阶段与细节层级，尤其着重利用图形模型记录现有及更新后的流程。此外，课程还将阐释并应用业界流行的建模技术，包括业务流程建模符号等

目标受众：
本课程主要面向业务流程分析师、业务流程架构师以及业务流程顾问等专业人士。同时，也推荐给任何有志于学习建模和/或记录业务流程的个体

学习目标：
- 深刻理解流程建模的重要性和所带来的益处
- 掌握如何构建一种用于描述业务流程的通用语言
- 熟练运用业务流程建模符号对业务流程进行建模，以分析现有流程并设计出更加优化的流程
- 了解其他流程建模方法，例如泳道图和事件驱动流程链等
- 掌握利用流程分解和映射技术对企业业务架构进行建模的方法，涵盖多个子流程层级和各种组织视图，包括业务、流程、技术和数据模型

建议主题：
- 业务流程建模的基本概念
- 模型的定义及其重要性
- 建模的益处与应用场景
- 建模过程中的关键要素
- 物理模型、逻辑模型与基本模型的区分
- 流程建模的技术与方法：BPMN、泳道图等的详细介绍
- 流程模型视图的多种类型：业务、IT和数据流程模型的层级结构
- 流程分解与流程映射的实践应用

004：流程分析课程介绍

课程描述：
本课程致力于深入剖析业务流程分析的核心技能与技术，并探寻有效及高效流程的潜在改进空间。其主旨聚焦于提升流程绩效所需的关键分析技术和实用工具。在此过程中，将详尽记录现行流程，进而发掘流程变更的契机，并运用精确的测量技术对变革成果进行评估。本课程还全面概述了适用于组织各层级的多元化流程分析方法。同时，相应的流程建模技术也将得到详尽的阐释，并与流程分析形成有机的结合

目标受众：
本课程适合所有涉及业务流程的专业人士参与。特别推荐给那些渴望学习如何系统分析并发现组织流程优化机会的人士

第八章 流程管理运营：持续改进

续表

学习目标： • 深刻理解流程建模的重要性和带来的益处 • 掌握将复杂流程细化为相关业务活动的方法 • 熟练运用端到端的流程分析技巧来评估各项活动 • 识别行业最佳实践，并了解参考模型在流程蓝图设计中的价值 • 学会构建坚实的商业论证来支持流程改进 • 培养对业务流程进行深入分析的能力
建议主题： • 分析阶段的基本认识与理解 • 流程思维的培养与流程再造的策略 • 精准界定流程和项目的范围 • 评估流程效率和有效性的标准与方法 • 流程指标在深入分析中的关键作用 • 准确映射并理解现有流程的运行机制 • 确保流程设计与组织战略的高度一致性 • 构建用于分析的"现状"(as is)流程模型 • 为流程改进构建坚实的商业案例支持

005：流程设计
课程描述： 本课程旨在深入介绍设计全新流程或优化现有流程所需的关键技能与先进技术。其核心聚焦于提升流程绩效所必需的设计策略和方法
目标受众： 本课程主要针对业务流程分析师、业务流程架构师以及业务流程顾问等专业人士
学习目标： • 掌握设计和建模新流程的技能 • 能够开发出达到实施标准的改进流程模型，涵盖企业架构的各个层面 • 学会将业务规则与更新后的流程进行有效集成
建议主题： • 深入理解设计阶段的重要性和步骤 • 探索和掌握流程设计与实施的建模技术 • 引用最佳实践参考模型，如供应链运营参考模型（SCOR）、美国生产力与质量中心（APQC）框架、能力成熟度模型集成（CMMI）等 • 学习设计和建模"未来状态"(TO BE)流程的方法 • 掌握流程高阶设计，包括组织、流程、数据和信息系统的整合 • 精通流程详细设计，涵盖活动、角色、输入、输出、目标、客户、供应商等要素 • 理解并实现流程的集成设计，确保各部门协同工作 • 学习流程基准测试，以评估流程性能与行业标准的对比 • 掌握流程仿真、测试与绩效验证的技术，确保设计成果符合预期目标

205

006：流程实施

课程描述：
业务流程实施，作为设计与执行之间的关键纽带，对于确保流程优化至关重要。本课程致力于使参与者深入理解将更新后的流程设计转化为有文档记录、经过充分测试且可操作的流程所必需的步骤。在此过程中，将全面介绍支持流程管理的各种先进技术，以及流程自动化的最佳实践

目标受众：
本课程主要面向业务流程分析师和业务流程顾问，旨在提升他们在流程实施领域的专业能力

学习目标：
- 深入理解实施流程管理所需的基本信息系统和技术支撑
- 掌握流程自动化的核心技术与实践应用
- 增强有关流程自动化的知识储备和实际操作能力
- 学会如何将流程设计与实际执行紧密结合起来
- 熟练运用流程管理系统来实施更新的业务流程
- 了解并应对与流程自动化相关的管理挑战

建议主题：
- 深入剖析流程管理的实施阶段及其重要性
- 全面概述流程自动化的概念、优势和实施步骤
- 探讨如何有效部署流程管理策略以支持业务目标
- 介绍流程管理报告和监控工具的使用及最佳实践
- 指导如何准备业务测试以确保流程变更的平稳过渡
- 制订详细的推行计划以指导整个实施过程
- 阐述实施系统变更的关键步骤和成功因素
- 提供管理业务流程变更的策略和实用建议
- 探讨如何有效管理实施过程中的需求与问题

007：流程测量、监控与合规性

课程描述：
在现代企业管理中，自动化流程的监控、控制以及合规性对于持续的流程改进至关重要。实时分析的恰当应用与深入理解，能够显著优化并动态地管理业务流程。本课程将深入探讨绩效监控与业务流程分析的方法，旨在发掘潜在问题，推动持续的流程改进，并确保监管合规。实现业务流程的适应性与敏捷性目标，离不开对流程与产品的精准测量、严密监控和深入分析

目标受众：
本课程面向所有涉及业务流程的专业人士，旨在提供流程测量、监控与合规性的全面指导

第八章 流程管理运营：持续改进

续表

学习目标： • 识别并分类各种流程指标 • 理解如何将流程指标与流程战略和模型相匹配并进行部署 • 掌握指标分析的有效方法 • 识别并应用相关的参考模型 • 深入理解平衡计分卡的原理与应用 • 熟悉业务活动监控(BAM)技术的运用 • 学会测量流程成熟度的方法 • 设计和使用仪表盘报告工具以支持决策制定 • 理解商业智能在报告和分析业务流程中的基础作用 • 掌握流程控制的关键方法 • 认识流程监控在确保法规遵从性方面的重要性
建议主题： • 阐述流程绩效测量在制定和实现运营与战略目标中的核心重要性 • 理解和制定平衡计分卡，以支持组织目标的实现 • 设计并实施针对流程管理的关键绩效指标(KPI) • 测量绩效并构建绩效管理系统，确保流程持续优化 • 探讨业务流程运营指标与战略关键绩效指标之间的联系 • 深入理解流程管理和绩效监控的最佳实践 • 进行流程审计和流程成熟度测量，以评估流程的健康状况 • 探讨在组织间流程中测量、监控和控制的挑战与解决方案 • 部署流程改进策略，并利用绩效测量和管理技术来支持这些策略的实施 • 掌握各种商业智能、模拟和预测中的定量统计技术，以支持数据驱动的决策制定 • 利用测量、诊断和分析流程的技术，如历史信息报告和数据挖掘分析，来优化流程性能

008：流程系统与架构
课程描述： 随着企业对于流程管理重视程度的提升，市场上涌现了众多流程管理技术、系统及相关工具。本课程旨在深入研究这些支持业务流程的关键技术、信息系统、工具及其整体架构，为企业提供更高效、更稳健的流程管理方案
目标受众： 本课程主要面向业务流程分析师、业务流程顾问以及 IT 架构师，帮助他们全面了解并掌握流程系统与架构的核心知识
学习目标： • 熟悉不同类型的流程管理系统及其特点 • 理解组织内部与外部业务流程之间的集成与互操作性挑战 • 掌握工作流管理系统的基本原理及应用 • 了解当前流程管理技术的架构标准与发展趋势 • 认识企业服务架构和面向服务架构在流程管理支持中的关键作用

续表

建议主题：
• 对流程管理软件和流程管理套件进行全面评估，以便选择最适合企业需求的方案
• 详细介绍各类流程管理系统的功能及适用场景
• 深入探讨 BPMS(业务流程管理系统)和工作流管理系统的实际应用
• 分析组织内和组织间流程集成与互操作性的策略与方法
• 简要介绍流程管理技术的架构标准，为企业构建稳健的流程管理系统提供指导
• 阐述企业服务架构和面向服务架构在支持流程管理方面的优势与实践
• 探讨流程管理工具的最新发展趋势，助力企业紧跟时代步伐

009：流程优化和创新

课程描述：
　　本课程的核心聚焦整合基于业务流程的知识与技能，旨在培养学员对流程创新战略和方法的全面理解与应用能力，从而推动组织流程的顺利转型。通过本课程，学员将接触到业务流程战略和创新领域的最前沿理论和技术，有效提升他们参与传统业务流程向创新业务流程转型和管理过程的能力

目标受众：
　　本课程强烈推荐给业务流程主管、业务流程架构师、业务流程顾问以及希望进一步拓展专业知识的业务流程分析师

学习目标：
• 掌握持续改进技术，如精益和六西格玛在流程优化中的应用
• 熟练运用模拟技术进行流程转型
• 深入理解流程管理创新在实现组织战略中的关键作用
• 能够分析当前组织的流程管理成熟度，设定成熟度目标，并制订实现这些目标的转型计划
• 学习开发和培养适当流程技能和职位的策略

建议主题：
• 流程转型的持续改进技术，包括精益和六西格玛等
• 价值链和价值流在高层级流程创新中的应用
• 通过流程创新实现组织战略目标的流程管理创新方法
• 大型流程变革项目的管理与实践
• 制订和执行流程转型计划以实现持续改进

010：维持流程驱动型组织

课程描述：
　　成功实现流程转型后，组织需要面临如何持续保持并优化流程目标的挑战。本课程将介绍维持流程管理长期效益的关键要素，包括建立流程意识文化、结合长期转型实践以及维持流程驱动型组织的竞争优势。学员将学习到目前成功流程管理实践中所使用的维持方法、策略和技术

续表

目标受众： 本课程强烈推荐给业务流程主管、业务流程架构师、业务流程顾问以及希望进一步拓展专业知识的业务流程分析师
学习目标： • 了解维持流程管理效益的组织关键方面 • 认识流程敏捷性在维持流程效益中的重要作用 • 分析和部署适当的变更管理方法 • 学习建立流程意识文化的有效技术和策略 • 探索在整个组织中实现业务流程实践社区的途径 • 掌握技术变更实施的方法 • 评估业务流程外包的潜在价值 • 学习开发和培养适当流程技能和职位的策略
建议主题： • 流程管理实践中的成功案例、风险因素及其对可持续发展的影响 • 建立和维护流程意识文化的实用方法 • 构建组织内部的业务流程实践社区 • 准备和实施系统支持的流程变更方法 • 评估流程敏捷性的实现程度 • 利用业务流程外包提升流程绩效的策略 • 开发和培养适当的流程技能和职位的最佳实践 • 制订和执行流程维持计划的步骤和方法

第二节 流程管理文化

组织文化，亦称企业文化，可被视为特定组织内部成员所共有的一套规范、法则、价值观及信仰体系。知名组织管理学者沙因提出，组织文化是一个综合性的概念，它包含了一群人共享的假设，这些假设由组织成员共同创造、发现或发展而来。企业文化不仅渗透于公司政策之中，同时也深刻影响着与公司有交集者的体验，如客户的购买感受或供应商的协作体会。从某种意义上讲，组织文化与公司整体的生活方式息息相关。

在实践中，企业文化成为全体员工传播、吸收并向社会传递组织价值观的重要途径。因此，企业文化构成了响应变革项目的重要基石。鉴于此，详细描述构成这一基石的相关因素对于项目的成功至关重要，例如相关人员的期望、权力中心的结构、关键利益相关者的态度、公司的成功历史、阻力原因以及公司意义建构的论证等。

一、构建流程文化

在探讨流程管理文化时，发现创建这一文化是一项既复杂又艰巨的任务。流程管理不仅致力于改变活动的顺序等抽象概念，更寻求转变个人和团队对这些活动的思考方式及成功的衡量标准。流程管理积极倡导客户至上、团队合作、个人责任感及变革等价值观和文化。在有流程文化的组织中，员工普遍认识到客户至上的重要性，他们的工作以客户价值的创造为核心，因为客户期望获得连贯且无缝的服务体验。团队合作成为流程执行者的常态，不仅在管理者中司空见惯，更扩展到与客户和供应商的协同合作。在这样的环境中，一线员工开始承担起对结果的责任，他们感到自己对企业的经营成果负有重大责任，并在服务客户和持续提升绩效上产生一种使命感。员工在流程中能够看到自己的角色以及在公司整体中的作用，这被视为组织文化的关键方面。反过来，公司的结构和流程也会受其自身文化的塑造。当一个流程与组织文化相一致时，其实施会变得更为容易，成功率也更高。

此外，深入理解文化及其与流程管理之间的关系，有助于组织确定哪些流程是实际相关的，哪些流程可以在未来执行甚至废弃。一般而言，结合了流程管理的组织文化能够使流程与公司战略保持一致，从而确保业务目标的实现。同时，当这种一致性存在时，流程往往能够更好地满足客户的期望。这有助于员工认识到变革是不可避免的，并培养他们对变革持有开放和包容的态度，逐渐将变革视为一种正常现象。

根据沙因对文化表现的三个层面的描述，流程管理文化的初期表现可能包括可见的流程宣传、海报和案例宣讲，甚至是办公场所的布局以便于协作。进一步的文化表现则体现在规范和价值观层面，例如已成为公司原则和政策的一部分，与奖惩机制相关联，并融入日常工作行为。最深层次的文化表现是隐形的、不可见的,已与业务运作融为一体。

当流程为全体员工所共知、商定、沟通并清晰可见时,"流程文化"便得以形成。这种文化表现为:

- 对流程存在普遍共识;
- 了解不同流程如何相互作用和影响;
- 明确定义每个流程所产生的价值;
- 记录每个流程如何达成其结果;
- 了解每个流程所需的技能;
- 了解每个流程的执行情况;
- 持续测量流程绩效;
- 基于流程绩效做出管理决策;
- 每个流程都有负责其绩效的所有者;
- 了解面向流程的组织结构;
- 需要调整管理方法以适应流程;
- 在组织结构中设有管理流程的角色。

二、流程领导力

流程管理文化是对企业流程和流程变革价值的深刻体现和坚定信念的反映。在这一文化的实践中,流程管理领导力显得尤为重要,它涵盖了高层管理人员和变革团队在推动流程变革中的关键角色。

高层管理人员的支持被视为流程管理战略成功的核心要素。首席运营官在确保运营层与最高管理层之间的协调方面发挥着至关重要的作用。只有当管理层高管深入了解和有效管理内部流程时,组织才能充分利用流程改进与变革所带来的机遇。同时,变革团队在创造适宜变革的环境和明确批准变革行为方面也具有不可替代的作用。这是因为传统的工作方式与新的流程管理要求往往存在冲突,因此,高层管理人员必须清晰地界定新的流程管理行为规则,并明确规则变动的可接受范围。

流程领导力与其他优秀的领导力特质在本质上并无二致,都强调言行一致、透明公开和以身作则。这些特质在高层管理人员的意识、态度和行为中得以体现。例如，他们开始以流程的视角审视自己的工作，将流程管理视为企业管理的一种统一方法，而非单一的项目。他们对流程管理和相关工作展现出极大的热情，并以流程为导向开展工作，使流程与战略紧密结合，通过流程绩效发现新的改进机会。此外，他们更倾向于以自身的影响力而非命令来推动流程的执行，与企业内部客户、外部客户及供应商的团队合作已成为常态。

在数字时代，尽管需要树立新的流程价值观和信念，但业务流程作为企业管理的基本主题依然不可或缺。同时，培养跨职能思维也成为企业文化的重要组成部分。随着对海量数据的访问和数据分析技术的吸收，流程管理更加注重基于数据的决策而非管理者的直觉，这体现了数据决策文化的崛起。

此外，数字时代的流程管理还需要承诺对现有甚至长期的业务流程进行持续审查，并从失败中快速迭代学习。针对决策和授权的变化，流程管理必须鼓励员工积极参与流程决策，并在面对前所未有的挑战时赋予他们自主决策的权利。同时，这些决策对员工工作生活的影响也应得到充分考虑。

第三节　流程管理测量与报告

一、流程管理绩效

流程管理的绩效评估可以分为两个层面：流程绩效和流程管理绩效。

流程绩效，即对流程执行效果的评价，主要通过时间、偏差、成本、风险等多个维度，运用统计、测量、分析的手段来进行。例如，订单处理速度、产品不良率、客户满意度等都是其具体指标。此外，业务流程的合规性，即流程对外部法规和内部要求的遵从程度，也是评价流程绩效的重要方面，可以通过流程遵从度和整改关闭率等指标来衡量。

流程绩效的测量是对流程执行结果进行的正式、有计划地监控和追踪，旨在判断流程的有效性和效率。这些信息对于决定是否改进、淘汰现有流程或引入新流程以实现组织战略目标至关重要。绩效问题可以理解为当前流程绩效与组织目标绩效之间的差距。通过分析这种差距的根本原因,可以确定其性质、存在的原因以及需要采取的纠正措施。在此过程中,确定可操作和可审核的流程指标是关键步骤,这些指标能准确反映流程性能,并为如何调整提供方向。

测量流程绩效的方法包括:

(1)建模与仿真:使用建模软件,通过模拟现实情况来评估流程性能,确定现状与目标之间的差距,并预测流程未来的性能状态;

(2)价值流映射:利用精益管理工具可视化流程、部门或组织的价值流,从而分析现有流程的成本、效率、浪费和瓶颈;

(3)作业成本法:一种将成本分配给具体流程任务的会计方法,有助于计算基于活动和流程的成本,并发现成本瓶颈;

(4)统计方法:使用统计工具来监控和分析流程,尤其在六西格玛等质量管理方法中广泛应用。

流程管理绩效则关注流程管理体系和治理目标的达成情况。这与流程管理者和流程治理者的工作紧密相关,包括流程管理成熟度、关键流程识别缺陷率、流程建设完整度及文件发布率、流程项目立项和完成率等指标。

二、流程管理报告

流程管理工作的进展和绩效成果的沟通,作为日常运营中不可或缺的一环,具有多重意义。它不仅为流程管理的赞助者和团队提供了一个从组织层面洞察关键事件和项目进展的窗口,从而加深对流程管理价值的认同,而且能够引导各领域和流程所有者就流程管理的目标、进展及评价达成共识。这种沟通主要通过会议和报告两种形式来实现,尤其以各业务单元的工作报告作为展示流程管理工作绩效成果的重要途径。

这些报告的内容丰富多样,涵盖了以下关键方面:领域核心流程的建设进展、执行情况、需求管理状况、绩效测量与监控结果、执行检查的反馈、项目执行的具体情况、流程中的发现与分析、根本原因的剖析、改进建议以及跨领域流程的问题等。尽管许多组织已经在持续衡量流程目标,但在指标与报告之间的关联上仍存在诸多不足和差距。幸运的是,当前市面上不乏商业分析软件,这些工具能够支持流程指标的记录、分析并提供建议。借助这些软件平台和绩效可视化工具,流程管理报告可以自动生成,大大提高了报告的及时性和效率。

第四节　流程管理运营内容

CMMI 在组织层面为运营流程管理提供了一系列流程组,这些流程组共同支持组织在流程管理上的持续改进。具体包括以下内容:

(1)"组织流程定义(OPD)",致力于构建并维护一套切实可用的组织流程资产和工作环境标准。这一流程基于对组织当前流程和流程资产的全面分析,识别其优势与不足,进而推动流程的改进和最终定义。

(2)"组织培训(OT)",专注于为员工提供所需技能和知识,以确保他们能够高效、有效地履行职责。这包括确定组织的培训需求,获取并提供相应的培训资源,建立并维护培训记录,以及评估培训效果。

(3)"组织流程重点(OPF)",在深入理解组织流程和流程资产现状的基础上,规划、实施和推进流程的改进。改进的来源多样化,可能来自流程的测量、实施过程中的经验教训、流程评估结果、产品或服务评估、客户满意度评估、与其他组织的流程基准测试,以及组织内部其他改进建议等。

(4)"组织流程绩效(OPP)",旨在建立和维护对组织标准流程绩效的量化认知,以支持流程执行质量和流程绩效目标的实现。它提供流程绩效的相关数据、基线和模型,帮助组织以定量的方式管理项目。

(5)"组织创新和部署(OID)",负责选择并实施创新性和增量性的改进措施,以可衡量的方式提升组织的流程和技术水平。

第九章

流程管理评估：能力提升

评估流程管理能力可以帮助组织清晰地了解当前流程管理的情况和问题，有针对性地确定改进重点。组织的发展阶段和成熟度水平的不同，会影响到企业流程优化项目的开展方式，这不仅和流程项目开展的过程规范性和能力相关，还和负责流程优化项目的组织和个人相关，也就是说除了流程管理能力的成熟度，也包括了变革管理的成熟度。流程管理成熟度，作为一种公认的评估工具，不仅可以推动流程管理工具和方法的持续改进，还可以推动组织的流程管理的文化和理念，促进全员参与和支持流程管理的实践。

第一节 流程项目状态评估

流程项目的成熟度可以通过以下四种不同的流程项目情景来区分。实际执行中，具体选择哪一种情景取决于诸多因素，并且也受到组织流程成熟度水平的影响，见表9-1。

表9-1 流程项目状态

流程项目	暗中行动	试点项目	负责"掌舵"	日常运营
流程管理举措类型	项目	项目或者项目集	项目集或者组织级举措	组织级举措
流程管理经验	没有/有限的	没有/有限的；也许有1到2个BPM成功项目经验	有一些成功的BPM项目经验	BPM嵌到组织日常运作中

续表

流程项目	暗中行动	试点项目	负责"掌舵"	日常运营
流程管理成熟度	初始	初始级；可重复级	可重复级；定义级；管理级	管理级；优化级
流程管理举措需求触发	运营问题	众多的运营问题；战略问题	战略问题，例如，合规、合并等	从运营问题到战略问题全覆盖
人的影响	有限数量	中等数量	业务单元内每个人	依赖项目的大小，从少数人到每个人
组织水平	部门，项目	业务单元	组织或者业务单元	依赖项目的大小

首先,"暗中行动"的情景通常出现在流程管理成熟度较低的组织中。在这种情况下,部分知情的业务经理对流程管理既没有完全承诺,也没有给予太多关注。因此,流程管理可能只是作为流程改进项目的幌子,而不会被真正提及。

其次,"试点项目"情景中,完全知情的业务经理虽然对流程管理的好处持怀疑态度,但愿意在小范围内进行尝试,之后再决定是否全面推广。

第三种情景是"负责掌舵",在这里,完全知情的业务经理全力以赴地在自己负责的组织或业务部门内实施流程管理。

最后,"日常运营"情景通常是大多数流程管理成熟组织的首选。这些组织和业务经理完全致力于构建以流程为中心的组织结构,流程项目仅是日常业务活动或项目的一部分。

在实践中,需要关注并匹配不同流程项目类型的数量和分布。特别是对于那些"暗中行动"的项目,流程管理组织应给予关注,并引导它们进入公司流程管理的框架内。对于试点项目,成功的关键在于将流程管理专业知识和变革管理相结合,通过干系人管理、赞助人管理以及流程管理专家服务等措施来提高试点项目的成功率。这可以参照前面章节中描述的变革实施方法。对于"掌舵"类型的项目,虽然已经有能力实施流程项目,但由于权利、责任和绩效的匹配机制可能受到部门间界限的限制。因此,加强流程所有者的权利、建立客户驱动的流程绩效以及实施流程绩效问责制都是有效的解决方法。

第二节　流程管理变革状态评估

流程管理从业者必须证明，他们不仅拥有实现有效变革的知识和工具，而且值得组织对他们寻求变革的信任。一个基本要素是在能力和信誉之间保持适当的平衡。有效流程管理的途径有两个轴：能力和信誉。能力是指流程管理团队和个人拥有适当的工具、技术、设施和知识，并有能力有效地使用它们。信誉是指流程管理团队及其客户（内部或外部）有信心提交关键流程进行审查。能力和信誉都是实现变革所必需的。

在图 9-1 中，展示了团队变革的状态矩阵。在这个矩阵中，只有一种状态能够导致有效和持续的流程思维和管理。如果一个真正具备高水平能力的流程团队无法说服企业管理者相信它可以交付积极的结果，那么结果只会带来挫折和分离。相反，一个实际上能力水平较低但被企业管理者高度重视的流程团队，会造成企业的重大损失。更危险的是，团队可能分享了企业内外部客户对其能力错误的高评价。

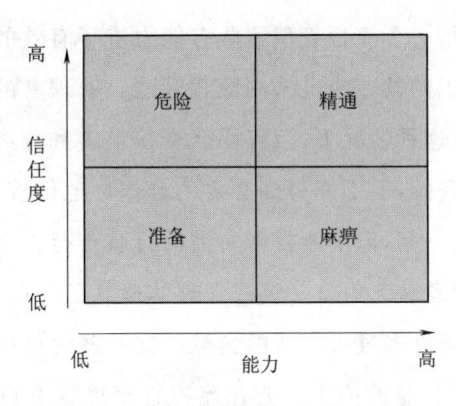

	能力低	能力高
信任度高	危险	精通
信任度低	准备	麻痹

图 9-1　流程管理团队变革状态矩阵

流程管理变革状态矩阵可以描述四种发展状态：准备状态、精通状态、麻痹状态和危险状态。

准备状态是能力与信誉都处于较低水平的常见起始阶段。流程团队和整个组织通常处于开发流程的管理方法的初始阶段，组织的其他部门开始对此产生兴趣。这是一个相当温和的状态，因为较低的信誉可能会阻止过于雄心勃勃的项目。管理者还没有准备好让流程管理专业人员开放地访问核心流程。事实上，这种状态可能会阻止引入流程意识的所有尝试。在这种状态下花费太多时间意味着真正的流程管理仍然无法诞生，有意义的项目也不会被尝试，流程管理将被视为一种外围和短暂的时尚。这种状态对应于流程管理变革准备的最低水平。重要的是要记住，流程管理后期成功的质量是由这种准备的质量决定的。

（1）精通状态是流程管理成熟度的另一极端，这是唯一可以实现重大和可持续流程变革的状态。高水平的技能与高水平的信誉相匹配，即流程团队能够实现良好的结果，而组织的其他成员也相信他们能够做到这一点。精通意味着流程管理团队拥有可靠的知识、工具、技术、基础设施和准确的自我意识。流程管理采用意味着流程管理作为企业的核心管理理念，大多数业务领域将发生重大变革。流程本质上是跨职能的，在关注流程时，业务部门会改变他们对组织结构、运营管理、客户、产品/服务开发、创新和治理的看法。这些变化需要有坚强的信心和承诺，变革管理是这种方法的体现，但这些诉求只有通过精通状态才能得到满足。

（2）麻痹状态是指一个流程管理团队有能力进行有效的流程工作但信誉很低，他们未能说服组织的其他成员采用流程管理。管理者的承诺对于基于流程的管理至关重要。在这种情况下，流程团队变得沮丧和分离。他们可以看到要实现的好处，并渴望开始，但不能得到必要的合作。他们有工具，已经完成了培训并将项目计划放在一起，但不能得到所需的行政支持。这种现象的原因可能不仅是流程管理从业者缺乏信誉。流程管理的概念已经存在了很长时间，对于一些人来说，它承载着许多过去失败的包袱。在某些时候这也表明缺乏传达流程管理故事并推销其收益的能力。要让流程管理思维有机会导致流程管理执行，必须有广泛的沟通，从而达成共识和愿景。

（3）危险状态是指流程管理团队或其客户没有认识到能力水平低的情况，大家对流程管理的概念只有肤浅的理解，必要的工具和技术不可用或未得到很好的理解。不仅一些从事流程项目的人员能力水平低，而且组织本身可能处于流程管理成熟度较低的状态。同时，在这种状态下，高度的信誉使流程团队过早开始雄心勃勃的项目，不可避免地带来灾难性的后果。在这种状态下，期望很容易被设定得太高。然后，当过度承诺的好处没有兑现时，流程管理概念和专业人员的可信度都会下降。此时，可能无法重新开始对流程管理的认真关注，流程管理支持者感到失望，流程管理批评者被证明是正确的。

（4）精通状态是流程管理想要达到的境界，危险状态是最不希望看到的。其他准备状态和麻痹状态，由于企业所有者不太可能允许，造成严重损害的可能性较低。然而，在这两种状态下，流程改进没有发生的事实并不是中性的，不作为的代价和失去的机会的代价可能是巨大的。

第三节 流程成熟度评估

一、流程成熟度

流程成熟度是指一个流程距离其既定目标的远近程度，它可以用来衡量公司中单个或多个流程的成熟情况。成熟的流程必须具备可用性、可靠性、自动化以及持续优化的特质。无论评估的对象是单个还是多个流程，流程成熟度始终是衡量业务流程健康状况的核心指标。高水平的流程成熟度意味着公司能够完善地记录其流程，员工能够充分理解并严格遵循这些流程，同时实现流程的持续改进。当公司的流程设计精良，鼓励团队合作和实施问责机制时，其流程成熟度便会相应提升，进而带来更高的产品质量、客户满意度以及成本和资源的使用效率。此外，高水平的流程成熟度还表明公司能够快速适应变化，有效应对外部威胁和抓住机遇，这种灵活性对于维持和发展业务至关重要。

对于任何组织而言，流程成熟度都扮演着举足轻重的角色。优秀的流程能够孕育出高质量的产品和服务，进而赢得客户的满意和忠诚，最终转化为收入的增加。在当下这个竞争日益激烈的时代，卓越的重要性愈发凸显。组织不仅需要应对全球化带来的挑战、不断提升的竞争力以及日益苛刻的客户要求,同时也要善于抓住新兴技术带来的机遇。然而,如果组织在尚未作好准备的情况下就盲目引入新技术或启动新项目,很可能会遭遇失败和挫折。因此,通过成熟度的评估,组织可以为后续更为宏大的计划奠定坚实的基础。

提高流程成熟度可以带来诸多益处,主要包括以下几个方面:

- 增强可靠性:成熟的流程能够按照预期稳定运行,使团队能够可靠地遵循客户规范,确保服务质量的稳定提升;
- 更实际的期望:通过准确评估当前的能力水平,流程成熟度使管理层能够设定更加合理、更加现实的期望,避免盲目乐观或过于悲观;
- 更准确地预测:当流程得到有效衡量和控制时,可以更好地把握结果,创建更为准确的预测模型,为决策提供有力支持;
- 更有效的目标设定:通过识别效率低下和衡量成功标准,团队可以设定更加现实、更加有针对性的目标来提高整体绩效;
- 更清晰的改进路线:每个流程成熟度模型都提供了经过实践检验的改进步骤和方法,为组织的持续改进指明了方向;
- 更容易自动化:通过评估并分解所有当前流程,可以更容易地发现哪些流程适合进行自动化改造,从而提高工作效率和降低成本。

一个成熟的流程通常具备以下几个特征:

- 有明确定义:流程的活动步骤、角色分工、协作关系以及输入输出信息都得到了明确列出和规定;
- 完成文档化:流程信息详细且完备,员工知道在哪里可以找到所有相关信息以支持工作的顺利进行;
- 实现自动化:组织已经将符合条件的流程步骤实现了自动化处理,提高了工作效率和质量;
- 可靠:无论何时启动流程输入始终能够产生稳定且一致的输出结果;
- 高效:流程执行过程需要付出合理的努力但能够避免沟通失误和流程延误等常见问题;

第九章　流程管理评估：能力提升

- 有效：该流程能够持续稳定地产生预期结果并满足业务需求。

一个具有较高成熟度的流程进一步表现出以下特征：

- 标准化程度：组织内部各个团队遵循统一的流程标准确保工作的一致性和协同性；
- 衡量机制：组织内部使用一致的 KPI 指标来跟踪和评估流程绩效确保目标的达成；
- 分析能力：组织定期对流程进行效率和有效性的评估发现问题并寻求改进机会；
- 持续改进文化：组织随着公司的发展和市场变化而不断调整和优化流程以持续改善业务结果。

流程成熟度是通过其不同的水平层次来体现的，这些层次代表了流程成熟过程中的进化阶段。一般而言，流程成熟度模型包含三到七个层级，每一层级都详细描述了组织在迈向更高一级之前，其流程应当展现出的特定表现。

流程的成熟速度因流程本身的性质以及企业对流程改进的重视程度而异。在每个阶段所积累的经验和能力，都为流程管理的成功奠定了坚实的基础。值得注意的是，不同组织和部门间的流程成熟度可能存在差异。若缺乏持续的监控和改进，流程可能会退回到较低的成熟度水平。并非所有组织或流程都需要达到最高的成熟度级别，例如，核心流程的高成熟度可能有助于实现战略目标，非关键流程则可能仅需较低的成熟度即可满足业务需求。因此，确定每个流程的最佳成熟度水平至关重要，而这一决策应基于组织的整体战略见表 9-2 为流程成熟度高低水平的对比。

表 9-2　低水平流程成熟度 VS 高水平流程成熟度

低水平	高水平
- 团队随机创建流程； - 团队没有固定的标准遵从； - 可以通过自动化提效的流程没有实施自动化； - 流程是僵化和不变的； - 员工被动响应流程需求，对于市场变化反应迟钝，容易出现救火的场景； - 团队为了达成目标而牺牲质量	- 团队按照规划和要求匹配、批准和记录流程； - 团队始终遵循文件化的程序； - 所有可以自动化的流程步骤都实现了自动化； - 流程具有创新性，团队定期对其进行监督； - 员工积极主动，他们预见到问题和市场变化，并将其用于自己的优势； - 管理层正式支持流程

流程成熟度的五个常见级别如下：

(1)初始级：这是流程成熟度的最低级别，有时被称为混乱或临时级别。在这一阶段，对流程的关注度最低，团队和团队成员执行流程的方式各异，流程缺乏明确的定义和记录。流程的成功往往依赖于个别员工或团队的能力。

(2)可重复级：在第二个级别，团队和部门开始将流程标准化，以确保输出的可预测性和可重复性。虽然流程知识仍集中在少数人手中，但已开始进行流程记录。

(3)可定义级：在第三个级别，整个组织对流程进行标准化和文档化。知识不再局限于个人和团队，而是开始在跨职能和跨团队之间广泛共享和合作。

(4)可优化级：有时被称为衡量级别，这是流程成熟度的第四个阶段。组织在此阶段持续进行流程改进，并可能开始以行业领导者为基准来评估和分析流程。

(5)可创新级：这是流程成熟度的最高级别。在这一阶段，组织能够展示其所在行业内的流程创新领导力，为其他组织提供借鉴和启示。

二、流程成熟度评估模型

流程成熟度评估是一种方法，用于考量和管理组织以流程为中心的工作状态。通过比较组织的当前运营状况与流程成熟度模型中定义的特征和能力，可以确定其成熟度水平。这种评估有多重用途：企业可借此认识自身当前的流程管理状态，为未来流程管理规划奠定基础；通过对比流程变革前后的成熟度测评结果，企业能够衡量项目实施带来的变化和效果；同时，企业还能通过横向比较测评结果，揭示自身现实水平与既定目标或标杆企业之间的差距，为后续的流程管理变革提供指引。公司运用流程成熟度模型，旨在理解其当前状况并描绘可实现的目标。通常，这意味着要进行评估、确定目标成熟度级别，并规划如何达到该级别。

1. 早期评估模型

在流程成熟度评估的早期模型中，有几种具有影响力的框架和模型。首先是流程成熟度框架(PMF)，该框架起源于1980年，最初用于将质量实践融入软件开发。随后，全面质量管理表明，通过减少流程可变性和提高效率，统计过程控制技术能够提升流程的成熟度。

基于 PMF 模型，卡内基梅隆软件工程研究所应美国政府的要求开发了能力成熟度模型（CMM）。这是最早的成熟度模型之一，旨在评估软件合同合作伙伴。CMM 作为一个改进软件开发过程的框架，包含五个成熟度级别，并强调提高软件开发流程和项目管理的可重复性。

在 CMM 的基础上，能力成熟度模型集成（CMMI）应运而生，旨在服务于软件开发之外的功能领域。在 CMM 创建之前，针对不同职能的评估存在多样性，如人力资源和会计等，这使得在整个组织中比较结果变得困难。CMMI 通过标准化所有功能领域的评分系统解决了这一问题，它于 2002 年首次发布，并包含五个成熟度级别，以帮助团队评估和改进流程。

此外，保罗·哈蒙在 2004 年左右基于 CMM 描述的分类提出了一种评估组织流程运作的非正式方法（PPI）。该方法定义了五级流程成熟度水平，旨在审计组织的流程成熟度以确定其业务流程工作的当前状态或用于流程基准的确定。这种方法定位为非正式和简短，通常通过问卷调查、现场访问、文件审查和向选定经理提问的方式进行。整个分析工作需要一到两周的时间，并准备一份评估报告作为结果。因此，与 CMM 历经几个月的严格评估不同，此项组织流程成熟度评估工作通常仅限于几天，只进行非正式评估，可作为初步评估的入门选择方法。

2. 业务流程成熟度模型

面向对象管理组织（OMG）在 2008 年首次提出了业务流程成熟度模型（BPMM），用于衡量公司的业务流程管理成熟度。BPMM 作为 CMM 和 CMMI 的替代品而构建，专注于改进企业范围的流程而非软件或项目管理。BPMM 开发人员希望该模型能够提高组织对新技术实现的准备程度。使用 BPMM 可以帮助团队改进流程、评估大规模技术部署的准备情况，并将其进度与竞争对手进行比较。BPMM 的评估考虑了各种类型的证据，如流程输出、访谈和定量数据。然而，由于 BPMM 的技术标准相对复杂，大多数组织更倾向于从简单、易接近的成熟度模型开始。

3. 流程与企业成熟度模型

流程与企业成熟度模型(PEMM)，是由哈佛商学院的迈克尔·哈默博士在2006年创建的模型，起源于他早期在流程再造领域的研究工作。哈默博士倡导将此模型作为一种客观评估业务流程的方法。他的设计初衷是追求简洁性，使各类组织能够自主进行管理评估，而非依赖专家或顾问。这是因为员工通常更信任自我评估的结果，更可能根据内部产生的建议付诸行动。

哈默博士在2007年发表于《哈佛商业评论》的一篇文章中进一步阐述了成功业务流程的两个关键要素：流程动因和企业动因。表9-3中流程动因是指那些相互关联、相互依赖以确保流程成功的要素，如流程所有权、设计、执行、绩效和基础设施等。企业动因则是指企业为这些流程动因创造有利环境的能力，这些能力涵盖了领导力、文化、专业技能和治理等多个方面。此外，该模型还提出了持续提升流程绩效的九个维度，这些维度紧密嵌在流程动因和企业动因之中。

表9-3 流程动因和企业动因

五个流程动因	四个企业动因
• 流程设计：规定流程的执行过程； • 执行者：执行流程的员工； • 负责人：对流程及其结果负责的高管； • 基础设施：支持流程的信息和管理系统； • 衡量指标：用来跟踪流程绩效的指标	• 领导力：支持流程管理的高管； • 文化：客户至上、团队合作及变革意愿等价值观； • 专业技能：涉及到流程管理的技能和方法； • 治理：管理流程项目和变革的机制和流程

为了利用PEMM来衡量整个组织的流程成熟度，组织可以采用哈默博士提供的评估工作表。这些工作表不仅免费提供，而且采用颜色编码的方式，以更为直观和动态的形式展示成熟度分数。

4. APQC流程成熟度评估模型

美国生产力与质量中心(APQC)，作为一家致力于基准测试和最佳实践的非营利机构，开发了业务流程管理成熟度评估模型，如图9-2所示。该模型包含七个核心评估要点，不仅允许组织进行内部对比，还能与同行业及外部标准进行

第九章　流程管理评估：能力提升

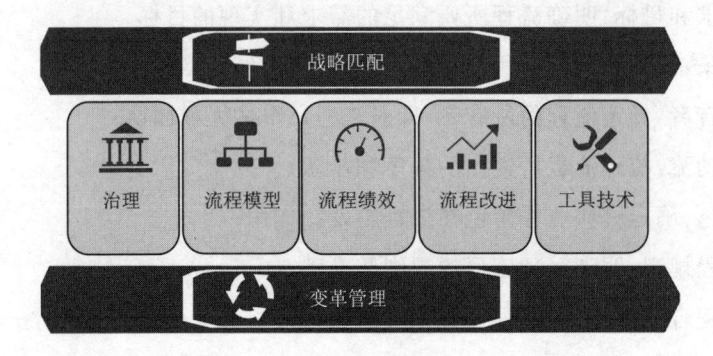

横向比较。

图 9-2　APQC 流程成熟度评估模型

- 战略匹配：强调团队需深入理解公司的战略愿景，并确保流程与之协调一致，以提供有效支持；
- 治理：要求有明确的责任人负责流程活动，并建立相应的支持系统，以确保责任人能够顺利履行职责；
- 流程模型：组织必须拥有清晰的文档和资源，以保障公司内部流程的一致性和可复制性；
- 流程绩效：组织需要持续跟踪流程的执行情况，并注重跨部门间的流程协同和效率提升；
- 流程改进：组织定期进行流程审查，以了解应变更的内容；
- 工具技术：组织需确保拥有适当的资源来进行教学和管理流程，以保持其先进性和有效性；
- 变革管理：强调组织在实施流程变革时，应采取有效的沟通、培训和参与策略，以确保团队能够顺利过渡到新的流程重点上。

这七个要点共同构成了 APQC 评估模型的全面框架，为组织提供了系统性和可操作性的指导。

5. 流程价值成熟度评估模型

流程管理咨询机构 LEADing Practice 实践融合了数字化相关要素，并提出了基于价值的流程管理成熟度评估模型。该模型主要包含以下 16 个评估维度：

- 业务能力：确定哪些业务能力涉及流程的使用；
- 需求和目标：明确流程所要满足的需求和实现的目标；
- 对象：识别在流程中所使用的各类对象类型；
- 所有者：界定流程的所有者，即对流程负责的人或团队；
- 活动流：梳理流程所遵循的程序和步骤；
- 角色：确定哪些业务角色在流程中发挥作用；
- 流程规则：明晰管理流程的规则和准则；
- 流程合规性：确保流程符合相关的法律法规要求；
- 应用程序：选择能够实现流程自动化的应用程序；
- 流程测量：确立流程测量的方法和标准；
- 渠道：确定用于传递流程的渠道和路径；
- 数据：识别在流程中被使用、修改或产生的数据；
- 媒体：选择用于流程互动的媒体类型；
- 平台：确定启用流程的平台或系统；
- 基础设施：确保有适当的基础设施以支持流程的执行；
- 服务：识别流程所需的服务和支持。

如何选择合适的流程成熟度评估模型？关键在于组织所期望达成的目标。对于希望迅速启动流程对话的组织而言，一个简洁明了的模型往往能够提供快速的评估结果，从而作为初步参考。然而，若组织意图进行更为深入的基准测试，则可能需要寻求那些拥有竞争对手基准测试数据库的顾问的协助。值得一提的是，对于规模较小或流程成熟度尚低的公司而言，从自我评估着手不失为一个明智的起点，以此为基石，逐步迈向更为精确的基准制定。在选择流程成熟度评估模型时，组织应当深思以下几个关键问题：模型是否与组织目标相契合？其复杂程度是否适应组织的当前状况？模型是否能够提供必要的数据支持和分析深度？通过综合考虑这些因素，组织将能够更为精准地选择合适的流程成熟度评估模型，进而推动流程优化和效能提升。

> **哪个流程成熟度模型适合您的组织？**
>
> □ 该模型是否针对特定行业进行了优化？您的模型可能是 CMM。
> □ 该模型是否为竞争对手提供了行业基准？
> □ 该模型是专注于特定的流程，还是分析整个组织的流程组合？
> □ 所涵盖的能力领域是否与您的组织兼容？
> □ 评估是免费的吗？您的模型可能是 PEMM。
> □ 您有进行详细的评估和分析的预算吗？您的模型可能是 CMM、CMMI、BPMM。
> □ 自我评估后是否提供额外支持？
> □ 您想投入数周、数月或更长时间进行评估吗？您的模型可能是 CMM、CMMI、BPMM。
> □ 您想做一个快速（一小时或更短）的自我评估吗？您的模型可能是 PEMM。
> □ 您想要详细的指导吗？您的模型可能是 CMM、CMMI、BPMM。
> □ 您想要建议吗？您的模型可能是 PEMM。
> □ 您想用这个模型进行头脑风暴，提高人们对改进可能性的认识吗？您的模型可能是 PEMM。
> □ 您想要一份最佳实践列表吗？您的模型可能是 PEMM。
> □ 您想要证书吗？您的模型可能是 CMMI、BPMM。

三、流程成熟度评估实施

流程成熟度评估是一种系统性的方法，旨在确定组织当前流程的成熟程度以及未来期望达到的成熟度水平。这种期望的成熟度通常与组织的整体战略目标紧密相关。通过对比当前状态和未来期望状态的得分，组织能够识别出哪些流程存在较大的成熟度差距，从而优先进行改进。这种评估不仅是变革倡议的关键输入，还为重大IT技术平台投资和战略规划更新提供了重要依据。

无论是通过自我评估还是第三方评估，流程成熟度评估的核心都在于准确地反映组织当前的流程水平。图 9-3 所示为流程成熟度评估的基本步骤。

评估准备 → 收集评估信息 → 执行现场评估 → 数据澄清和信度分析 → 评估分析与结果确认 → 评估报告审核与发布

图 9-3 流程成熟度评估步骤

第一步：评估准备

在评估开始之前，需要明确评估的范围和对象。这可以是整个组织、特定的业务领域、产品线或区域。评估对象的确定应基于战略重要性、流程规范性以及绩效差距等因素，例如：

- 战略重要性：业务运作核心流程、管理流程还是支持流程；
- 成熟度情况：业务执行中流程规范性不高、存在明显痛点或者绩效差距较大的流程。

同时，组建一个由内部人员或外部顾问组成的评估团队也是至关重要的。评估计划应详细列出参与评估的流程所有者、相关人员、评估时间和方式。评估方式的选择会影响信息收集的质量，例如，单独的面对面访谈可能会比群体访谈的方式信息收集的质量更高。

此外，组织需要选择合适的流程成熟度评估标准，如 APQC 提供的标准或 PEMM 模型，或在此基础上定制自己的评估标准。评估标准模型确认之后，还需要量化评估指标和确定评估结果评定标准，作为评估结果分数和评定等级的判定依据。

第二步：收集评估信息

在评估之前收集相关信息，可以让评估小组更好地了解组织的流程状况，让评估小组在现场评估的时候更有目标，提高现场评估的效率和质量。这也是基于证据的流程管理原则的体现。提前收集的信息包括但不限于流程绩效数据、流程模型、流程文件以及相关的会议纪要、政策、制度、信息系统的查阅等。收集信息的方式还可以通过发放问卷的方式，这种方式可以获得更大范围的信息输入。

第三步：执行现场评估

现场评估阶段需要详细描述流程绩效，并收集表征组织状态以及态度和行为的量化数据。这一阶段的目的是全面了解流程的执行情况，以及各流程之间的协作效率和效果。

评估团队应评审流程的产出成果、就流程成熟度评价标准访谈、以流程绩效结果为导向访谈该流程的负责人或者小组，同时还需要访谈该流程的相关支撑流程的负责人或者小组，目的是评估关注核心流程和支撑流程的协作效率和效果，流程执行人员也是重点访谈的对象，重点关注流程执行人意识、技能、知识和行为。

第四步：数据澄清和信度分析

不管是现场访谈还是问卷方法，都涉及数据的澄清和确认，以确保其准确性和可靠性。特别是对大量的问卷数据，应使用统计方法进行深入分析。数据的有效性对评估结果具有直接影响，因此可能需要进行二次数据收集或多次澄清确认。

第五步：评估分析与结果确认

根据评估数据和评定规则，确认流程的成熟度等级和评估结果。也有组织将评估和决策分开进行，具体操作是通过内部评估来完成数据的收集和分析，而在更高级别的专家团队或外部顾问的帮助下做出决策。评估结果除了评估分数和成熟度等级，应详细描述流程现状、差距和问题分析，并给出提升方向和建议。

差距分析是以当前组织定义的目标成熟度水平为基准的，目标成熟度水平取决于组织战略目标和评估的领域。例如，在一家汽车制造公司，达到五级可能是制动器制造商所必需的。然而，达到五级对清洁部门来说可能不那么重要。提升的方向和建议也是评估结果重要的组成部分。为了达到组织定义的成熟度目标，需要确定改进措施和计划。

此外，评估还可以为组织带来其他收益。例如，如比较最佳实践、识别流程执行风险、明确组织管理方向以及进行流程管理教育与文化宣导等。

第六步 评估报告审核与发布

评估结果最终以报告的形式展示，其中可以包括雷达图等经典做法来直观展示流程成熟度水平。在报告正式发布之前，建议进行扩大范围的校准和审核，以确保报告的准确性和客观性。为了保证报告发布后改进举措和计划的可执行性，正式报告发布之前和流程所有者开展沟通并达成共识也是一个不错的小技巧。最后，评估报告需要由流程执行委员会或流程管理卓越中心正式签署和发布。

四、流程成熟度挑战与陷阱

流程成熟度的首要挑战在于公司必须将重心转移至流程本身。在实现流程成熟度之前，公司必须深刻认识到流程导向是其运营的基本原则。组织需要清晰地理解，工作本身就是由一系列流程构成的。另一项挑战在于实现从主观到客观的业绩管理转变，即团队在管理绩效时，应更加关注流程而非个人表现。当流程绩效出现下滑时，必须深入观察和分析流程表现，明确可接受的差异范围和改进措施，以确保决策过程客观、理性，避免下意识或非根本性的应急反应。

流程成熟度的最后一个挑战在于管理和共享流程知识，其核心是实现流程的透明化。尽管组织可能认为自己已经记录了流程、进行了衡量，并实施了所有权管理，但仍需深入考虑：执行流程所需的信息和知识是否完备？如何确保所有相关人员都能获取到持续、良好执行流程所需的信息？当流程所有者做出决策时，他们如何全面了解该决策对流程的影响？如何与执行同一流程的其他人员分享最佳实践，以便共同优化流程？

关于如何提高流程成熟度，管理层的榜样作用是至关重要的。管理层对变革工作的坚定支持对于成功提升流程成熟度具有决定性意义。当公司向员工清晰传达变革举措时，这也将有助于提升流程成熟度。因此，提高流程成熟度通常需要管理层的高度支持和一致性。同时，公开赞扬表现优秀的员工，对表现不佳的员工进行适当的纪律处分，也是提升流程成熟度的重要手段。如果管理者希望组织能够迅速提升流程成熟度，像专业团队而非业余爱好者一样运行流程，那么他们就必须将流程融入日常工作的方方面面。此外，来自公司各级的投入和支持对于提高流程成熟度同样至关重要。要实现一定的流程成熟度，必须让所有员工参与进来，共同推动变革。

APQC的研究显示，在提升流程成熟度的过程中，组织可能会遇到陷阱。一旦组织获得了成熟度评级，并明确了变革类型的路线图，就能够进步到新的级别。例如，如果组织获得了第2级别的评级结果，意味着在局部领域和部门实现了流程标准化，那么接下来的步骤就应该是开发适用于整个组织的流程，而非孤立于各个单元，从而进入第3级别。

然而，研究数据表明，大多数组织停留在第1级或第2级，仅有约25%的组织达到了第3级，能够晋升至第4级的组织则更少。根本原因在于，如果组织未能获得所需的高管支持，将流程上升到企业级的关注程度，那么流程成熟度就会滞留在第 2 级别,进入所谓的"成熟度瓶颈期"。因为从第 3 级开始,流程评估的范围将扩展至整个企业,需要在全企业范围内实现价值链或端到端流程的管理。表 9-4～表 9-6 为流程成熟度模型。

表 9-4　组织流程成熟度评估(harmon paul)

级别	描述
初始级	业务流程尚未被定义
重复级	仅有少量流程得到了定义,但子流程和具体活动仍缺乏明确界定,同时高阶流程之间的价值链关系也未得到阐述
定义级	大部分流程、子流程及其活动已得到详细定义,高阶流程间的价值链关系也被清晰地勾勒出来。部分流程已设定了衡量标准,且已有部分管理者认识到自身在流程管理中所承担的责任。资源根据流程定义进行了部分分配,同时公司已建立了流程知识文档库以备查考
管理级	流程衡量体系已得到完善定义,流程数据被系统地收集、分析并作为决策咨询的参考依据。流程管理者已明确其管理流程的职责,与支持价值链中的其他管理责任人形成了紧密的流程管理同盟。信息技术应用对流程运作提供了有力支持,公司还采用了 SCOR 模型来整合供应链流程,以实现更高效的管理
卓越级	流程得到了很好的衡量和管理,公司设立了专门的流程改进小组,持续致力于提升现有流程的符合性、有效性和效率。此外,公司还积极推行六西格玛项目,并对团队成员进行绿带或黑带培训,以促进流程的持续优化和提升

表 9-5　流程与企业成熟度模型(PEMM,michael hammer)

级别	描述
初始级	无规则、无方法、无开展流程运行、无法保持稳定状态
重复级	建立了规则、方法,完成了方案设计,实现初步运作,流程较为可靠,运行稳定,容易预测
标准级	建立了规则、方法,完成了方案设计并全面推行,已经可以从头到尾设计和实施流经整个企业的流程,实现全面运作
管理级	流程能够实现最优绩效,高管懂得在必要地方将内部流程整合起来,最大限度地实现其对企业绩效的贡献
卓越级	实现了流程的持续优化,处于行业领先水平,已经能够超越企业限制,延伸到上级供应商和下游客户

表 9-6　APQC流程成熟度评估

级　别	描　述
初始级	流程无序,所有流程都是临时的,成功通常取决于熟练的员工而不是标准化的流程
职能级	可以标准化和衡量一些流程和项目。建立的流程管理规范有助于确保保持已有实践,并可以根据计划执行和管理一些流程和项目
标准级	通过程序、工具和方法可以组织、定义、理解和记录大多数流程。在组织中一致地执行企业级的流程标准和任务,并通过确认相互关系实现其管理。流程可以定性预测,但通常没有定量的衡量
度量级	使用统计和其他定量技术控制流程绩效以支撑组织整体绩效。绩效衡量基于客户和用户的需求,流程绩效可监控和可预测
卓越级	可以量化流程监控指标,识别根因,结合组织目标持续不断地改进流程,并可以授权人力执行绩效管理

后　记

　　经过了 2023 年漫长的冬天,终于在这个春意盎然的温暖三月完成了本书的撰写。今天是春分,作为一年中的第四个节气,也是本书完成的日子,一切都显得刚刚好。我突然想起海迪老师关于春分的讲解,与今天十分应景。

　　在春分这一天,太阳直射赤道,使得南北半球昼夜平分。那么,春分这个节气究竟有多么珍贵呢?从农历的角度来看,春天从立春开始,至立夏结束,共历时 90 天。如果将春天从中间分割,那么春分便是这中间的一天。春分,顾名思义,将春天一分为二,因此古时候春分也被称为春半。当明白了这些,便能深刻理解那些描绘春天的诗句:"农耕田野暖风飘,桃李开花柳未娇,九十春光已到腰。"同样,我们也可以领悟"别来春半,触目柔肠断,砌下落梅乱如雪,拂了一身还满"的深意。

　　春天在农历上共分为三个月,第一个月被称为早春或初春,第二个月称为仲春,第三个月则是暮春。春分所在的月份,正是第二个月,即仲春。仲春时节,春光正好,春意盎然,因此可以理解李白笔下"故人西辞黄鹤楼,烟花三月下扬州"所描绘的暮春景象,而"草长莺飞二月天,拂堤杨柳醉春烟"则正是此刻所经历的仲春时光。

　　仔细想来,春分前后的仲春确实是一段刚刚好的时光。此时,日夜平分,光照适中;春色平分,气温宜人;树木生机勃勃,长势良好;泉水流淌不急不缓,恰到好处。人生中,最难得的便是这种恰到好处的平衡与美好。希望读者在阅读这本书的时候,也能感受到这种刚刚好。刚刚好产生兴趣,刚刚好遇到困惑,刚刚好有所发现,刚刚好开始探索,刚刚好有所需求……也希望这明媚的春光能给每一位读者带来好运，更希望在这个充满变革的时代，每一位读者都能找到属于自己刚刚好的位置。

　　过完今天，日照时间将逐渐增长，再过一个半月，春天便会悄然离去。如果仲春的时光已经如此美好，那么杭州的仲春更是别有一番风味。不仅有西湖边的"苏堤春晓"和"柳浪闻莺"，还有钱塘江畔的满树樱花、法喜寺的古玉兰、太子湾公园的郁金香，无边春色尽收眼底。因此，不妨趁此春光正好，外出踏青、爬山，欣赏百花齐放，聆听泉水叮咚，感受大自然的魅力，享受春色的无限。这便是我此刻的心境，想与家人、朋友一同赏春的美好心境。

张燕飞
杭州，2024 年春分